浙江省哲学社会科学重点研究基地
（浙江师范大学江南文化研究中心）课题成果(20JDZD013)

浙江师范大学出版基金资助
（Publishing Foundation of Zhejiang Normal University）

浙江师范大学中国语言文学一级学科出版资助

何休经学思想研究

鲍有为 著

浙江大学出版社·杭州

图书在版编目（CIP）数据

何休经学思想研究 / 鲍有为著. -- 杭州：浙江大学出版社，2024. 12. -- ISBN 978-7-308-25070-2

Ⅰ. B234.99

中国国家版本馆 CIP 数据核字第 2024Y1B000 号

何休经学思想研究

鲍有为　著

责任编辑	蔡　帆　吴心怡	
责任校对	吴　庆	
封面设计	项梦怡	
出版发行	浙江大学出版社	
	（杭州市天目山路 148 号　邮政编码 310007）	
	（网址：http://www.zjupress.com）	
排　　版	浙江大千时代文化传媒有限公司	
印　　刷	杭州高腾印务有限公司	
开　　本	880mm×1230mm　1/32	
印　　张	11.25	
字　　数	263 千	
版 印 次	2024 年 12 月第 1 版　2024 年 12 月第 1 次印刷	
书　　号	ISBN 978-7-308-25070-2	
定　　价	78.00 元	

目　录

绪　论

一、公羊学之演变

公羊学兴于西汉，长期位列官学，因此研究者不乏其人。最早者当推胡毋子都，据何休《春秋公羊经传解诂》（以下简称《解诂》）记载，胡氏曾著公羊条例，而董仲舒亦曾对其公羊学推崇备至，今其著作皆已亡佚。刘逢禄在《春秋公羊经何氏释例》序中认为胡毋子都这一派的传承学者，后世基本不见记载，而把公羊学发展壮大的实为董仲舒一派，西汉后期则发展成严（严彭祖）、颜（颜安乐）二派。据《后汉书》记载，习公羊学者，多属颜氏或严氏学派；考汉代碑刻，关于公羊学之研习者亦系属此二氏。可见公羊学由汉初立于学官，到此后严、颜二派并立学官，至东汉武帝严、颜二派得居十四博士之位，公羊学的研习在两汉一直都未间断。严、颜二家皆有章句，《汉书·艺文志》著录《公羊颜氏记》十一篇，《春秋公羊传》十二卷（严彭祖述）。且有《公羊外传》五十篇、《公羊章句》三十八篇、《公羊杂记》八十三篇，皆不知著者。这些著作今皆亡佚。

东汉时期公羊学的研究并未减弱。比如武帝令锺兴定《颜氏春秋章句》,去其重复。之后,樊儵、张霸删定《严氏春秋章句》。另外,东汉著名的公羊学者李育,曾参与白虎观会议,与贾逵辩论,并作《难左氏义四十一事》。戴宏曾作《解疑论》,以发明公羊之义。另外,其他习公羊学者甚多,但未见相关著作的记载。东汉初年,以《左传》《周礼》为首的古文经学未立学官,难与今文经学相抗衡。然民间古文经学呈大兴之势,至汉末,今文经学已经难以与古文经学相匹敌。然此时的公羊学者何休,以一己之力成公羊学不朽之著,欲以挽今文经学之颓势,终亦无济于事。我们承认何休作为一名今文经学的坚定守护者,其公羊学成就不可小觑,但古文经学家对于公羊学的研究与探讨也是不可忽视的。据《后汉书》等史料的记载,古文经学者多博通众经,而今文经亦在其通晓范围。譬如许慎,作《五经异义》,兼收经今文说、古文说,于诸多问题不主一家一派,择善而从。汉末的郑玄,更是如此。郑氏淹贯今古文诸经,治学方法与古文家为同一路数,但并无门户之见。郑玄曾与何休就《春秋》三传进行过一番争论,但二人之争论,亦为纯粹意义上的学术之争,而非早期白虎观会议上的李育、贾逵之争。李、贾之争具有一定的政治意义,而汉末的郑、何之争,与政治基本无关。因此,了解汉代的公羊学,不仅何休要谈及,郑玄亦不可忽略。另外,据姚振宗《后汉艺文志》,《隋志》曾记载荀爽作《春秋公羊答问》五卷(荀爽问,徐钦答),马融曾作《三传异同说》。

魏晋南北朝时期,战乱不断,加之此时学者的治学逐渐由经向史转变,经史子集分部逐渐清晰,汉代时期经学占据主导地位的态势发生转变。此时,史学、文学等皆有很大的发展,有关公羊学的研习并不占主流。三传中,研究《左传》者居多,据史志目录所载,相关的公羊学书目也很少。

三国之时,学术研究深受战乱之害,公卿"能操笔者未有十人"①。此时公羊学与左氏学仍存在争论,《魏略》记载钟繇称《公羊》为卖饼家,而以《左传》为太官②,而魏禧则云"《左传》直相斫书耳"③。

晋代,出现了杜预的《春秋经传集解》,此书专为传文而发,以传解经,而非三传会通之书。此时的《公羊》、《穀梁》之学虽不敌《左传》,但仍可考见几人,不过两汉时代的家法与师法,此时坚守者甚少,多为三传兼通者。晋室东渡后,曾有人建议把《公羊》、《穀梁》立于学官,结果晋元帝不予采纳。此时范宁作《穀梁传集解》,以《穀梁》为主,兼采《公羊》、《穀梁》二传,实开唐人研究《春秋》风气之先河。其弟子周续之"通《毛诗》六义及《礼论》、《公羊传》,皆传于世"④。公羊学之研究,最值得一提的便是王接。《晋书·王接传》云其"常谓《左氏》辞义赡富,自是一家书,不主经发。《公羊》附经立传,经所不书,传不妄起,于文为俭,通经为长。任城何休训释甚详,而黜周王鲁,大体乖硋,且志通《公羊》,而往往还为《公羊》疾病。接乃更注《公羊春秋》,多有新义"⑤。据此,王氏认为《左传》非为传经而发,此与汉代今文经学家观点一致,可见王氏认为《公羊》才是解经之传,由于不满何注,方才重新作注。其长子王愆期,"缘父本意,更注《公羊》"⑥。王氏父子试图以一己之力,宣扬公羊学,但明显与此时的学术风气不相吻合。

---

① 陈寿:《三国志·魏书·王朗传》,北京:中华书局,1959年,第421页。
② 陈寿:《三国志·魏书·裴潜传》,第675页。
③ 陈寿:《三国志·魏书·王朗传》,第422页。
④ 沈约:《宋书·隐逸传》,北京:中华书局,1974年,第2281页。
⑤ 房玄龄等撰:《晋书·王接传》,北京:中华书局,1974年,第1435—1436页。
⑥ 房玄龄等撰:《晋书·王接传》,第1436页。

南北朝时期,南北政权分裂,学风亦出现南北之不同。南学约简,北学深芜。就《春秋》学而言,最初公羊学大行于河北,但至北魏晚期,春秋左氏学逐渐得到重视,公羊学日渐式微。[①]《左传》学盛行南北,北方多主服虔注,南方则以杜预注为主,公羊学相对弱化。[②] 如后魏高允的《公羊释》、《春秋公羊疏》(《隋书·经籍志》不著撰人),公羊之学基本趋于没落。[③] 隋朝北方大儒刘炫学通南北,亦兼治公羊学。

至唐代,政治上国家一统,经学上北学统一于南学。就《春秋》学而言,此时杜预注大行而服虔注渐趋消亡。唐初五经正义之修订,便是经学史上的重大活动。此次五经修订使南北朝时期的经学杂乱之象得以统一,《左传》被列为五经之一。此时治《春秋》者甚少,《公羊》更是无人问津。为了科举考试的方便,唐代官方将九经分为三类,《礼记》、《左传》列为大经,《诗》、《周礼》、《仪礼》为中经,《易》、《尚书》、《公羊传》、《穀梁传》系之小经。这样的划分,主要依据各经典的字数、篇幅。实际上唐人科举以诗赋为主,《春秋》经传的研习不受重视,因而通三传的学者甚少。从《旧唐书·儒学传》来看,研究《左传》者多为初唐之人,贞观以后,以三传名家的学者很少。[④] 由此看来,研习《左传》者如此之少,《公羊》、《穀梁》更是不足道也。

---

① 潘忠伟:《北朝经学史》,北京:商务印书馆,2014 年,第 309 页。

② 魏徵等撰:《隋书·儒林传》,北京:中华书局,1997 年,第 1705 页。

③ 按据洪廷彦《评春秋公羊传解诂》,他依据《北史·儒林传》、《魏书·刘兰传》,认为北魏时期公羊学十分盛行(《洪廷彦史学文存》,北京:中华书局,2012 年)。《北齐书·儒林传》:"河北诸儒能通《春秋》者,并服子慎所注……其河外儒生俱伏膺杜氏。其《公羊》、《穀梁》二传,儒者多不措怀。"《隋书·经籍志》:"至隋,杜氏盛行,服义及公羊、穀梁浸微,今殆无师说。"

④ 赵伯雄:《春秋学史》第五章,济南:山东教育出版社,2004 年。

另外,《春秋公羊传疏》旧题唐徐彦疏,然据后人考证,或为南北朝人所作。[1] 此书对何休之注多有阐发,同时引用古说较多,有助于理解何休的《解诂》。据韩愈文《冬荐官殷侑状》记载,殷侑曾作《公羊春秋注》,韩愈称他"兼通三传,傍习诸经,注疏之外,自有所得"[2]。殷侑鉴于世人多不习三传,曾于长庆二年(822)上疏,云"伏恐周公之微旨,仲尼之新意,史官之旧章,将坠于地",因此要求在科举考试中设置三传科。殷氏此书撰成后,曾致书韩愈,韩愈答云:"近世公羊学几绝,何氏注外不见他书,圣经贤传屏而不省,要妙之义无自而寻。非先生好之乐之,昧于众人之所不昧,务张而明之,其孰能勤勤绻绻若此之至。固鄙心之所最急者,如遂蒙开释,章分句断,其心晓然,直使序所注,挂名经端,自托不腐,其又奚辞。"[3]可见韩氏甚为推崇此书,可惜此书亡佚太早,今所见宋人书目已不曾著录。中唐以后,关于《春秋》之研究,以啖助、赵匡、陆淳为代表,三家开创舍传求经之风,他们综合三传,不主一传,对三传皆有平议。

宋人继承唐人之学术思路,不主一传。因此相关书目未见有著录宋代的公羊学专著。宋之《春秋》学研究基本可分为两派,一主《春秋》义理之研究,一主《春秋》史事之研究。前者以孙复、二程、胡安国为代表。孙复曾作《春秋尊王发微》,发扬《春秋》尊王之义。而程颐则作《春秋传》,以理学释《春秋》。胡安国

---

[1] 陈振孙引董逌的《广川书志》的看法,认为此书大概是在贞元、长庆后(《直斋书录解题》卷二)。《四库全书提要》经过考证亦认为此书为唐末之人所作。清人严可均、姚振宗则认为此书似六朝人所作,非唐人所为。近人潘重规在《春秋公羊疏作者考》文中,经过详细考证认为此书非唐人,亦非齐、梁经师所作,当出于北朝大儒之手(参见赵伯雄《春秋学史》第四章)。

[2] 马其昶:《韩昌黎文集校注》,上海:上海古籍出版社,1986 年,第 603 页。

[3] 马其昶:《韩昌黎文集校注》,第 209 页。

《春秋传》则强调尊王攘夷、复仇之义。后者则以朱熹、吕祖谦为代表。朱熹主张以史的角度看待《春秋》，所以看重《左传》，于《公》、《穀》却不甚措意。[①] 元人《春秋》学研究基本沿袭宋人之路，此时胡安国《春秋传》列于学官，一般学者治《春秋》多宗胡氏。黄泽治《春秋》学，虽沿袭宋人重《左传》史事的思路，但亦重视《春秋》书法意涵的阐释，这种阐释会参考公羊学的解读，但他不喜公羊学，认为公羊学多虚辞，不如左氏学切实。黄泽的弟子赵汸，作《春秋属辞》、《春秋集传》等书，继承其师主张复古之思想，认识到《春秋》大义之重要性，但他不用阐发微言大义的方法，而是通过考证《春秋》之例以求得《春秋》之旨。陈其泰《清代公羊学》中，专列一节探讨赵氏之书与清代公羊学者之关系，认为赵氏善于运用"探求经义和归纳史例二者会通的方法"[②]，对庄存与有很大影响。

明初颁布《五经大全》，成为一朝取士之制，加之学者受宋元理学习气较重，于《春秋》措意者甚少，"经学非汉唐之精专，性理袭宋元之糟粕"[③]。明末王夫之著有《春秋家说》、《春秋稗疏》等《春秋》学著作，他提出了一套解释《春秋》学的理论。首先他主张从经弃传，以史明义，把三传作为解释《春秋》经义的辅助性文本。其次他反对公羊学过度重视以例求义的解经模式，认为《春秋》经义十分丰富，不可执着于例法，这样会歪曲或狭隘圣人的义理。[④]

<hr />

① 朱熹：《朱子语类》卷八十三，《朱子全书》第 17 册，上海古籍出版社，安徽教育出版社，2002 年，第 2840 页。
② 陈其泰：《清代公羊学》（增订本），上海：上海人民出版社，2011 年，第 49 页。
③ 张廷玉等撰：《明史·儒林传》，北京：中华书局，1974 年，第 7222 页。
④ 参见陈颙哲：《王夫之对春秋经解传统的消解》，《国学学刊》2019 年第 3 期。

纵观唐宋元明,可以认为是公羊学研究的低谷期,此时学者多以《左传》的研究为主,兼及《公》、《榖》二传。清初的《春秋》学研究代表当推顾炎武,作《左传杜解补正》,重史实考据。另有万斯大的《学春秋随笔》,重视《春秋》礼制及史事的研究。汉学盛起后,《春秋》学亦是沿袭顾炎武之路继续发展。后由于常州庄存与、刘逢禄的影响,公羊学之研究始得复兴。常州公羊学派的兴起正是在这种大环境之下,因此该派公羊学之研究,多有乾嘉朴学之遗风,如庄述祖、刘逢禄等人,他们的学术研究并非纯义理的探讨,兼有乾嘉学派的字词训诂、史实考证。

庄存与身处乾隆汉学盛行之际,其公羊学研究,与自身的喜好有很大的关系,史载庄氏素精董子《春秋》①,其有关公羊学之研究有《春秋正辞》、《春秋举例》、《春秋正例》,此三书专门研究公羊学的微言大义,与当时的汉学风气相异趣。庄氏在阐释公羊学时,明显推崇董仲舒与何休,然后再结合自身理解,进一步阐释公羊学的微言大义。然而庄氏对公羊学的研究并非无瑕疵,比如他虽然有一定的家法观念,但并无意专守一家。而且庄氏的公羊学具有很强烈的尊王特色,这与当时的政治环境不无关系,毕竟乾隆之时国家状况还较稳定,与清末之社会形势完全不同。

庄氏的弟子孔广森曾作《春秋公羊经传通义》,孔氏持《春秋》重义之主张,故而认为《左传》、《榖梁传》于"圣人制作之精意,二家未有言焉"②,而《公羊传》最得圣人之旨。孔氏注《公羊传》不守公羊家法,而是沿袭宋元人研究《春秋》的方法,三传兼

---

① 刘逢禄:《刘礼部集》,续修四库全书第 1501 册,第 184 页。
② 孔广森:《春秋公羊经传通义》,上海:上海古籍出版社,2014 年,第 722 页。

采。孔氏并非因袭董、何等人的公羊学思想,而是喜欢另辟蹊径,如对三科九旨,不采何休之论,对于经传中许多微言大义的地方,代之以简单的字词训诂,这种做法显然是以朴学的路子来研究公羊学。另外,代之而起的刘逢禄,可谓清代中期公羊学的集大成者,作为庄存与的外孙、庄述祖的外甥,刘氏可谓深得庄氏公羊学之真传。刘氏著有《春秋公羊经何氏释例》、《公羊何氏解诂笺》、《发墨守评》、《穀梁废疾申何》、《箴膏肓评》、《左氏春秋考证》、《论语述何》等,多为发明公羊学而作。刘氏之公羊学,基本是围绕着研究与阐发何休的公羊学而展开的。刘氏不仅研究何休的公羊注,还对何休与郑玄有关《春秋》三传的争论之文有所阐释,以表明自己对何休公羊学的维护与推崇。另外,刘氏特意取何休《公羊》之要义以阐释《论语》,由此来说明圣人微言大义的相通性。

与刘逢禄同时代的凌曙,有关公羊学的研究著作有《公羊礼疏》、《公羊问答》、《春秋繁露注》。其研究方法基本是乾嘉汉学家的路数,考证繁琐,字词训诂,于公羊大义发挥甚少,造诣远不如刘氏。凌氏值得称道的是其对于礼制的研究,其《公羊礼疏》考证《公羊传》及何休注中的有关礼制,引经据典,说明来历,间下己意,文献梳理功不可没,但可惜并无什么义理发挥。凌氏的学生陈立,以一部《公羊义疏》闻名于世,然陈氏与其师一样,治公羊学于大义发挥甚少,而于礼制考证极详,基本还是乾嘉学派的治学方法,虽然材料丰富,但总体上并未超越刘逢禄的公羊学成就。

至魏源、龚自珍,公羊学之研究为之一变,与庄、刘、凌等人埋头于学术研究不同,此二人注重经学的经世致用之功效,把经学之研究与现实政治相结合,希冀用公羊学的理论祛除社会政治弊病。龚氏有关公羊学的论著有《春秋决事比答问》、《五经大义终始论》等,魏氏著有《诗古微》、《书古微》、《公羊古微》等,二人皆注重公羊义之傅会,以表达个人的经世之志。

另外,与龚、魏大致同时代的还有宋翔凤,其著《论语说义》,认为《论语》是孔子性与天道之微言,如能"寻其条理,求其旨趣,而太平之治,素王之业备焉。自汉以来,诸家之说时合时离,不能画一"①,因综核古今,于道光二十年(1840)撰成是书。虽自称综核古今,然其明显受刘逢禄《论语述何》的影响,多强引《春秋》公羊家之说。宋氏弟子戴望作《论语注》,湖南王闿运作《春秋公羊传笺》,二人对公羊学虽有自己独特的体会,但研究并未脱离前人的范式。

戴、王之后有廖平、康有为,二人对于公羊学的研究与运用在清末独占鳌头。廖氏早年作《今古学考》,创以礼制区分今文经学与古文经学,以今学主《王制》,古学主《周礼》。廖氏生前曾作《穀梁古义疏》,专守穀梁学家法,阐发《穀梁传》之精义,其对公羊学的看法主要集中在《何氏公羊解诂三十论》中。然廖氏对于公羊学的研究并未因袭何休的观点,而是在礼制论基础上有了重新的解读。

与廖平同时代的康有为推崇董仲舒公羊学思想,张大公羊学说,与现实相结合,推演阐发公羊三世说,把它与《礼运》中的大同、小康思想相结合,同时吸收西方的政治思想,创立由君主专制到君主立宪再到民主共和的新三世说,形成一套改变封建专制制度的政治学说。康氏作有《春秋董氏学》、《礼运注》、《论语注》、《大同书》、《新学伪经考》、《孔子改制考》等,以学术手段

---

① 宋翔凤:《论语说义》自序,清经解续编本。

阐发自己的社会政治思想。

另有湖南皮锡瑞,其作《经学通论》、《经学历史》、《王制笺》、《发墨守箴膏肓释废疾疏证》、《尚书大传疏证》等,恪守今文家法,既能发挥公羊学说之大义微言,又无康有为的主观臆断,具有朴实严谨的学风,同样对古文经学的成就亦能平等看待。

与此同时,以章太炎为首的提倡革命的古文经学家亦起来反对今文经学家的诸多观点。章氏治经主古文,认为《春秋》非孔子所作,孔子也未曾删削,乃鲁之史书,以此反对今文经学家以《春秋》为孔子所作的论断。章氏在其论著中,以古文学家的眼光,多次批评公羊学说。其在《原经》文中考论素王,认为古之所谓素王有三义,对于公羊学者"今以仲尼受天命为素王,变易旧常,虚设事状,以为后世制法"①的说法不以为然,"仲尼称素王者,自后生号之"②。而对于所谓的为后世制法之说,章氏认为:"今以不尽之事,寄不明之典,言事则害典,言典则害事。今人若射覆探钩,卒不得其翔实,故有《公羊》、《穀梁》、《驺》、《夹》之传,是则为汉制惑,非制法也。"③章氏认为所谓的"通三统、张三世、为汉制法、黜周王鲁者,但见于董仲舒之书,诡诞之徒,以之污蔑《公羊》"④,章太炎认为治《公羊》,"宜以《公羊》为《公羊》,于仲舒、何休皮肤之说,尽扫弃弗复道,则其失犹少矣"⑤。另外,章太炎在《訄书·清儒》中专门讨论了常州学派,该派以经学、文学为主干,其中经学分支以庄存与、刘逢禄为首,发展了汉代的公羊

① 傅杰编校:《章太炎学术史论集》,昆明:云南人民出版社,2008年,第37页。
② 傅杰编校:《章太炎学术史论集》,第37页。
③ 傅杰编校:《章太炎学术史论集》,第37页。
④ 傅杰编校:《章太炎学术史论集》,第155页。
⑤ 章太炎:《与李源澄论公羊书第二通》,《李源澄儒学论集》,成都:四川大学出版社,2010年,第533页。

学说。阳湖古文分支则以张惠言、李兆洛为首,该派以经学、文学相合,造就了乾嘉时期的经世致用之学。①

　　同时,刘师培亦主张古文经学,刘氏世代治《春秋左传》,其对公羊学中的素王、改制皆有与清末今文经学者不同的理解。刘氏通过对史料的考察,对素王、孔子改制说进行了一番古文经学式的重新阐释,以此论证公羊学说的诸多歪曲。如素王说,刘氏即以孔子为素王,于古无征,而汉人所谓的素王之说乃来自纬书,《淮南子》、《春秋繁露》、《论衡》、《风俗通义》等皆沿袭纬书之说,非《公羊传》之本义。刘氏又针对康有为之说,作《论孔子无改制之事》,于康氏之孔子改制说一一辨驳,欲以明今文经说之谬误。② 刘氏偏袒古文经,所以他与章太炎一样,皆不满清代的常州公羊学派,斥之为"凌杂无序,学失统纪"③。

二、何休公羊学研究现状

　　由于拙作以研究何休为主,故就八十年代以来有关何休的重要性研究进行一番剖析,以求对其研究现状有较为清晰的把握。由于笔者见识有限,无法一一详举。另外,为避免繁琐,具体分析只适当列举相关著作或论文以展现研究现状。

　　(一)何休公羊学的综合研究

　　此方面主要是以何休为主的学术著作,关于何休的研究举

---

① 章太炎:《訄书·清儒》,《章太炎全集》(三),上海:上海人民出版社,1984年,第158页。

② 刘师培对公羊学中的素王、三统、改制等学说,都曾一一考辨,具体可参看刘师培:《论孔子无改制之事》,载邬国义、吴修艺编校:《刘师培史学论著选集》,上海:上海古籍出版社,2006年,第281页。

③ 刘师培:《清儒得失论》,《中国现代学术经典·刘师培卷》,石家庄:河北教育出版社,2006年,第770页。

凡生平、著述、学术思想都有所涉猎。比如黄朴民的《何休评传》①，此书对于何休生平及其学术有一个整体认识，诸如何休公羊学的政治思想、历史哲学、灾异观念等皆有所涉及，对于公羊学说在清代的发展也有简要的介绍。

段熙仲的《春秋公羊学讲疏》②，是一部有关公羊学的综合性研究著作。此书资料丰富，可谓得清人朴学之真传。其对《公羊传》从比事、属辞、例、义等方面进行了分析，同时论述了公羊学的源流及发展历史，既有文献材料的分析，又不失学术价值。段氏不仅总结了公羊学的相关条例，而且就公羊学大义进行了解读。其中有关何休公羊学例法以及三科九旨的探讨，公羊学与董仲舒《春秋繁露》、何休《解诂》及其他经典的关系都有所指出。段氏通过丰富的资料梳理，为我们了解何休公羊学的历史演变提供了很好的文献依据。

张广庆的《何休春秋公羊解诂研究》③推崇何休保存师说之功，专门研究何休《解诂》一书，其统计何休注经依据、条列灾异之例类，又探讨何休时月日例，彰显其褒贬之义。然其重视文献之梳理，于义理探讨不足。

姜广辉主编的《中国经学思想史》（第二卷）④第三十五章专门研究了何休的《解诂》，此文对何休的生平、著述、学派等都有所考察，并专节讨论了何休的历史哲学、政治思想以及灾异说。

---

① 黄朴民：《何休评传》，南京：南京大学出版社，1998 年。
② 段熙仲：《春秋公羊学讲疏》，南京：南京师范大学出版社，2002 年。
③ 张广庆：《何休春秋公羊解诂研究》，台湾师范大学国文研究所硕士论文，1989 年。
④ 姜广辉主编：《中国经学思想史》，北京：中国社会科学出版社，2003 年。

　　(二)何休经学之专题研究

　　此方面研究非常繁多,然大致都离不开何休的《解诂》。由于何休以经学扬名,而后世唯有此书得以保留全貌,故凡是涉及汉代公羊学者,必然要以此书为研究的文献依据。具体来讲,相关研究可概括为以下几个部分。

　　1. 何休公羊学观念、思想的相关研究

　　(1)何休三科九旨之研究

　　关于公羊学核心内容的探讨,主要集中在三科九旨的讨论。如蔡长林的《从以春秋当新王到春秋托王于鲁:公羊学三统说及其历史际遇》[①],主要讨论三统说的历史演变过程,同时认为以《春秋》当新王乃是王鲁说形成的前提条件,二者之间具有明确的先后顺序。由此文可见何休三统说在历史上的发展及演变,同时又可见清人对汉代公羊学学说的重新解读。

　　段熙仲的《公羊春秋"三世"说探源》[②]主要以历史的眼光考察三世说的来源与发展变化,诸如董仲舒、颜安乐、郑玄、何休乃至康有为的三世说皆有所讨论,同时也通过文献梳理,考证何休三世标目可能与汉代京氏《易》学有很大关系。

　　陈冬冬的《清代〈公羊〉学者论"三科九旨"》[③]结合清代的历史发展,概括性地梳理了清代不同学者对三科九旨的理解,认为清代公羊学不是常州学派的单线式演变,而是多种学说的复线

---

　　① 蔡长林:《从以春秋当新王到春秋托王于鲁:公羊学三统说及其历史际遇》,《中国文哲研究通讯》第 17 卷第 3 期。
　　② 段熙仲:《公羊春秋"三世"说探源》,《中华文史论丛》(第四辑),北京:中华书局,1963 年。
　　③ 陈冬冬:《清代〈公羊〉学者论"三科九旨"》,《北京理工大学学报》2014 年第 5 期。

发展。

刘家和的《论何休公羊解诂的历史哲学》①具体讨论何休三世、一统论，总结了何休的历史观，认为何休的思想蕴含着历史理性、道德理性、自然理性。

申屠炉明的《论何休对董仲舒"春秋公羊"学说的继承和发展》②，则从三个方面考察了何休与董仲舒在公羊学方面的关系。这三个方面分别是三世说、通三统、王正月，通过文献的梳理，比较二者异同，认为何休对董仲舒的公羊学既有继承，也有所改造、发展。

张振的《历史与阐释：公羊学三科九旨的历史哲学解读》③借用西方的哲学、史学理论，以重新解读中国经典，分析公羊学历史哲学与西方历史哲学的异同。

浦卫忠的《春秋三传综合研究》④第二编从四个方面探讨了公羊学思想，一是《春秋》大一统，二是《公羊》三统说与董仲舒，三是三世递进的历史进化论，四是夷夏之别与大一统。浦氏的研究侧重对公羊学重要观念的考察，其研究以《公羊传》为基础，同时旁涉董仲舒、何休，以贯穿观念的演变脉络。

张汝纶的《以阐释为创造：中国传统释义学的一个特点——以何休为例》⑤从阐释学的角度考察何休的三科九旨，认为何休借

---

① 刘家和：《论何休公羊解诂的历史哲学》，《江海学刊》2005 年 3 月。
② 申屠炉明：《论何休对董仲舒"春秋公羊"学说的继承和发展》，《齐鲁文化研究》2011 年第十辑。
③ 张振：《历史与阐释：公羊学三科九旨的历史哲学解读》，首都师范大学博士论文，2006 年。
④ 浦卫忠：《春秋三传综合研究》，台北：文津出版社，1995 年。
⑤ 张汝纶：《以阐释为创造：中国传统释义学的一个特点——以何休为例》，《复旦学报》2013 年第 4 期。

此阐发了一套政治哲学和历史哲学的理论。

郜积意的《论董、何的三世异辞说》①，则通过分析三科九旨，认为三世说是理解其他二科六旨的重要线索。可见作者认为三科九旨虽然是何休公羊学的核心，但通过分析，三世说含恩情、王化义，而内外说、三统说则论义不论辞，因此三科九旨合起来则可明辞、义之别，由辞、义又可见孔子《春秋》之深意。

曾亦、郭晓东的《春秋公羊学史》专章讨论何休公羊学"通三统"、"张三世"、"异内外"之意涵。文中指出三正与三统之关系，言此说本出董仲舒。又考查何休三统论中新周即黜周义，而与亲周义相反；辨析王鲁、《春秋》当新王与素王说意涵之差异；于何休公羊学之重要概念，多主皮锡瑞之论，然立论核心皆在其认定今学关注周秦间之变革与孔子改制之功，非恪守周之旧制。②

郭晓东的《三科九旨正是一物：论何休的三科九旨说及其与宋均的比较》③指出何休三世之说立足于"以《春秋》当新王"，具有严密的逻辑体系，由此公羊学黜周王鲁、素王改制等微言大义方可彰显。

（2）何休社会、政治思想之研究

洪廷彦的《评春秋公羊传解诂》④，从汉代社会、政治的现实出发，剖析何休公羊学思想与汉末之社会现状的紧密联系，对何休诸如井田制、大一统等问题的提出，借以结合汉末社会政治作出合理性的解读。此书提醒我们在研究经学家的注释时，不可

---

① 郜积意：《论董、何的三世异辞说》，《安徽大学学报》2014 年第 1 期。

② 曾亦、郭晓东：《春秋公羊学史》第四章，上海：华东师范大学出版社，2017 年，第 310 页。

③ 郭晓东：《三科九旨正是一物：论何休的三科九旨说及其与宋均的比较》，《哲学与文化》2022 年第 11 期。

④ 洪廷彦：《洪廷彦史学文存》，北京：中华书局，2012 年。

忽略学术与现实的联系。

吉川忠夫的《六朝精神史研究》^①，则沿续洪氏的研究模式，其中专门有一章以何休为例讨论汉代的党锢与学问。在解读何休《解诂》时，十分注意党禁时社会政治对何休的影响，既从其注释中挖掘与时代的密切联系，同时又考察了何休的学术立场与方法，认为何休公羊学的显著立场之一便是回归到董仲舒，或者其公羊学还具有胡毋生的古来传统。

陈苏镇的《春秋与"汉道"：两汉政治与政治文化研究》^②集中从汉代政治的角度，研究《春秋》学与汉代社会政治的关系，有助于理解公羊学在汉代所发挥的政治作用。此书对于我们深入理解公羊学何以在汉代兴盛有很大的帮助，同时也有助于解答汉末何休为何执着于公羊学的阐释。

杨向奎的《论何休》^③，通过分析西汉与东汉士大夫阶层的变化，从而考察何休公羊学理论的现实意义，而且在分析何休公羊学说时，既看到了何休学说的政治理想化倾向，也指出了其学说脱离实际的矛盾所在。此文虽然篇幅不长，但通过分析何休，让我们了解到汉代公羊学是在不断变化的，而到了何休的时代，他希望恢复先秦的一些政治制度，但当时的社会政治现实，使得他的解读成为一种复古式的理想学说。此正应了蒙文通所说，经是经，史是史，经往往蕴含着知识阶层的理想，因而与现实矛盾不相符合也是很正常的。另外，章权才的《何休公羊解诂研究》^④

---

① 吉川忠夫：《六朝精神史研究》，南京：江苏人民出版社，2010 年。

② 陈苏镇：《春秋与"汉道"：两汉政治与政治文化研究》，北京：中华书局，2020年。

③ 杨向奎：《绎史斋学术文集》，上海：上海人民出版社，1983 年。

④ 章权才：《何休公羊解诂研究》，《广东社会科学》1984 年第 1 期。

也分析了何休公羊学的政治背景与政治思想。

诸葛俊元的《汉代公羊学中质文观念与历史循环论》^①梳理了公羊学中的文、质观念的演变历史，通过历时性考察，认为何休的文质观念是从原本的历史抽象规律，转变成对礼制的具体解读，因此忽略了文质观念的抽象性意义。

郑任钊的《何休公羊解诂的君主论思想》^②，具体分析了何休对君主的认识，主张大一统的政治秩序，提倡君主自身的道德修养，在君臣关系上，强调臣子要以道事君。

2. 何休公羊例法之研究

例法研究，首推段熙仲的《春秋公羊学讲疏》，此书分析《公羊传》比事、属辞、例、义等内容，兼及讨论何休、董仲舒之例法，既有文献材料的分析，又不失学术价值。

杨济襄的《春秋书法的常与变：论董仲舒何休二种解经途径所代表的学术史意义》^③，以探讨董氏与何休书法的区别，同时深入探讨了何休对清代今文经学的影响。

戴君仁的《春秋公羊传时月日例辨证》^④对何休的时月日例有所讨论。戴氏通过考论，认为何休注释时月日例，几乎全无可取。当然我们肯定何休公羊学的偏颇，但否定其时月日例的解读并不是理性的，毕竟何休以例法贯彻其三科九旨思想，没了例法他也就不可能详细地表达他的公羊学思想。这是囿于时代，

---

①　诸葛俊元：《汉代公羊学中质文观念与历史循环论》，北京师范大学全国博士生学术论坛（中国语言文学卷）论文集，2007 年。

②　郑任钊：《何休公羊解诂的君主论思想》，《湖南大学学报》2014 年第 6 期。

③　杨济襄：《春秋书法的常与变：论董仲舒何休二种解经途径所代表的学术史意义》，高雄师范大学经学研究所：《经学研究集刊》创刊号，2005 年。

④　戴君仁：《春秋公羊传时月日例辨证》，《春秋三传研究论集》，台北：黎明文化出版社，1982 年。

导致他采取的释经方式从例法入手,因此我们必须结合时代来讨论何休对经传的解读。

葛志毅的《春秋例论》①综合讨论了汉代的例法,认为例法的存在有其深刻的思想文化意义。他认为汉代公羊学家以例释经,意在构建一个例法体系,据此发挥《春秋》的微言大义,假孔子为汉制法,然后附会汉代的政治。

赵友林的《何休对公羊传书法义例的改造与发展》②分析何休依据胡毋生条例,重新阐发《公羊传》的书法义例,使得条例更加趋于系统化、逻辑化。

陈其泰的《春秋公羊学说体系的形成及特征》③分析了何休的公羊义法,并总结其义法的三个特点,分别是政治性、变易性、解释性。

郜积意的《何休公羊字氏例释》④集中分析何休《解诂》中对于名、字、氏条例的解读,由此分析可见三传之异同,以及汉人治经家法之别。

3. 何休灾异、谶纬之研究

黄肇基的《汉代公羊学灾异理论研究》⑤针对公羊学的灾异观进行细致研究,梳理了先秦至汉灾异观念与阴阳五行的关系,以及灾异观在汉代的表现。

黄启书的《春秋公羊灾异学说流变研究:以何休春秋公羊解

---

① 葛志毅:《春秋例论》,《管子学刊》2006 年第 3 期。

② 赵友林:《何休对公羊传书法义例的改造与发展》,《聊城大学学报》2010 年第 1 期。

③ 陈其泰:《春秋公羊学说体系的形成及特征》,《山东大学学报》2002 年第 6 期。

④ 郜积意:《何休公羊字氏例释》,《中国文哲研究集刊》2016 年第 49 期。

⑤ 黄肇基:《汉代公羊学灾异理论研究》,台北:文津出版社,1998 年。

诂为中心之考察》①多角度分析何休灾异学说,注重考察何休灾异学说与谶纬、洪范五行学说、京氏易学等之间的关联,分析何休阐释灾异的原则,探究何休灾异阐释是否与其公羊条例相吻合。

平飞的《公羊家政治敬畏观念的灾异表达》②从政治学的角度,分析公羊学灾异观念在皇权专制下对君主的警示效应。这种效应使得君主注重自身道德的修养,有利于政治秩序的建设,亦有助于民本思想的较好贯彻。

黄复山的《东汉谶纬学新探》③对何休《解诂》中有关谶纬或相似谶纬的文献作了梳理,使得我们对何休运用谶纬的情况有一个大致的了解。作者对文献的考辨较为深入,但缺乏思想史角度的分析。

邱峰的《何休公羊三世说与谶纬之关系辨析》④,认为何休三世说即沿袭前人的公羊学说,又吸收了谶纬的内容。

4. 何休经学家法的探讨

郜积意的《刘歆与两汉今古文学之争》⑤不仅分析今古文经学家法观念之异同,而且由礼制角度解读今古文经学家之间的区别。并且讨论廖平的今古平分礼制观念的缺陷,希望借由何休的礼制观以弥补廖平的不足。此论文对何休以及何休的敌对者的家法观念作了深入的剖析,为我们呈现了何休解读经学时

---

① 黄启书:《春秋公羊灾异学说流变研究:以何休春秋公羊解诂为中心之考察》,台湾大学中国文学研究所博士论文,2003年。

② 平飞:《公羊家政治敬畏观念的灾异表达》,《现代哲学》2011年第5期。

③ 黄复山:《东汉谶纬学新探》,台北:学生书局,2000年。

④ 邱峰:《何休公羊三世说与谶纬之关系辨析》,《天津社会科学》2012年第4期。

⑤ 郜积意:《刘歆与两汉今古文学之争》,复旦大学历史系博士论文,2005年。

所秉持的礼制观念以及面对敌对者的主观性表现，据此何休阐释经典出现了与古文经学家不同的解读。

许雪涛的《何休左氏膏肓与公羊左氏之争》①通过探讨何休与左氏之争，分析何休在解读左氏学时所体现的知识偏见，而这也道出了何休对今古文经学家法观念的深刻缘由。此文其实与郜积意论文所讲有所相同，只是许文是一篇单独的文章，与郜氏论文相比，分析还是稍显简略。

5. 与何休相关的学术史研究

讨论汉代《春秋》学必然涉及何休、董仲舒，何休作为董仲舒公羊学的继承者，他们之间具有思想上的密切联系，因此有关汉代的经学史或学术史都会谈到何休、董仲舒。另外，清代的公羊学研究也会涉及何休。清代公羊学由常州学者兴起，之后经道咸学者发扬，至清末则由廖平、康有为鼓吹，可谓清代学术史上一大事。因此凡讨论清代学术，尤其晚清之学术，必然无法避免今文经学，而今文经学又与公羊学相密切，而欲论公羊学则汉代董仲舒、何休不可不讲。

赵伯雄的《春秋学史》，戴维的《春秋学史》，沈玉成、刘宁的《春秋左传学史》，马勇的《汉代春秋学史》，蒋庆的《公羊学引论》对于何休的公羊学及其历史地位都有所涉及。黄开国的《公羊学发展史》、曾亦等的《春秋公羊学史》则对两汉至清代的公羊学有较为清晰的梳理，对一些重要学者的思想亦有深入分析。另外，张端穗的《西汉公羊学研究》②，则以断代的形式梳理西汉的公羊学，然此书对于西汉公羊学的历史介绍并不全面，只是针对

---

① 许雪涛：《何休左氏膏肓与公羊左氏之争》，《中国哲学史》2010 年第 8 期。
② 张端穗：《西汉公羊学研究》，台北：文津出版社，2005 年。

《公羊传》及《春秋繁露》个别问题所进行的经学史的探讨。虽然并未讨论何休之学，但对我们整体把握何休的公羊学还是很有帮助的。

陈其泰的《清代公羊学》对清代的重要公羊学者进行了深入的研究，尤其重视对刘逢禄、康有为的公羊学研究，通过深入分析公羊学的理论内涵，认为刘、康等人在公羊学的继承与发展方面贡献很大，而孔广森、凌曙等人的公羊学则偏离了公羊学微言大义的本质，不足称道。另外，丁亚杰的《清末民初公羊学研究：皮锡瑞、廖平、康有为》①、孙春在的《清末的公羊思想》②，对于清末的公羊学发展历史及重要的学者都有所梳理与研究。此二书有助于我们理解晚清学者是如何看待汉代公羊学的。

张广庆的《清代经今文学群经大义之公羊化》③考察清代学者以公羊治《论语》的学术现象。由此可见何休公羊学在清代的学术意义，以及清人理解《论语》时，如何实现何休公羊式的逻辑阐释，但同时清人的解读亦不乏过度阐释或臆测歪曲。

黄圣修的《图表中的学术史：以两汉公羊学传承争论为中心的探讨》④主要从学术史角度，梳理史料记载的两汉公羊学传承，并就后人有关公羊学的图、表进行研究。另外黄氏又有《何休学：东汉公羊学学术史的一个微观观察》⑤，考辨了何休的学派归

---

① 丁亚杰：《清末民初公羊学研究：皮锡瑞、廖平、康有为》，台北：万卷楼图书有限公司，2002年。

② 孙春在：《清末的公羊思想》，台北：台湾商务印书馆，1988年。

③ 张广庆：《清代经今文学群经大义之公羊化》，《经学研究论丛》第一辑。

④ 黄圣修：《图表中的学术史：以两汉公羊学传承争论为中心的探讨》，台湾中国历史学会《史学集刊》2009年第41期。

⑤ 黄圣修：《何休学：东汉公羊学学术史的一个微观观察》，高雄师范大学经学研究所《第三届青年经学学术研讨会会议论文集》，2008年11月。

属问题。

杨向奎的《清代的今文经学》①，梳理了清代研究公羊学的相关学者，分别有庄存与、孔广森、刘逢禄、凌曙、陈立、龚自珍、魏源。杨氏分析了每个人的学术特点，他看到了早期公羊学者庄存与与孔广森皆未能把握何休的公羊学核心，而至刘逢禄则道出了何休公羊学的核心在于三科九旨。在刘氏的推演下，晚清的公羊学者不同程度地采纳何休的核心学说，进而影响了晚清的政治改革。就此文来看，杨氏不赞成凌曙、陈立等有关公羊学的汉学化研究，因为无法发掘其中的思想内涵，相比较，他更推崇龚自珍、魏源，二人皆有自己的思想体系，以纳公羊学说于自我体系之中。杨氏之文，揭示了何休公羊学在不同的时间、空间下所起的学术或政治效应是无法一致的，因为这与时代环境密不可分。

另外，张永儁的《清代公羊学思想之形成、扩大与影响》②分析了汉至清公羊学的学术背景，并且讨论了清代公羊学思想的主题与演变。

邓国光的《清代经学生发的考察》③一文分析了乾隆皇帝对董仲舒的推崇，在其宣扬下，董仲舒《春秋繁露》对士大夫治学产生了一定的影响，因此在乾隆帝借董氏书发挥一王专制之义的同时，却无意中开启了清代今文经学的大门。邓氏的这种分析为我们考察清代公羊学的兴起提供了另一个思考的角度，即清代公羊学的兴起不仅与士人有关，与统治者的提倡也有很大的

---

① 杨向奎：《清代的今文经学》，《绎史斋学术文集》。

② 张永儁：《清代公羊学思想之形成、扩大与影响》，《哲学与文化》2005年第11期。

③ 赵生群、方向东主编：《古文献研究集刊》第四辑，南京：凤凰出版社，2012年。

关系；而乾隆对董氏学的推崇，则可见在清代公羊学的演变历史中，董仲舒的公羊学亦是不可忽视的一个方面。

锺彩钧的《刘逢禄公羊学概述》①通过何休与刘逢禄就《公羊传》的不同解读，认为刘逢禄在解读《公羊传》时，更重客观制度，而较少何休的伦理温情。

杨济襄的《孔广森〈公羊通义〉的解经路线与关键主张》②探究孔广森的公羊学核心思想，认为孔氏的三科九旨与何休的三科九旨相异，实则与董仲舒的《春秋》学有密切关系。

魏怡昱的《经典理想的建构：王闿运春秋公羊学的经世内涵》③着重讨论王闿运的自治观念，而王氏借由何休的《解诂》，以阐释其主观的经世思想，其中我们可以看到何休公羊学在其思想建构中的重要性。此亦可见何休公羊学在清代，通过学者的不断解读呈现出了多样性。

杨济襄的《孔广森〈公羊通义〉与何休〈公羊解诂〉释经观点之异同》④分析了何休在清代公羊学中的地位，并通过比较孔氏与何休的相关概念理解以及经典的解读，解释了孔氏在何休公羊学的基础上，通过新的三科九旨重新解释了《公羊传》的内容。

陈其泰的《晚清今文学盛行所传递的文化信息》⑤梳理了晚

①　锺彩钧：《刘逢禄公羊学概述》，《清代学术论丛》（第三辑），台北：文津出版社，2002年。

②　杨济襄：《孔广森〈公羊通义〉的解经路线与关键主张》，《文与哲》2013年第13期。

③　魏怡昱：《经典理想的建构：王闿运春秋公羊学的经世内涵》，台湾中国历史学会：《史学集刊》2004年第35期。

④　杨济襄：《孔广森〈公羊通义〉与何休〈公羊解诂〉释经观点之异同》，台湾高雄师范大学经学研究所：《经学研究集刊》2012年第13期。

⑤　陈其泰：《晚清今文学盛行所传递的文化信息》，《社会科学战线》2014年第4期。

清的今文学演进脉络,注重讨论其中的文化史意义。此文对何休的公羊学地位也有所讨论,认为其三世说影响了晚清的龚自珍、魏源、康有为等人。

张寿安的《龚自珍与常州公羊学》[①]认为龚氏之公羊学与刘逢禄、魏源等专门研究公羊学典籍不同,龚氏不注重对公羊学典籍的阐释,而是注重发挥公羊学的观念,以求解决现实政治问题。龚氏借用公羊学的三世说,发挥三世的进化意义,以三世说明政事之次第,又据三世说发挥一套讥世微言。此亦可见何休公羊学说在清代被重新加以解读。

蔡长林的《从文士到经生:考据学风潮下的常州学派》[②]则是对以常州学派为首的公羊学的研究。此书梳理了庄述祖、刘逢禄、李兆洛等清代倡导公羊学的学者,讨论了汉学考据对常州学派的影响。这对于我们理解何休公羊学在清代的演变奠定了学术基础。

卢明东的《何休卦气说窥管:春秋元年春王正月例释》[③],通过解读何休的注释,分析了汉代象数易学对何学术的影响。此文提醒我们研究何休,不仅要注重他的公羊学,还必须考察不同学说、思想对何休之学的可能影响。

三、研究思路与方法

拙作主要以何休的公羊学为研究主题,拟从三个方面来分

---

① 张寿安:《龚自珍与常州公羊学》,《书目季刊》1979 年第 13 卷第 2 期。
② 蔡长林:《从文士到经生:考据学风潮下的常州学派》,台北:"中央"研究院文哲研究所,2010 年。
③ 卢明东:《何休卦气说窥管:春秋元年春王正月例释》,《东华汉学》2004 年第 2 期。

析何休的公羊学。第一方面是以何休的《解诂》作为文本依据，解读何休如何阐释《公羊传》。第二方面是结合两汉的学术背景，尤其是两汉公羊学的发展历史，以及两汉公羊学与社会政治之间的密切关系，论述何休公羊学在这个学术背景之下形成的历史渊源以及深入理解何休在公羊学上的成就与创新。第三方面是讨论何休公羊学在清代的影响以及清人对公羊学的重新解读是如何实现的。

对于第一方面，由于何休对《公羊传》的阐释涉及很多方面，为集中讨论一些核心问题，本书准备从例法、礼制、灾异三个角度来研究何休如何阐释《公羊传》。例法方面，则通过分析《解诂》，概括何休对例法的理解，以及在纷乱的例法中他是如何统贯起来而使之具有条理性和逻辑性。另外，本书会就汉代的例法研究作一简单梳理，以求整体上把握何休例法观念的历史地位。礼制方面，则是研究何休对《公羊传》中有关礼制的解读。为了理解他的礼制观念，不仅要梳理何休的具体注释，还必须与汉代的一些古文经学说相比较，比如郑玄、贾逵等，从而全面了解何休所秉承的礼制观念，以及在这种观念下他对公羊礼的具体阐释。灾异方面则考察先秦以来灾异观念的变化与发展，进而探究何休灾异观念的继承性与独创性。这三部分内容分别对应本书第二章、第三章和第四章。

就第二方面，则拟讨论两个重要问题。一是从观念史的角度，考察何休三世说的来源及形成，同时分析三世观念背后的政治意义。另外，还会就三世说在三科九旨中的位置作一简单讨论。由于三世说在三科九旨中的重要性，加之三科九旨作为理解何休公羊学的核心地位，故以此为第一章。二是讨论何休与穀梁学的关系。之所以选择这个角度，是因为当下对公羊学尤其是何休的研究集中在公羊学派内,或者讨论纬书对公羊学的影响,但忽略了《公羊传》之外的其他经典的影响,比如《穀梁传》。近来对穀梁学的研究稀少,而对何休与穀梁学间关系的研究更是鲜见,故拙作对此作一初步研究。为说明穀梁学与何休的关系,必须借助董仲舒以及刘向,也就是必须讨论此二人与穀梁学的密切关系,再进而研究何休与穀梁学之间的学术联系。这样不仅可以体现公羊学与穀梁学间的历史渊源,还可以证明何休受穀梁学的影响并非孤立存在,同时他们之间都存在着一些穀梁学方面的共同特点或思想观念。此为第五章。

第三方面,考察何休的公羊学对清代公羊学的影响。拟从庄存与、刘逢禄、凌曙、陈立、廖平着手,所以选择此五人,一是因为清代学者太多,无法一一做详细研究。二是庄氏为清代公羊学研究的开创者,而刘氏则实质上宣扬了何休的公羊学,尤其对何休例法的总结尤为突出。而凌、陈则为公羊学研究转向训诂考据的代表,他们以乾嘉汉学的姿态,进入了公羊学的研究领域,区别于龚自珍、魏源等人的政论方式,采取文献实证,以求恢复汉代公羊学面貌。廖平则代表了清末公羊学的一面,作为清末的重要经学家,平分今古的礼制观念在其公羊学著述中体现得淋漓尽致,理解汉、清公羊学之异同,廖氏的公羊学是我们无法忽视的。

第一章　何休三世说与儒家政治理想

何休,字邵公,生于东汉顺帝永建四年(129),卒于灵帝光和五年(182),任城樊县人(今山东济宁市东)。何休"为人质朴讷口,而雅有心思,精研六经,世儒无及者"①。其公羊学看似纷繁,实则三科九旨是理解何氏公羊学之核心。此三科九旨之名,据文献可知纬书中已有之。隐公元年徐彦疏云:"《春秋说》云《春秋》设三科九旨。"可知何休之前,已经有三科九旨之说。但疏文并未明确指出纬书之三科九旨为何。今据散见的谶纬资料亦难觅其具体条目。据传世文献,何休理解的三科九旨,首次出现是在其《文谥例》中。

据徐彦疏文可知:

> 三科九旨者,新周,故宋,以《春秋》当新王,此一科三旨也……所见异辞,所闻异辞,所传闻异辞,二科六旨也……内其国而外诸夏,内诸夏而外夷狄,是三科九旨也。②

---

① 范晔:《后汉书·儒林列传》,北京:中华书局,1972 年,第 2582 页。

② 何休解诂,徐彦疏:《春秋公羊传注疏》,上海:上海古籍出版社,2014 年,第 5 页。

又据疏文知宋均[①]注《春秋说》时，提出了三科九旨的另一种解读，即：

> 三科者，一曰张三世，二曰存三统，三曰异外内，是三科
> 也。九旨者，一曰时，二曰月，三曰日，四曰王，五曰天王，六
> 曰天子，七曰讥，八曰贬，九曰绝。时与日月，详略之旨也。
> 王与天王、天子，是录远近亲疏之旨也。讥与贬、绝则轻重
> 之旨也。[②]

按何休与宋均的理解有一定的差别，可见在汉魏之际的学者中三科九旨并无统一的标准。由于纬书在东汉时代的神圣性，决定了所谓的三科九旨成为学者们探讨《春秋》学不可忽略的一点。因此有一点可以肯定，即何休决定以三科九旨作为公羊学的指导纲领，多少受到当时谶纬的影响，这在何休的《解诂》中非常明显。三科九旨，概括起来就是宋均所说的"张三世，存三统，异外内"。而张三世便是"所见异辞，所闻异辞，所传闻异辞"，后世学者所理解的三世说也是按照何休的理解，这一点在清代学者的理解中尤其突出。何休在具体的注释中又把三世形容为乱世、升平世、太平世，段熙仲说《春秋》："世愈变而愈降，所谓文致太平，非真太平也。"[③]《春秋》乃记载乱世之书，并无何休所谓太平之义，段氏指出了何休三世说的矛盾之处，那么我们面对何休的这种矛盾的观念，应当如何理解何休三世说的真正内

---

① 宋均，魏博士，《唐会要》引刘知幾奏议云："宋均于《诗谱》云'序我先师北海郑司农'，则均是玄之传业子弟也。"王溥：《唐会要》卷七十七，北京：中华书局，1955年，第1407页。

② 何休解诂，徐彦疏：《春秋公羊传注疏》，第5页。

③ 段熙仲：《春秋公羊学讲疏》，南京：南京师范大学出版社，2002年，第494页。

涵？而且其三世说与三统、异内外又是如何相互结合成所谓的
三科九旨,从而指导何休对《公羊传》的阐释呢？下面就针对此
疑问进行深入的探讨。

第一节 何休与相关三世说

一、董仲舒与三世说的初步形成

三世之论,据传世文献记载,当以董仲舒《春秋繁露》为最
早。董仲舒作为汉初的公羊学者,他的许多思想观念对后来的
公羊学产生了影响。《春秋繁露·楚庄王》云:

> 《春秋》分十二世以为三等,有见,有闻,有传闻。有见
> 三世,有闻四世,有传闻五世。故哀、定、昭,君子之所见也。
> 襄、成、文、宣,君子之所闻也。僖、闵、庄、桓、隐,君子之所
> 传闻也。所见六十一年,所闻八十五年,所传闻九十六年。①

段熙仲据此认为董氏并无三世之论,只是说到三等。其实
段氏之论并不准确,虽然文中并未明确提出何休那样的三世说,
但董氏已经说到"有见三世,有闻四世,有传闻五世",也说到了
所见、所闻、所传闻,因此我们可以认为董氏时代的三世说还处
在雏形阶段,主要是以不同的时间阶段划分三世,并无何休的完
整体系。然而如果就何休所说的"所见异辞,所闻异辞,所传闻
异辞"来说,《公羊传》本身就可以找到相关的内容。遍检《公羊
传》,关于三世异辞,共说到三次:

---

① 苏舆:《春秋繁露义证》,北京:中华书局,1992 年,第 9—10 页。

隐公元年传：何以不日？远也。所见异辞，所闻异辞，所传闻异辞。

桓公二年传：内大恶讳，此其目言之何？远也。所见异辞，所闻异辞，所传闻异辞。

哀公十四年传：《春秋》何以始乎隐？祖之所逮闻也。所见异辞，所闻异辞，所传闻异辞。

据《公羊传》文，三世异辞着重在远近辞例的不同，故段熙仲说："三者之别在时之远近，故上述隐、桓时二传皆有远也之说，以别于以近书者。远近之事异辞，文例也。"①皮锡瑞说"三科唯张三世之义明见于《公羊传》"②实为卓见。可惜的是《公羊传》并未解释三世异辞的具体情况。

比较《公羊传》与《春秋繁露》会发现，董氏于三世唯云三等，《公羊传》所说的三世异辞，董氏并未提到。但董氏明确划分了三世的不同时段，而对三种不同的历史阶段，董氏进一步解释说："于所见微其辞，于所闻痛其祸，于传闻杀其恩，与情俱也。"③可知虽然董氏并未明说三世异辞，但此处的意思很清楚，他看到了三世不同阶段下辞例的不同，因此在文中明确指出《春秋》在不同的历史时期下文本叙述的不同表现。这不仅是纯粹辞例的展示，更注意到了"情"在不同时代下所蕴含的不同意义，可谓是由例以明微言大义的很好注脚。所以我们认为虽然董氏并未说三世异辞，但其具体论述中已经表现出了这一点。而且在《公羊传》三世异辞的基础上，董氏把传文三世异辞的观念深入推进了

---

① 段熙仲：《公羊春秋"三世"说探源》，《中华文史论丛》第四辑，北京：中华书局，1963 年，第 68 页。

② 皮锡瑞：《经学通论·春秋》，北京：中华书局，1954 年，第 8 页。

③ 苏舆：《春秋繁露义证》，第 10 页。

一步。

东汉初年的王充针对三世提出了批评：

> 或说《春秋》二百四十二年者，上寿九十，中寿八十，下寿七十，孔子据中寿三世而作，三八二十四，故二百四十年也。又说为赤制之中数也。又说二百四十二年，人道浃，王道备。夫据三世，则浃备之说非；言浃备之说为是，则据三世之论误。①

王充此文说出了时人解释三世分期的另一种理解，儒家并无中寿之说，这种说法大概来自黄老或方士之论。王充另外还批评了三世之说，认为三世说并不可靠，据此我们可以推断东汉初年关于公羊三世分期的不同理解已经出现。至于"浃备之说"，王充可能是针对谶纬说而发。另外，何休也在注释中提到了"人道浃，王道备"②。据此何休之说可能来自早期谶纬或者公羊师说。

由上可知，三世说不外乎两点，一是三世时间段的划分，二是三世异辞的判定。这两点也导致了后来学者理解差异的出现。

二、何休与三世阶段的区分

我们如今探讨所谓的三世说，都是以何休的论断作为出发点。何休在《解诂》中提出了所谓的三世说，其对三世的时间阶段的划分非常明确：

---

① 黄晖：《论衡校释》，北京：中华书局，1990 年，第 1131—1132 页。
② 《公羊传·哀公十四年》记载："何以终乎哀十四年？曰：备矣。"何休云："人道浃，王道备。"

　　"所见"者,谓昭、定、哀,己与父时事也。"所闻"者,谓文、宣、成、襄,王父时事也。"所传闻"者,谓隐、桓、庄、闵、僖,高祖、曾祖时事也。"异辞"者,见恩有厚薄,义有深浅。时恩衰义缺,将以理人伦序人类,因制治乱之法。故于所见之世,恩己与父之臣尤深,大夫卒,有罪、无罪皆日录之。"丙申,季孙隐如卒"是也。于所闻之世,王父之臣恩少杀,大夫卒,无罪者日录,有罪者不日,略之,"叔孙得臣卒"是也。于所传闻之世,高祖、曾祖之臣恩浅,大夫卒,有罪、无罪皆不日,略之也。"公子益师、无骇卒"是也。于所传闻之世,见治起于衰乱之中,用心尚麁觕。故内其国而外诸夏,先详内而后治外,录大略小,内小恶书,外小恶不书,大国有大夫,小国略称人,内离会书,外离会不书是也。于所闻之世,见治升平,内诸夏而外夷狄,书外离会,小国有大夫,宣十一年"秋晋侯会狄于攒函",襄二十三年"邾娄劓我来奔"是也。至所见之世,著治大平,夷狄进至于爵,天下远近、小大若一,用心尤深而详。故崇仁义,讥二名,晋魏曼多、仲孙何忌是也。所以三世者,礼为父母三年,为祖父母期,为曾祖父母齐衰三月。"立爱自亲始",故《春秋》据哀录隐,上治祖祢。所以二百四十二年者,取法十二公,天数备足,著治法式。[①]

　　何休三世说分段是隐、桓、庄、闵、僖为所传闻世,文、宣、成、襄为所闻世,昭、定、哀为所见世,与董氏的分期是一致的。然据徐彦疏文,三世说在当时非常普遍,但并未统一,因此学者间有不同的理解。今据传世文献,有关三世阶段的划分,存在着很大

---

① 何休解诂,徐彦疏:《春秋公羊传注疏》,第38页。

的分歧。

郑玄云：

> 《孝经援神契》云"《春秋》三世，以九九八十一为限"。
> 然则隐元年尽僖十八年为一世；自僖十九年尽襄十二年又
> 为一世；自襄十三年尽哀十四年又为一世。所以不悉八十
> 一年者，见人命参差不可一齐之义。①

《春秋说》：

> 文、宣、成、襄所闻之世。②

颜安乐说：

> 颜氏以为襄公二十三年"邾娄鼻我来奔"，传云"邾娄无
> 大夫。此何以书？以近书也"。又昭公二十七年"邾娄快来
> 奔"，传云"邾娄无大夫。此何以书？以近书也"。二文不
> 异，同宜一世。若分两属，理似不便。又孔子在襄二十一年
> 生。从生以后，理不得谓之所闻也。③

此众说概括为三种情况：1.郑玄同意《孝经援神契》之说，把
三世分得最为明确具体，而且僖公、襄公各分属两个时段。2.颜
安乐认为襄公二十一年之后到哀公皆当为所见世。3.《春秋纬》
说与何休分期同。

以上三种不同说法，各有各的道理，也能够清晰地说明当时
关于三世的具体分期并无统一的答案。《孝经援神契》之说乃是
依据三世九九八十一为限，八十一乘三则为二百四十三年，不符

---

① 何休解诂，徐彦疏：《春秋公羊传注疏》，第4页。
② 何休解诂，徐彦疏：《春秋公羊传注疏》，第5页。
③ 何休解诂，徐彦疏：《春秋公羊传注疏》，第4—5页。

合《春秋》二百四十二年之数，故郑玄云："所以不悉八十一年者，见人命参差不可齐一之义。"其具体的分期如下：

所传闻世：隐元年至僖公十八年，计八十一年。

所闻世：僖十九年至襄十二年，计八十一年。

所见世：襄十三年至哀十四年，计八十年。

依《孝经援神契》之论，则襄十三年时孔子未生，何以谓之所见，故何休不取此说是有一定考量的。

颜氏之分期，则认为从襄二十一年孔子生后即为所见之世，并依据传文襄公二十三年与昭公二十七年皆有"以近书"之文，便认为襄公二十三年之后皆为所见之世。然此说最大矛盾在于以孔子后为所见世，那么就当以襄公二十一年为分期。而若以襄公二十三年为断限，则意味着孔子出生之后隔两年才为所见世。[①]

我们分析了颜氏与《孝经纬》的说法不当之后，可理解何休的分期是有自我的思路的。首先何休的分期与董氏、《春秋纬》相通，而且徐彦疏详细解释了何氏分期不同于《孝经纬》之意：

> 何氏所以不从之者，以为凡言见者，目睹其事，心识其理，乃可以为见。孔子始生，未能识别，宁得谓之所见乎？故《春秋说》云"文、宣、成、襄所闻之世"，不分疏二十一年已后。明为一世矣。邾娄快、邾娄鼻我虽同有"以近书"之传，一自是治近升平书，一自是治近大平书。实不相干涉而漫指此文乎？郑氏虽依《孝经说》文，取襄十二年之后为所见

---

① 参见曾志伟：《春秋公羊传三科九旨发微》，台湾东华大学中国语言文学系硕士论文，2005年，第141—144页。

之世,尔时孔子未生,焉得谓之所见乎? 故不从之。^①

盖何休当时看到了此二说的矛盾之处,最后还是选择了较为通行的分期,这种分期虽然不够细致,但至少渊源有自,大致上并无矛盾之处。

汉人有关三世之分期,后世学者也提出了不同的见解。孔广森《公羊通义》认可颜氏之说,他说:"颜安乐以为……故断自孔子生后即为所见之世。从之。"^②

廖平则不满前人之分期,另创一说:

> 《穀梁传》引孔子曰:"立乎定、哀,以指隐、桓,则隐、桓之世远矣。"此《穀梁》三世之例也。《公羊》真义实亦如此。自何君失解,更为游说,亲父祖而薄高、曾。亲祖父而并一世人皆亲之,薄高、曾,并一世人并薄之。不惟迂谬无理,且隐、桓之世,远在二百余年以前,何所与于孔子之高曾?^③

> 三世例,旧有三科九旨、乱世升平太平诸说,今审订三世例,隐桓为一世,定哀为一世,自庄至昭为一世。^④

蒙文通云:

> 公羊家张三世之义,……此经义之三世者,著见于《公羊》;而三世之实义,宜求之于《左氏》,盖三世固史义也。《春秋》为鲁史,隐、桓之世,郑、宋、陈、蔡、齐、卫诸国盟会战

① 何休解诂,徐彦疏:《春秋公羊传注疏》,第5页。
② 孔广森:《春秋公羊经传通义》,第241页。
③ 廖平:《公羊解诂三十论》,李耀仙主编《廖平选集》,成都:巴蜀书社,1998年,第147页。
④ 廖平:《公羊春秋经传验推补证》,《廖平全集》第7册,上海:上海古籍出版社,2015年,第736页。

伐,其休戚动与鲁关,至北之晋,南自楚,西之秦,其盛其衰,于鲁无与。故灭国虽大事,而晋、楚、秦三国,见《左传》、秦记者,灭人之国已多,《春秋》悉不之记,以于鲁故无所影响,则内鲁而外诸夏可也。齐、晋相继作霸,合诸夏为一,以抗夷狄,则诸夏与鲁皆为内而夷狄为外者,势也。吴以夷狄而有忧中国之心,黄池之会,实为主盟,《春秋》虽欲不进夷狄,不可得也。是三世异辞,即源于鲁人国际关系之扩大。鄄之会,齐始霸,此所闻世、所传闻世之断限也。黄池之会,则所见世、所闻世之断限也。①

蒙文通认为何休三世为经义之三世,是正确的。他明确区别了经义上的三世与史学上的三世。从史学角度分析三世则依据《左传》记载的史事,很显然与何休的经义上的三世并无多大关系。另外,学者黄彰健认为蒙氏史学上的分期也有一定的问题,黄池之会已在哀公十三年,故蒙氏之史学上的断限也有不足之处。②

关于三世的分期,众说纷纭,然就何休的注释来看,何休对三世的划分并未有具体时间的断限,他只是通过礼制解释了分成三世的原因,其云:"所以三世者,礼,为父母三年,为祖父母期,为曾祖父母齐衰三月。'立爱自亲始',故《春秋》据哀录隐,'上治祖祢'。"③

何休用丧服礼制来阐释三世分期之由来,与董氏以"情"来

---

① 参见黄彰健《张三世古义》引蒙文通《肤浅小书》,《学原》第 1 卷第 8 期。原文载《图书集刊》1943 年第 4 期,第 20 页。

② 参见黄彰健《张三世古义》。又见《蒙文通学记》(增补本),北京:生活·读书·新知三联书店,2006 年,第 9 页。

③ 何休解诂,徐彦疏:《春秋公羊传注疏》,第 38 页。

解释三世,是有一定区别的。段熙仲认为:"何君十二公之分三世,与董君合。惟以高祖以降说三世,为董所未及,其意则在释见、闻、传闻之别。"①按段氏之论,虽看到了二者的区别,却未曾看到二者的联系。何休以礼论三世,盖与董氏或董氏公羊学派有关,因为董仲舒在《春秋繁露》中提到"今《春秋》缘鲁以言王义,杀隐桓以为远祖,宗定哀以为考妣"。此以远祖、考妣论王鲁之义,虽非之论三世,然而已经开启了以礼制来分析《春秋》义的模式。而且董氏在阐释三世时说:"于所见微其辞,于所闻痛其祸,于传闻杀其恩,与情俱也。"②此以"情"统概三世之分别,其中已经蕴含儒家道德伦理之意。而何休以礼制来衡量三世的区分,刘逢禄便看到了其中的深意,其云:"传曰亲亲之杀,尊贤之等,礼所生也。《春秋》缘礼义以制太平。"③这种理解使得三世说具有儒家所认可的道德伦理内涵,因此董、何之论三世实质上还是有所联系。何休的这种以礼制划分三世的做法,所反映的正是汉代儒家普遍的一种矛盾心理。这种心理即是在封建制度解体的汉代,中央集权的郡县制代替了封建制,国家的政治体系,由西周的以宗法制度为主导的国家管理体系被选举的官僚体系所取代,这样就造成了道德与政治的分离,然而很明显何休并未清楚地意识到道德与政治之间的分离,仍希望借助道德伦理的价值标准去衡量国家政治,也就是说他们依旧认可道德评判标准在政治中的核心地位,而却不曾理解理想政治,只单单依据儒家的道德伦理是无法实现的。所以何休以礼制区分三世,仍旧是对孔子等先贤所遗留的道德伦理的推崇与体现。正如蒙

---

① 段熙仲:《春秋公羊学讲疏》,第482页。

② 苏舆:《春秋繁露义证》,第10页。

③ 刘逢禄:《春秋公羊经何氏释例》,上海:上海古籍出版社,2013年,第8页。

文通所讲,三世是经学的三世,它只是一种为表达心目中儒家理想的假设与愿望,并无任何史实可以支撑。

第二节　三世说考论

一、三世说与汉代政治理想

苏舆曾说:"董子言三世,不用乱世、升平、太平之说,(近人多称据乱世,案何休《公羊解诂序》云:'本据乱而作。'疏云:'谓据乱世之史而为《春秋》。'是'据乱'二字不相联也,今删'据'字。)要以渐进为主。所谓拨乱世,反之正也。"①按三世之称为"据乱世、升平世、太平世",乃康有为之称呼,但康氏之说则来自何休《解诂》,何氏在隐公元年注(前引)中提到了"升平世"、"太平世",而"据乱世"则在序文中出现。段熙仲曾作《公羊春秋"三世"说探源》,文中认为康氏"据乱世"之说,不合文法,据何休之《解诂》应当称为"乱世"。② 段氏说的很对,何休虽未称呼三世为"据乱世、升平世、太平世",但其表述三世为"乱世、升平世、太平世"。刘逢禄的《春秋公羊经何氏释例》也依据何休之说。可见后人三世之目皆来自何休。苏舆认为当删去"据",按此加"据"字乃是为与后三字平衡,所以段熙仲说:"明乎南海之但利用旧说,科取二三字而揭橥以为宗旨,则托古改制,原无不可,且又何妨以三字足句取便宣传记忆也?"③其实康有为三世之称,并不固定,其在《春秋董氏学》中说:"所传闻世为据乱,所闻世托升平,

---

① 苏舆:《春秋繁露义证》,第10页。
② 段熙仲:《公羊春秋"三世"说探源》,第73页,
③ 段熙仲:《公羊春秋"三世"说探源》,第74页。

所见世托太平。乱世者,文教未明也;升平者,渐有文教小康也;太平者,大同之世,远近大小如一,文教全备也。"①可知康氏对于三世之称并无太在意,所以我们明了此因,以之称呼何氏三世说也就无妨。我们在此并不关注康氏的意图,所要关心的是何休"乱世、升平世、太平世"的论述,是沿袭前人之说,还是另有深意。对此,我们需要考察一番。

首先我们看一下段熙仲所说。他认为三世之称呼与《京氏易》学有很大的关系。他考察《隋书·天文志》有"京房《别对》曰:太平日行上道,升平日行次道,霸代日行下道"。据此段氏认为何休三世之目实来自京房之说。按《北史·袁充传》引作《京房别对》云"太平日行上道,升平行次道,霸世行下道"。唐《开元占经》卷五引作《京房别对灾异》云:"日行房乘三道,太平上道,升平中道,霸世行下道云。"可知《隋书》所引正与此同,皆来自《京房别对》,或称《京房别对灾异》,《后汉书·孝安帝纪》李贤注称作《京房别对灾异》,《太平御览》所引同。按据《隋书·经籍志》无《京房别对》或《京房别对灾异》,姚振宗《汉书艺文志拾补》认为可能是所谓的《方正百对》。就文献的可靠性来说,我们无法肯定此即是京房之论,因此也就不能肯定三世之目与《京氏易》学的关系,当然段氏推测的可能性还是存在的。因为据学者的考察,汉代谶纬书中与《京房别对》表述相类似的文字很多,诸如②:

《孝经援神契》:"十世升平至德通神明。"

《孝经钩命诀》:"明王用孝升平致誉。"

---

① 康有为:《春秋董氏学》,北京:中华书局,1990年,第28—29页。
② 参见邱峰:《何休公羊三世说与谶纬之关系辨析》,《天津社会科学》2012年第4期。

《礼斗威仪》:"政太平则月多耀,政颂平则赤明,政和平则黑明,政象平则白明,政升平则青明。""君承土而王,其政太平,则日五色无主。君承木而王,其政升平,则黄中而青晕。"

《礼斗威仪》:"君乘木而王,其政升平,则日黄中而青晕。君乘火而王,其政颂平,则日黄中而赤晕。君乘金而王,其政象平,则日黄中而白晕。君乘水而王,其政和平,则日黄中而黑晕。"①

谶纬中有关太平、升平的论述很多,这不仅显示出了当时太平、升平说的普遍,也说明了何休三世之目并非凭空捏造,而是有一定的根据。当然我们知道东汉以谶纬解经的风气很盛,何休注释公羊学时也采用了很多谶纬中的内容,可以说何休三世之目来自谶纬的可能性很大。

然而我们考察两汉典籍,可知三世之目,不仅文献上渊源有自,其称呼背后还具有深刻的文化与思想背景。

何休在《解诂》中不仅说到了太平世,更提到了"文致太平"。首先我们可以看一下何休对太平的理解:

> 作传者谦,不敢斥夫子所为作意也。尧、舜当古,历象日月星辰,百兽率舞,凤凰来仪。《春秋》亦以王次春,上法天文,四时具,然后为年,以敬授民时,崇德致麟,乃得称太平。道同者相称,德合者相友,故曰"乐道尧、舜之道"。(哀公十四年注)②

> 《春秋》定、哀之间,文致太平,欲见王者治定,无所复为讥,唯有二名,故讥之。此《春秋》之制也。(定公六年注)③

---

① 安居香山、中村璋八辑:《纬书集成》,石家庄:河北人民出版社,1994年,第517页。

② 何休解诂,徐彦疏:《春秋公羊传注疏》,第1200页。

③ 何休解诂,徐彦疏:《春秋公羊传注疏》,第1088页。

戎曼称子者,入昭公,见王道太平,百蛮贡职,夷狄皆进至其爵。(昭公十六年注)①

昔武王既没,成王幼少,周公居摄,行天子事,制礼作乐,致太平,有王功。周公薨,成王以王礼葬之,命鲁使郊,以彰周公之德。(僖公三十一年注)②

何休之称呼三世为乱世、升平世、太平世,实际上只是一种假托。清人皮锡瑞在《经学通论》中说"治升平之世应如何,治太平之世应如何,义本假借,与事不相比附"③。今人阮芝生亦云"公羊家之言三世乃是假托之言,非是史事如此"④。此正是看到了何休学说的理想意蕴,所以他才会说"文致太平"。但很显然致太平之论与儒家有很大的关系,因此何休提到了周公,他说:"昔武王既没,成王幼少,周公居摄,行天子事,制礼作乐,致太平,有王功。"又宣公十六年贾公彦疏引郑玄注《书序》云"居摄七年,天下太平,而此邑成,乃名曰成周也"⑤。可知所谓的致太平之论,乃是儒家的政治理想,而这个理想即来自儒者所传达的周公太平盛世的政治理想。"孔子自称吾从周,从周者,从周之制,在孔子心目中,周公就是这套文制的象征。文王是周公的父亲,孔子因崇敬周公,因此亦盛赞文王。"⑥当然这是儒家的理想,也是汉代今文经学者的理想,他们渴望太平之世的出现。同样,这种观念也是汉代士人的共同心声。

---

① 何休解诂,徐彦疏:《春秋公羊传注疏》,第966页。
② 何休解诂,徐彦疏:《春秋公羊传注疏》,第494页。
③ 皮锡瑞:《经学通论·春秋》,第23页。
④ 阮芝生:《从公羊学论〈春秋〉的性质》,北京:华夏出版社,2013年,第82页。
⑤ 何休解诂,徐彦疏:《春秋公羊传注疏》,第681页。
⑥ 参见韦政通:《传统中国理想人格的分析》,李亦园、杨国枢主编:《中国人的性格》,南京:江苏教育出版社,2006年,第11页。

《太史公自序》云："仲尼悼礼废乐崩，追修经术，以达王道，匡乱世反之于正，见其文辞，为天下制仪法，垂六艺之统纪于后世。"①司马迁作为西汉人，已经认可孔子《春秋》乃明王道之书，而所谓的王道正是周公文王之道，也就是后来所说的太平世。那么，我们可以肯定，何休三世说观念的源动力很早就已经出现了。只是到后来，这种观念被经学家们通过各种阐释手段去表达出来，也就呈现出不同的面貌，但其核心并无变化。

后来即使是欲篡权夺位的王莽也怀揣着这份理想。《汉书·叙传》云："平帝即位，太后临朝，莽秉政，方欲文致太平，使使者分行风俗，采颂声。"颜师古注云："言欲以文教致太平。"②王莽当权之时，曾依照五经改革政治制度，其中多有儒家理想之成分。其以周公摄政之论篡夺权位，又欲效法周公以文致太平，皆是儒家理想政治蓝图之表现。《汉书·王莽传》记载群臣奏请王莽加九锡时说："圣瑞毕溱，太平已洽。帝者之盛莫隆于唐虞，而陛下任之；忠臣茂功莫著于伊周，而宰衡配之。所谓异时而兴，如合符者也。谨以六艺通义，经文所见，《周官》、《礼记》宜于今者，为九命之锡。"③

《后汉书·陈蕃传》说："蕃与后父大将军窦武，同心尽力，征用名贤，共参政事，天下之士，莫不延颈想望太平。"④何休曾经应陈蕃的征召，可以说何休与当时的清流士人皆怀有对太平世的热切期待。太平世之理想，转化到现实政治当中，便是希冀帝王可以效法儒家所认可的圣贤，以实现太平之治。然而太平之治

---

① 司马迁：《史记·太史公自序》，北京：中华书局，1982 年，第 3310 页。
② 班固：《汉书·叙传》，北京：中华书局，1962 年，第 4204 页。
③ 班固：《汉书·王莽传》，第 4072 页。
④ 范晔：《后汉书·陈蕃传》，第 2169 页。

的出现,不仅需要帝王完善自己的德行,更需完善礼乐制度,不然太平之世不会出现。《汉纪·孝元帝纪》荀悦云:"自汉兴以来至于兹,祖宗之治迹可得而观也。高祖开建大业,统辟元功,度量规矩不可尚也。时天下初定,庶事草创,故韶、夏之音未有闻焉。孝文皇帝克己复礼,躬行玄默,遂致升平,而刑罚几措,时称古典。未能悉备制度,玄雅礼乐之风阙焉,故太平之功不兴。"①

据此可知太平之世甚难实现,士大夫亦意识到此点,故亦倡导升平世之出现,因为较之太平世,此易于实现。故张晏解释"民有三年之储曰升平"②,《汉纪·孝文帝纪》云"九年耕余三年之食,进业日升,谓之升平"③。可见升平、太平之说自古有之,乃古代士人的共同观念。

何休三世之目的,意在说明以渐进之方式,由乱世以进太平世,正如陈弱水所云何氏之论乃是"一种理想世界的圆成,则是在时序过程中循次渐臻至的"④。实际上何休此论,与今文学家的理想无别,即希望通过一套素王大法以达到太平之世。而欲达此目的,必须由儒家文教以致太平,也就是效法圣贤,才能进入所希望的太平之治。王符在《潜夫论·赞学》中说:"先圣之智,心达神明,性直道德,又造经典,以遗后人。试使贤人君子,释于学问,抱质而行,必弗具也;及使从师就学,按经而行,聪达之明,德义之理,亦庶矣。是故圣人以其心来造经典,后人以经典往合圣心也,故修经之贤,德近于圣也。"⑤

---

① 荀悦、袁宏:《两汉纪》,北京:中华书局,2006年,第406—407页。
② 班固:《汉书·梅福传》,第2919页。
③ 荀悦、袁宏:《两汉纪》,第116页。
④ 陈弱水:《追求完美的梦:儒家政治思想的乌托邦性格》,黄俊杰主编:《中国人的理想国》,合肥:黄山书社,2012年,第139页。
⑤ 彭铎:《潜夫论笺校正》,北京:中华书局,1985年,第13页。

何休以《公羊传》乃圣人微言大义之书，便是欲由"经典往合圣心"，从而德近于圣。儒家典籍对汉代士大夫来说，乃圣人之言，而帝王明圣人之旨，则可达至太平之世。故云："圣人之言，天之心也。贤者之所说，圣人之意也。……太平之基，必自此始，无为之化，必自此来也。"①圣人之言是至太平之基，而对于何休来讲，《春秋》便是圣人之言，是"圣人之极致，治世之要务"②。

在汉代的士大夫看来，欲至太平，最大的希望莫在于帝王，帝王乃天命之代表，只要君主效法前贤，便"能太平而传子孙"③。在他们眼中，天下非一家之天下，得民心者得天下，故帝王不合天命时，当做出一系列的应对措施，以敬畏天命。故祭祀、改元、再受命之论层出不穷，帝王无法实现儒者的理想政治，但儒者仍旧希望理想有朝一日可以实现："夫为国者以富民为本，以正学为基。民富乃可教，学正乃得义，民贫则背善，学淫则诈伪，入学则不乱，得义则忠孝。故明君之法，务此二者，以为成太平之基，致休徵之祥。"④

同时，对于士大夫来讲，被圣王重用乃是梦寐以求的夙愿，而欲达太平之世也离不了选贤举能，故士大夫时刻提醒君王选贤的重要性和必要性。《潜夫论·本政》云："是故将致太平者，必先调阴阳；调阴阳者，必先顺天心；顺天心者，必先安其人；安其人者，必先审择其人。是故国家存亡之本，治乱之机，在于明选而已矣。圣人知之，故以为黜陟之首。《书》曰：'尔安百姓，何

---

① 彭铎：《潜夫论笺校正》，第 72 页。
② 何休解诂，徐彦疏：《春秋公羊传注疏序》，第 2 页。
③ 彭铎：《潜夫论笺校正》，第 145 页。
④ 彭铎：《潜夫论笺校正》，第 14 页。

择非人?'此先王致太平而发颂声也。"①这即关乎君主的地位与
利益,也有利于君主对贤才的重视,从而君君臣臣,共同努力向
太平至世行进。

我们知晓了何休所谓的三世说,不过是其不可实现的政治
理想时,也就明白了何休以三世说来宣扬圣人之意,其折射的仍
旧是何休对现实政治的不满。国家政治的动荡,使得汉帝国走
向衰落,"天下浮侈离本,僭奢过上,亦已甚矣"②。何休身处汉末
政治动荡的时代,国家政治核心中外戚宦官斗争不断,帝王权威
尽失,臣子把持朝政。吏治腐败,社会经济衰退,人民困苦不堪,
有志之士纷纷隐居,而何休则因政治斗争遭党锢十几年,无法施
展自己的抱负。所以面对自我的困窘,身处天下之乱世,何休对
圣人所描绘之盛世的祈盼只能诉诸经典的阐释当中,无法实现
的儒家政治理想成为他对未来的一种美好信仰。虽然无法实
现,但时刻在他们脑中闪现,渴望有朝一日"王者统世,观民设
教,乃能变风易俗,以致太平"③。

二、道家与道教的太平之说

儒家的政治理想,不仅对统治者产生了巨大的影响,也影响
了汉代的道家以及道教。这点我们从汉代的文献中可以看出。
首先我们以道家的严遵《老子指归》为例来说明这一情况。《老
子指归》据学者研究,定为西汉中后期的作品。④ 此书作为西汉
道家之作,遵循老子尚无为任自然之宗旨,但我们知道自从武帝

①　彭铎:《潜夫论笺校正》,第 90 页。
②　彭铎:《潜夫论笺校正》,第 140 页。
③　彭铎:《潜夫论笺校正》,第 140 页。
④　参见樊波成:《老子指归校笺》前言,上海:上海古籍出版社,2013 年。

时代大崇儒学,设立五经博士,汉代的儒学逐渐兴盛,汉初所谓的黄老之学则逐渐退出核心学术的地位,走向民间,而儒学则成为官学,经久不衰。故在二学学术地位变化的同时,学术的融合与借鉴亦并未间断。因此我们看到严遵的《老子指归》中不乏涉及太平的语句。如:

> 是故绝圣弃智,除仁去义;发道之心,扬德之意;顺神养和,任天事地;阴阳奉职,四时驰骛;乱原以绝,物安其处;世主恬淡,万民无事。……总进相乘;和气洋溢,太平滋生;人物集处,宇内混同;祸门以闭,天下蒙童;世无耻辱,不睹吉凶;知故窒塞,自然大通;家获神明之福,人有圣智之功。①

> 天下宴闲,各乐其业,世惇俗厚,民人专一,总织而衣,总耕而食。天心和洽,万物丰熟;嘉祥屡臻,吉符并集。非天降福,世主道德也。②

> 无事无忧,太平自兴。③

> 主安民乐,天下太平。④

> 明于病利,太平自至。⑤

> 故圣人之王也,非求民也,民求之也;非利民也,民利之也;非尚民也,民尚之也;非先民也,民先之也。故能极弊通变,救衰匡乱,以至太平;上配道德,下及神明。⑥

《老子指归》对于所谓的神仙、养生之说不屑一顾,专守道教

① 樊波成:《老子指归校笺》,第46页。
② 樊波成:《老子指归校笺》,第59页。
③ 樊波成:《老子指归校笺》,第106页。
④ 樊波成:《老子指归校笺》,第147页。
⑤ 樊波成:《老子指归校笺》,第161页。
⑥ 樊波成:《老子指归校笺》,第165页。

无为之旨,与后来杂糅方术的黄老道术完全不同。此云太平之说,亦涉及君王、百姓,可知儒家的太平理想已经深入道家思想中。当然此论致太平之方式仍旧是道家的方式,故说:"故我无言,而天地无为;天地无为,而道德无为。三者并兴,总进相乘,和气洋溢,太平滋生。""救衰匡乱,以至太平,上配道德,下及神明。"《老子指归》所云正是希望君主以无为之道治理天下,从而主安民乐,天下太平。虽然道家与儒家的方式不同,但其目的是一样的,都希望君主以合理的方式治理天下,从而"天心和洽,万物丰熟;嘉祥屡臻,吉符并集",以达太平之世。

汉代有关道教的代表性著作流传至今的主要是《太平经》,另有敦煌发现的《老子想尔注》残卷。我们下面的探讨主要以《太平经》为主。早期道教之以"太平"为书籍之名,由来已久。《汉书·李寻传》云:"初,成帝时,齐人甘忠可诈造《天官历》、《包元太平经》十二卷,以言'汉家逢天地之大终,当更受命于天,天帝使真人赤精子,下教我此道。'"[①]

不但书名"太平",而且倡言"更受命"之说,所以其名"太平"盖显示此书乃帝王致太平之圣典,故诈言真人赤精子之说。后来哀帝在绝嗣的无奈之下,听从了甘忠可弟子夏贺良之说,大赦天下,改元为太初元将元年,改号为"陈圣刘太平皇帝"。

又《后汉书·襄楷传》记载宫崇、襄楷献神书:"前者宫崇所献神书,专以奉天地顺五行为本,亦有兴国广嗣之术。其文易晓,参同经典,而顺帝不行,故国胤不兴,孝冲、孝质频世短祚。"[②]"初,顺帝时,琅邪宫崇诣阙,上其师干吉于曲阳泉水上所得神书

---

①　班固:《汉书·李寻传》,第3192页。
②　范晔:《后汉书·襄楷传》,第1081页。

百七十卷,皆缥白素朱介青首朱目,号《太平清领书》。其言以阴阳五行为家,而多巫觋杂语。有司奏崇所上妖妄不经,乃收藏之。后张角颇有其书焉。"[1]前者甘忠可所上书为《包元太平经》,此书则为《太平清领书》,且此书张角颇有焉。那么我们所说的《太平经》当与此二书有莫大关系,至于是否一书,很难定论。然据汤用彤之研究,《太平经》"上接黄老图谶之道术,下启张角张陵之鬼教,其所记与汉末之黄巾、六朝之道士,均有差异,则谓其为最早之道教典籍,而非后人所伪造,固有相当理由也"。并认为此书与汉末张角、张陵或有影响,但不能认为即是张角伪造之经书。[2]

我们根据今存《太平经》,可以推知方士们向皇帝推荐的道书,无非是说兴国之方、致太平之术。《太平经》虽然是早期道教典籍,但它所宣扬的"致太平"思想,不仅是一种宗教信仰,更是政治理想的体现,所以得到帝王与士大夫的推崇,这点与儒家的政治理想是一致的。不过在具体的理解中,道教太平之说还是有别于儒家的。首先《太平经》涉及治国之术,故于理想政治亦不乏论述。如:"太平和气且将至,人将日好善,帝王将垂拱而无可治。"[3]"神人为君,真人为臣,以治其民,民将不知上之有天子也。"[4]"大顺之路,使王者无忧无事致太平。夫天地不大动摇,风雨不横行,百神安其居,天下无灾矣。万物各居其处,则乐无忧矣。"[5]

---

① 范晔:《后汉书·襄楷传》,第 1084 页。

② 具体参看汤用彤:《读太平书所见》,《魏晋玄学论稿及其他》,北京:北京大学出版社,2010 年,第 162—165 页。

③ 转引自汤用彤:《读太平书所见》,第 163 页。

④ 转引自汤用彤:《读太平书所见》,第 163 页。

⑤ 王明:《太平经合校》,北京:中华书局,1960 年,第 726 页。

《太平经》中的太平之世乃是崇尚道家无为的盛世。其对"太平"专门下了一个定义,其云:"一曰神道书,二曰核事文,三曰去浮华记,都曰大顺之道。太者,大也;大者,天也;天能覆育万物,其功最大。平者,地也,地平,然能养育万物。经者,常也;天以日月五星为经,地以岳渎山川为经。天地失常道,即万物系受灾。帝王上法皇天,下法后地,中法经纬,星辰岳渎,育养万物,故曰大顺之道。"①

从《太平经》可以看出,所谓的"太平"乃是道的一种称呼。其文云:"太平道,其文约,其国富,天之命,身之宝。近出胸心,周流天下。此文行之,国可安,家可富。"②这种太平道乃是天地万物之常道,是一种大顺之道,这是对道家理想境界的一种描述。而为达太平之世,就必须遵守这种天地之常道。所以作为君主来说,即要遵循太平之法以进入太平之世。

为达到太平之世,《太平经》提出了明确的君为主、臣为辅、民为从的等级秩序,这种尊卑有别的政治制度,显示了《太平经》为君主集权政治服务的意愿。"帝王得之,以垂拱无忧,贤者亦得尽其忠信之心,上辅其君为治,亦得尽其能力勉勉,使共解天地大忧,百姓万物亦复得之而兴也。"③以阐释君主的至上权威。

《太平经》所倡导的君主致太平的理想政治,与儒家的理想政治有类似之处,都是希望在等级秩序之下,达到天下太平之盛世。不过《太平经》所倡导的是上至君主,下至百姓,都应当各自尽到各自的义务与责任,"畏之不敢妄为也,恐不得天心,不能安

---

① 王明:《太平经合校》,第 178 页。
② 王明:《太平经合校》,第 697 页。
③ 王明:《太平经合校》,第 344 页。

其身也"①。故君主仍当实行其所行，而无法担起责任时，便会招致大过。在这种君臣有别的制度下，"父为君，母为臣，子为民"，并在帝王的率领下，天下共为"一大家"。

但这不是最高的太平之境域，只有达到天地人的有序和谐才是太平的最好境界，即上皇太平道，上皇太平气是太阴、太阳、中和气三种和谐的状态，这种境界已经超越了人间，上升到了人与宇宙万物的和谐，只有社会政治与宇宙的和谐才是最好的理想境界，此乃是具有道家意味的太平之世。《太平经》毕竟是道家之作，所以与儒家所认可的周公太平之道不同，他所宣扬的是三皇盛世的真道："如此天气得矣，太平道矣，上平气来矣，颂声作矣，万物长安矣，百姓无言矣，邪文悉自去矣，天病除矣，地病亡矣，帝王游矣，阴阳悦矣，邪气藏矣，盗贼断绝矣，中国盛兴矣，称上三皇矣，夷狄却矣，万物茂盛矣，天下幸甚矣，皆称万岁矣。"②

为得太平之气，必须有圣王的出现，如此才能契合天意，"得天下之欢心，其治日兴太平，无有刑，无穷物，无冤民，天地中和，尽得相通也"③。如此天下才得太平景象，从而"德君以治，太平之气立来也"④。《天平经》认为君主在致天平的过程中，占据十分核心的地位，因为《太平经》认为天神把真道传授给君主，而君主则将其传授给臣僚，臣僚传授给庶人，所以君主遵循真道的迫切性也就显而易见，"帝王行之，天下兴昌，垂拱无为，度世命

---

① 王明：《太平经合校》，第 109 页。
② 王明：《太平经合校》，第 192 页。
③ 王明：《太平经合校》，第 206 页。
④ 王明：《太平经合校》，第 451 页。

长"①。

《太平经》之所以强调帝王的核心地位,是因为辅佐帝王是修习道教经义的重要目的。故其云"上士学道,辅佐帝王,当好生积功乃久长。中士学道,欲度其家。下士学道,才脱其躯"②,如此方可"上士用之以平国,中士用之以延年,下士用之以治家"③。可见《太平经》明显受到了儒家治国平天下思想的影响,把所谓道教的延年益寿看成是次要的目的。因此《太平经》所宣扬的平国的政治理想与儒家的政治理想是相通的,只不过《太平经》是通过宗教的方式,宣扬教义的辅政功能,"君臣者,治其乱,圣人师弟子主通天教,助帝王化天下"④。

总之,《太平经》虽然把太平之世形容得十分神秘,但其很明显具有重要的现实意义,即与儒家一样,都重视民间疾苦,蒙文通说:"《太平经》中正蕴蓄着很多今文学的思想……它和魏伯阳、陶弘景、寇谦之以后的道书专言服食导引存想符箓是截然不同的,它希望的是'风调雨顺,国泰民安',它也要求'圣君贤相',它是代表农民意愿的书。"⑤蒙氏揭示了《太平经》的社会意义及政治意义。其中君主在致太平之道的过程中发挥着重要的作用,"人君者乐思太平,得天之心,其功倍也"⑥。"是以圣人治,常思太平,令刑格而不用也。"⑦因此天下之人渴望圣明君主的出现,如此方有可能远离苦难,以达至太平盛世。

---

① 王明:《太平经合校》,第688—689页。
② 王明:《太平经合校》,第724页。
③ 王明:《太平经合校》,第728页。
④ 王明:《太平经合校》,第44页。
⑤ 蒙文通:《经学抉原》,上海:上海人民出版社,2006年,第219页。
⑥ 王明:《太平经合校》,第74页。
⑦ 王明:《太平经合校》,第80页。

通过分析,可知汉代从朝廷臣子至民间信仰无不希望可以至太平之世,虽然儒家、道家、道教所认为的太平之世是不一样的,但他们都憧憬一种理想世界的出现。同样,对深处汉末的何休来说,这不仅是一种理想,也是对现实社会的不满,动荡的社会政治,使人们期许的安定和平难以实现。不过民间信仰是从宗教的角度来缓解深处乱世中的百姓的苦难与忧伤,而何休作为深受儒家思想影响的士大夫,其三世说所遵守的正是太史公所说的"拨乱世反之正,莫近于《春秋》"①。《春秋》乃圣人之微言大义的载体,是促进国家由乱世渐进至太平世的精神动力。因此明了三世说背后所蕴含的思想内涵,也就对何休的公羊学有了更深入的了解。清末的康有为把何休的三世说运用到自己的政治学说体系中,提出由小康以进至大同之世,也正是对何休政治理想的继承与发扬。

第三节 三世说在《春秋公羊经传解诂》中的运用

一、三世说与《公羊传》的具体阐释

何休把三世说观念运用到《公羊传》的阐释当中,因而通过考察其注释,便可更深入理解何休三世说的作用以及三世说与三科九旨的密切关系。首先考察何休对《公羊传》的具体阐释。前面说到了所谓的"所见异辞,所闻异辞,所传闻异辞"是来自《公羊传》的,此正是针对不同时间下辞例的不同而产生的论断。何休把它放入三世说中,在涉及具体时代的经文阐释时,必然会

---

① 司马迁:《史记·太史公自序》,第 3297 页。

在此观念的主导之下去理解辞例的不同,以及辞例的深刻含义。所以我们看到他在隐公元年的注释中明确陈述了在三世说之下辞例的不同(见本章第一节)。比如所见世,大夫卒,有罪无罪皆书日;所闻世,大夫卒,无罪者日录,有罪者不日;所传闻世,大夫卒,有罪无罪皆不日。这便是何休在三世说观念下所形成的条例。而在具体的阐释中,我们可以看到他对条例的具体运用,哀公三年经:"冬,十月,癸卯,秦伯卒。"何休云:"哀公著治大平之终,小国卒葬,极于哀公者,皆卒日葬月。"①此即认为所见之世小国卒日葬月,与所传闻世卒月葬时的条例明显不同②。

可以再举出一条例,以观察何休的运用,昭公十六年经:"楚子诱戎曼子,杀之。"何休云:"戎曼称子者,入昭公,见王道太平,百蛮贡职,夷狄皆进至其爵。"③此即云夷狄称名例,所闻之世内诸夏而外夷狄,故夷狄略之,而至所见之世则诸夏夷狄无别,小国亦得称子。

然而我们在明确何休三世说对公羊例法的纲领性作用后,还必须知晓例法背后所隐含的正是何休所说的"见恩有厚薄,义有深浅",即是说例法的存在对何休来讲是阐释圣人微言大义的手段。何休希望借助例法以窥圣人之义,虽有失偏颇,但我们却不可忽略其背后的目的。何休为了探寻微言大义,便在例法的基础上,针对《春秋》的记载,设置了具体的评判标准,而这些评判标准即是为了阐释所谓的圣人之义。那么具体的评判标准是

---

① 何休解诂,徐彦疏:《春秋公羊传注疏》,第 1146 页。

② 见刘逢禄《春秋公羊经何氏释例》,上海:上海古籍出版社,2013 年,第 47 页。

③ 何休解诂,徐彦疏:《春秋公羊传注疏》,第 966 页。

什么呢？其实就是所谓的"君臣恩情之杀"①，即何休所说的"于所见之世，恩己与父之臣尤深"，"于所闻之世，王父之臣恩少杀"，"于所传闻之世，高祖、曾祖之臣恩浅"。而此即是以儒家所谓的道德伦理作为评判的标准。何休的解释非常明确，他在以礼制区分三世时，所预设的儒家道德伦理的标准就已经体现出来了。何休希望通过三世说来体现这种道德伦理，正是因为认识到了《春秋》经"恩衰义缺"，因此借三世之观念，以"理人伦序人类，因制治乱之法"。而所谓的"君臣恩情"，即是随着时代的不同而产生变化。何休是以三世的观念来体现这种变化的，他把《春秋》经的历史分成三个阶段，进行量化，从而灌注其所认可的道德伦理。同时我们要认识到，何休把三个阶段又称为乱世、升平世、太平世（前面已经分析），其实是把历史与理想交错在一起，这种观念貌似非常矛盾。实际上正如前文所说，这是儒者政治理想的假托而已，何休在此把政治与道德混合在一起，他希望在讨论君臣伦理的同时，政治也会随着君臣恩情有所变化。即由乱世到升平世再进而到太平世，政治上是逐渐好转而不是越变越乱的，而这也正是《春秋》"获麟"之深意，故何休解释获麟说："所见之世，臣子恩其君父尤厚，故多微辞也。"此所言微辞，正是此阶段为设想的太平世，而现实不然，故需以微辞阐释，以明儒家之理想政治。刘逢禄曾说："《春秋》缘礼义以治太平，用乾坤之义以述殷道，用夏时之等以观夏道。等之不著，义将安放？故分十二世以为三等，有见三世，有闻四世，有传闻五世……鲁愈微而《春秋》之化愈广……世愈乱而《春秋》之文益

① 见杨济襄:《春秋书法的常与变:论董仲舒、何休二种解经途径所代表的学术史意义》,《经学研究集刊》2005 年 10 月。

治。"①此为阐明何休之分三世在于明圣人之礼义,可谓何休眼中的儒家政治理想。有关此意,何休不断在注解中有所呈现。如:

> 昭公三年经:"北燕伯款出奔齐。"何休云:"名者,所见世著治大平,责小国详录,出奔当诛。"②

> 哀公三年经:"冬,十月,癸卯,秦伯卒。"何休云:"哀公著治大平之终,小国卒葬,极于哀公者,皆卒日葬月。"③

> 僖公二十六年经:"秋,楚人灭隗,以隗子归。"何休云:"不名者,所传闻世见治始起,责小国略,但绝不诛之。"④

> 定公六年经:"季孙斯、仲孙忌帅师围运。"何休云:"《春秋》定、哀之间,文致太平,欲见王者治定,无所复为讥,唯有二名,故讥之,此《春秋》之制也。"⑤

末一例云"此《春秋》之制也",正是何休所云《春秋》缘鲁以言王义,也即是何休三世说所要关注的一点,他的政治理想便是圣人《春秋》经中所要传达的政治理想。

另外,我们从何休对井田制的关注中,也可见其对理想政治的憧憬。对于井田制这种希望效法上古的理念,一直存在于汉代的士大夫中,比如《汉书·食货志》载师丹云:"古之圣王莫不设井田,然后治乃可平。"⑥王莽《王田令》云:"古者,设庐井八家,一夫一妇田百亩,什一而税,则国给民富而颂声作。此唐虞之

① 刘逢禄:《春秋公羊经何氏释例》,第8页。
② 何休解诂,徐彦疏:《春秋公羊传注疏》,第916页。
③ 何休解诂,徐彦疏:《春秋公羊传注疏》,第1146页。
④ 何休解诂,徐彦疏:《春秋公羊传注疏》,第472页。
⑤ 何休解诂,徐彦疏:《春秋公羊传注疏》,第1088页。
⑥ 班固:《汉书·食货志》,第1142页。

道,三代所遵行也。"①汉代儒者认为井田制的恢复,是实施儒家德性教化,进而为太平世的实现奠定基础。故《食货志》云:"民三年耕,则余一年之畜。衣食足而知荣辱,廉让生而争讼息,故三载考绩。孔子曰'苟有用我者,期月而已可也,三年有成',成此功也。三考黜陟,余三年食,进业曰登;再登曰平,余六年食;三登曰泰平,二十七岁,遗九年食。然后至德流洽,礼乐成焉。故曰'如有王者,必世而后仁',繇此道也。"②

儒者们相信效法上古的井田制,有助于至德太平之世的到来。而对于人君来说,行先圣此道,即是行仁德之政,反过来也有助于政权的长久稳固。所以何休专门对井田制进行了详细的解读,他在宣公十五年传文"什一行而颂声作矣"下云:

> 颂声者,太平歌颂之声,帝王之高致也。《春秋》经传数万,指意无穷,状相须而举,相待而成,至此独言"颂声作"者,民以食为本也。夫饥寒并至,虽尧、舜躬化,不能使野无寇盗;贫富兼并,虽皋陶制法,不能使强不陵弱。是故圣人制井田之法,而口分之。一夫一妇受田百亩,以养父母、妻子,五口为一家,公田十亩,即所谓十一而税也。庐舍二亩半,凡为田一顷十二亩半,八家而九顷,共为一井,故曰井田。庐舍在内,贵人也。公田次之,重公也。私田在外,贱私也。……民春、夏出田,秋、冬入保城郭。……五谷毕入,民皆居宅,里正趣绩绩,男女同巷,相从夜绩,至于夜中,故女功一月得四十五日作,从十月尽正月止。男女有所怨恨,相从而歌,饥者歌其食,劳者歌其事。男年六十,女年五十

---

① 班固:《汉书·王莽传》,第 4110 页。
② 班固:《汉书·食货志》,第 1123 页。

无子者,官衣食之,使之民间求诗,乡移于邑,邑移于国,国以闻于天子,故王者不出牖户,尽知天下所苦;不下堂,而知四方。……士以才能进取,君以考功授官。三年耕,余一年之畜,九年耕,余三年之积,三十年耕,有十年之储,虽遇唐尧之水,殷汤之旱,民无近忧,四海之内,莫不乐其业,故曰"颂声作矣"。①

何休明显继承与延续了汉代士大夫们的心声,同时结合儒家典籍以及自我的理解,勾画了井田制②,以及此种社会下的诸多制度,其实目的还是对太平盛世的祈盼与向往。而这种理想的儒家制度与其三世说的主旨是一致的,那么就不难理解何休虽然以三世说的观念去解读《公羊传》,实则其背后所蕴含的思想或理念仍旧是汉代儒家集体所关注的问题。何休身处汉末乱世,面对现状的无力,他也只能著述以明其志,把对儒家理想政治的憧憬注入文字中,流传后世,其齐家治国平天下的儒者关怀是值得我们推崇和敬仰的。

二、三世与三统、异内外之关系

以上分析了何休对三世说的运用,同时也有必要搞清楚三世与三统、异内外的关系,毕竟它们对何休来说是三科九旨的组成部分,而这三科间如何关联,是有必要探讨一番的,这样三世说在三科九旨中的意义也就会变得清晰。阮芝生在《从公羊学论〈春秋〉的性质》中以三世义为《春秋》之宏纲,阮氏之说本之其

---

① 何休解诂,徐彦疏:《春秋公羊传注疏》,第 678—679 页。
② 何休的井田制依然延续了今文经学家的观点,与古文经学家郑玄对井田制的理解不同。具体参见钱大昕:《潜研堂文集》卷九,上海:上海古籍出版社,2009 年,第 129—130 页。

师熊十力，熊氏认为三科九旨"本孔子微言所存，当以三世义为宏纲，余义随世分疏之，则圣人制万世法之密意，可得而窥矣"①。三科九旨是否与孔子有关，我们无法定论，但熊氏认识到了三世说在三科九旨中的重要性，故阮氏继承其师之说，阐发三世通贯《春秋》之深意，然阮氏并未深入探讨三世与三统、异内外说之间的关系。因此为了更好地理解三世说的重要性，有必要深入考察三者的关系。

徐彦在《春秋公羊传注疏》中明确提到了何休的三科九旨：

> 新周、故宋，以《春秋》当新王，此一科三旨也……所见异辞，所闻异辞，所传闻异辞，二科六旨也……内其国而外诸夏，内诸夏而外夷狄，是三科九旨也。②

首先我们要明确三科中每科之渊源，然后再观察何休是如何理解和运用三科的。三世说前面已经说到了，此不必赘论。先说一下"新周、故宋，以《春秋》当新王"。此一科中内容，实则并非何休首创，而是源自前人之说。就"故宋"来讲，《穀梁传》已有此说法，桓公二年传文云："孔子故宋也"。是说孔子先人为宋国之人。又襄公九年经："春，宋灾。"传："外灾不志，此其志何也？故宋也。"按范宁解释为"故犹先也，孔子之先，宋人"。此解释与桓公二年传文意思同。疏文引徐邈云："《春秋》王鲁，以周公为王后，以宋为故也。"③此乃公羊学之说，范宁并不从之。然《穀梁传》庄公十一年经："秋，宋大水。"传："外灾不书，此何以

① 转引自阮芝生：《从公羊学论〈春秋〉的性质》，北京：华夏出版社，2013年，第77页。

② 何休解诂，徐彦疏：《春秋公羊传注疏》，第5页。

③ 范宁集解，杨士勋疏：《春秋穀梁传注疏》，北京：北京大学出版社，2000年，第287页。

书？王者之后也。"①此云宋为王者之后，正是公羊学所谓的"故宋"之义，可知《穀梁传》虽然并无明确公羊学三统中的"故宋"，但已经道出了汉代"故宋"的意义。

我们从《公羊传》中可以看到公羊学系统中"故宋"的出现。

> 僖公十六年经："十有六年，春，王正月，戊申，朔，霣石于宋五。是月，六鹢退飞，过宋都。"传云："五石六鹢，何以书？记异也。外异不书，此何以书？为王者之后记异也。"

> 襄公九年经："九年，春，宋火。"传云："何以书，记灾也。外灾不书，此何以书？为王者之后记灾也。"

此二条，皆《公羊》"故宋"之义。其后，董仲舒的《春秋繁露·三代改制质文》提出："绌夏，亲周，故宋。"《史记·孔子世家》又说："《春秋》据鲁，亲周，故殷。"此皆是公羊学"故宋"，即宋为殷后，乃王者之后，也就是徐邈所说"《春秋》王鲁，以周公为王后，以宋为故也"。此皆齐学影响下所形成的新观念。而何休则承袭董仲舒故宋之说，并未有所改变。②

"新周"之说，历来争议较多。就"新周"这个词来讲，《公羊传》已有之：

> 宣公十六年经："夏，成周宣谢灾。"传云："成周者何？东周也。宣谢者何？宣宫之谢也。何言乎成周宣谢灾？乐器藏焉尔。成周宣谢灾，何以书？记灾也。外灾不书，此何以书？新周也。"

---

① 范宁集解，杨士勋疏：《春秋穀梁传注疏》，第 90 页。
② 何休隐公三年注与董仲舒《春秋繁露·三代改制质文》所云同。具体参见康有为：《春秋董氏学》，第 103、104 页。

此即何休新周说之来源。何休云:"新周,故分别有灾,不与宋同也。孔子以《春秋》当新王,上黜杞,下新周而故宋,因天灾中兴之乐器,示周不复兴,故系宣谢于成周,使若国文,黜而新之,从为王者后记灾也。"①何氏此论,正是依据传文"为王者后记灾"之例,而阐释新周之说。

然而,《史记》《春秋繁露》只说"亲周",并无"新周",故学者对此争论不休。阮元《公羊传·宣公·十六年》下的校勘记引惠栋说:"当作'亲周',古'亲''新'通,'新'读为'亲'。按《春秋繁露》……《史记》……皆作'亲'字。何注云'孔子以《春秋》当新王,上黜杞,下新周而故宋。'是何注本作'新周'也,当亦为严、颜之异。"

阮元不同意惠氏的看法,认为"董子、《史记》'亲周'皆'新周'之误,钱大昕言之当矣,惠栋未憭此"②。按钱大昕在《二十二史考异》中认为《史记》所说"亲周故殷,谓新周故宋也"③,可知钱大昕认为"亲周"即是"新周"。

苏舆论"新周"与"亲周",认为何休误读董仲舒亲周说。④ 苏舆认为所谓亲周"盖差世远近以为亲疏,推制礼以明作经之旨,理自可通。……至传言新周,与此言亲周,截然二义"⑤。按苏舆所论,看到了何休与董仲舒的区别。我们在理解何休的"新周"

---

① 何休解诂,徐彦疏:《春秋公羊传注疏》,第 683 页。

② 宣公十六年阮元校勘记,参见:《春秋公羊传注疏》(繁体本),北京:北京大学出版社,2000 年,第 421 页。

③ 钱大昕:《二十二史考异》,《嘉定钱大昕全集》,南京:江苏古籍出版社,1997年,第 70 页。

④ 苏舆:《春秋繁露义证》,第 189—190 页。又云:"《春秋》上绌夏,下存周,以《春秋》当新王。"(第 198 页)

⑤ 苏舆:《春秋繁露义证》,第 189—190 页。

时,必须清楚董氏所云的"亲周",在《春秋繁露》中有表述为"存周"[①],董氏实际上正如太史公所说"据鲁于周则亲,于宋则故",此是史公阐释董氏"亲周"之义,并无何休"黜而新之"之义,这点苏舆看得很清楚。

章太炎在《刘子政左氏说》中考论新周,其云:"案:《公羊》宣十六年成'周宣谢灾'《传》云:'外灾不书,此何以书? 新周也。'何邵公解此经云:'书者,起时,善其修废职,有尊卑之意也。孔子曰:"谨权量,审法度,修废官,四方之政行焉。"言成周者起正居,实外之。'夫以蕞尔陪都建为宸极,方岳不狩,篡杀相寻,姬宗之丧已可知矣。故《传》云:'苌叔违天,天之所坏,不可支也。'此则'新周'之说所由来也。"[②]

刘师培也认为"新周"为"亲周"之讹,其云:"盖周为天子,又于鲁为宗国,故施亲亲之谊。《公羊·宣·十六年》:'成周宣榭灾',传云:'外灾不书,此何以书? 新周也。''新'字亦当作'亲',盖外灾不书,因周与鲁为最亲,故特书其灾。'亲'、'新'均从亲声,故'亲'讹为'新'。汉儒缘词生训,遂有新周之说。"[③]然而很明显,刘师培此论正是为了反驳公羊学所谓的新周王鲁说,故其依据《孔子世家》司马贞索隐文,认为新周、王鲁当为亲周主鲁,汉儒缘词生训,以讹传讹。[④]

至于何休的"新周"之义,如章太炎所云可能来自《公羊传》文,亦可能来自纬书,如《乐动声仪》曰:"先鲁后殷,新周故宋。"

① 苏舆:《春秋繁露义证》,第198页。
② 章太炎:《章太炎儒学论集》,成都:四川大学出版社,2011年,第537页。
③ 刘师培:《王鲁新周解》,《仪征刘申叔遗书》第9册,扬州:广陵书社,2014年,第3761页。
④ 具体参见刘师培:《王鲁新周辨》,《仪征刘申叔遗书》第9册,第3761页。

　　"以《春秋》当新王"，董仲舒已言之。其《春秋繁露·三代改制质文》云："《春秋》上绌夏，下存周，以《春秋》当新王。"[①]又云："《春秋》应天作新王之事，时正黑统，王鲁，尚黑，绌夏，亲周，故宋。"[②]可知《春秋》当新王，实乃明《春秋》应天作新王之事，亦即孟子所云"《春秋》，天子之事"。而《公羊传》虽无当新王之说，但已经含有此意。如针对哀公十四年西狩获麟，传云："麟者，仁兽也。有王者则至，无王者则不至。……君子曷为为《春秋》？拨乱世，反诸正，莫近诸《春秋》，其诸君子乐道尧舜之道与？末不亦乐乎尧、舜之知君子也？制《春秋》之义以俟后圣，以君子之为，亦有乐乎此也。"此"制《春秋》之义以俟后圣"，正是以明《春秋》为后王制法之义，也就是以《春秋》当新王之由来。此后说公羊者，不明此意，却把此意与孔子傅会起来，以阐释孔子为后世制法之说，也就是把孔子进一步神圣化，故云孔子为"素王"，董氏云："孔子作《春秋》，先正王而系万事，见素王之文焉。"[③]此盖因《春秋》为孔子所作之论而引起儒者之敬佩，故尊孔子为素王，并无孔子本为素王之义。《春秋繁露·俞序》亦云："仲尼之作《春秋》也，上探天端正王公之位，万民之所欲；下明得失，起贤才，以待后圣。"[④]此即以孔子为素王之义。然而后来的谶纬则明说孔子为素王，《论语谶》云："子夏曰：仲尼为素王，颜渊为司徒。"《孝经纬》云："子曰：吾作《孝经》，以素王无爵禄之赏，斧钺之诛，故称明王之道。"后来的今古文经学者囿于谶纬之论，皆称孔子为素王，并以之傅会《春秋》当新王之说。如郑玄《六艺论》

---

① 苏舆：《春秋繁露义证》，第 198 页。
② 苏舆：《春秋繁露义证》，第 187—188 页。
③ 班固：《汉书·董仲舒传》，第 2509 页。
④ 苏舆：《春秋繁露义证》，第 158—159 页。

云："孔子既西狩获麟，自号素王，为后世受命之君，制明王之法。"何休云："得麟之后，天下血书鲁端门，曰'趋作法，孔圣没，周姬亡，彗东出。秦政起，胡破术，书记散，孔不绝'。子夏明日往视之，血书飞为赤鸟，化为白书，署曰《演孔图》，中有作图制法之状。孔子仰推天命，俯察时变，却观未来，豫解无穷，知汉当继大乱之后，故作拨乱之法以授之。"①

此可见何休亦秉承谶纬之说，认为孔子乃素王，为汉制法，这也是东汉以来经学家们的共同认识。

然当新王又被理解为王鲁，其实二者意思是相通的。董氏以"缘鲁以言王义"来阐释《春秋》如何展示新王之义，而何休则演成《春秋》王鲁之论。② 也就是说何休以"王鲁"来阐释《春秋》当新王之说，这点在文中非常明显。

如隐公二年经："春，公会戎于潜。"何休云："所传闻之世，外离会不书。书内离会者，《春秋》王鲁，明当先自详正，躬自厚而薄责于人，故略外也。"③隐公七年经："滕侯卒。"何休云："滕，微国，所传闻之世未可卒，所以称侯而卒者，《春秋》王鲁，托隐公以为始受命王，滕子先朝隐公，《春秋》褒之，以礼嗣子得以其禄祭，故称侯见其义。"④

此王鲁之说，何休明说乃是假托，亦即假鲁以见新王之法，此点刘逢禄在《春秋公羊经何氏释例》中已经指出⑤。然蔡长林认为王鲁说与以《春秋》当新王之说是有前后逻辑性的，他认为：

---

① 何休解诂，徐彦疏：《春秋公羊传注疏》，第 1199 页。
② 参见蔡长林：《从以春秋当新王到春秋托王于鲁：公羊学三统说及其历史际遇》，《中国文哲研究通讯》第十七卷第 3 期。
③ 何休解诂，徐彦疏：《春秋公羊传注疏》，第 47 页。
④ 何休解诂，徐彦疏：《春秋公羊传注疏》，第 94 页。
⑤ 参见刘逢禄：《春秋公羊经何氏释例·王鲁例》。

"《春秋》王鲁说无疑是以《春秋》当新王说为前提,然后者之根本精神从改制出发,乃是《春秋》所行褒贬之权是否具有正当性的理论根据;至于前者,则是将改制的精神落实在以鲁国视野为出发点的经文解释过程中,所自然产生的阐释现象。"①蔡氏看到了二者之间的前后关系,是值得肯定的。但我们还必须看到王鲁说的存在并非孤立的来自以《春秋》当新王说的引发,这里面也有其他原因。比如汉人普遍认为孔子作《春秋》,《春秋》为孔子笔削鲁史而来,且孔子当时已为鲁国之人,故不论是新王还是王鲁,皆是因孔圣人而起。而儒者因孔子与《春秋》的关系,进而把儒家的政治理想傅会到《春秋》中,如此便产生了这诸多学说。较之蔡氏之论,我们认为这才是诸说的根源。

至于另一科内外之说,传文已明说。如成公十五年经:"冬,十有一月,叔孙侨如会晋士燮、齐高无咎、宋华元、卫孙林父、郑公子鳍、邾娄人会吴于钟离。"传云:"曷为殊会吴?外吴也。曷为外也?《春秋》内其国而外诸夏,内诸夏而外夷狄。"此可一目了然,何休内外之说乃继承《公羊传》,只不过把此说组合进了三科中。

我们把三科九旨之渊源简述于上,那么既然分析三世说与三科九旨的关系,就要看何休是如何把三者关联起来的。为了分析他们之间的关系,首先要明确何休作《春秋》的出发点及其目的,这样才能够把握何休公羊学的核心思想。首先何休在序中提到"昔者孔子有云:'吾志在《春秋》,行在《孝经》。'此二学者,圣人之极致,治世之要务也"。据此我们可以得出两点:一是

---

① 参见蔡长林:《从以春秋当新王到春秋托王于鲁:公羊学三统说及其历史际遇》。

《春秋》乃孔子之志的体现,他体现的正是圣人之核心的思想;二是《春秋》乃治世之要务,此乃儒家经世致用思想之体现。很明显何休阐释《春秋》经,正是希望明圣人之言,以为现实服务,所以我们在文中见到了文致太平之说。而为明《春秋》与孔子之关系,就必须清楚"以《春秋》当新王"之论的出现,这不仅仅是为了傅会三统说,其根本乃是在强调《春秋》为孔子之志的观念。那么此志为何呢,正是在明王法,即文王之法。故何休说:"文王,周始受命之王。天之所命,故上系天端。"①那么面对《春秋》之乱世,王法又将如何体现呢?答案即是假托于鲁。所以何休说"《春秋》托新王受命于鲁"②,此即用王鲁说以阐释孔子之志的合理性。既然王鲁,则正名的问题必然出现,所以内外、尊卑、远近之问题必然就会出现。

另外,王鲁是为明王法,目的当然是文致太平。但文致太平的过程并非一蹴而就的,需要时间,所以何休提到了王化的"渐进"模式。何休解释说:"渐者,物事之端先见之辞。去恶就善曰'进'。譬若隐公受命而王,诸侯有倡始先归之者,当进而封之以率其后。"③何休明此渐进,故而三世之说的出现可与此相合,以阐述理想政治的实现是一渐进发展的过程。而何休以礼制划分三世的界限,也明了三世说与亲疏、远近、尊卑、内外的概念有着千丝万缕的联系,他们都关注所谓的"君臣恩情之杀",由此道德伦理可明,儒家王化之义可见。

可以说三科间的关系较为复杂,但其中以《春秋》当新王可认为是一个前提条件,也就是阮芝生所说的"通三统不过为张三

---

① 何休解诂,徐彦疏:《春秋公羊传注疏》,第 10 页。
② 何休解诂,徐彦疏:《春秋公羊传注疏》,第 7 页。
③ 何休解诂,徐彦疏:《春秋公羊传注疏》,第 21 页。

世起头,有通三统之义,方能有《春秋》新王之继起"。没有这个条件,就无法阐释《春秋》假托之王法,所以这是支撑其他学说的基础。当这个基础定下来之后,其他的学说无非涉及两点,一是不同时间阶段下的问题,这个三世说解决了;二是同一时间阶段下不同空间的问题,这个异内外解决了。然后在此三科指导下何休便结合他对儒家思想的认知,阐释出了他所理解的公羊学。

通过考察,何休三世说的出现并非简单的《春秋》例法,我们不仅要看到三世说作为三科九旨之标目的这一身份特征,还必须深入考察其所蕴含的思想意义。阮芝生说:"三世之标目,或当时本诸京房,然三世之实理,则未见其本诸京房或五行家之说也。"[①]很明显,三世说背后的文化与思想内涵,并非京氏《易》学可以概括,此正是汉代文化思想的折射,而非公羊学者之专有。因此我们认为三世说的存在,体现的正是公羊学者乃至汉代士人对于理想政治的憧憬。这种政治理想,体现了儒者对现实社会的关注,对未来理想社会政治的期盼。对何休来说,三世说的运用,不仅是"托于乱世之《春秋》而言的一种感怀"[②],更是何休对现实的不满,对未来理想政治的设想与祈盼。因此,考察三世说的源流,于理解何休的公羊学思想大有裨益。同时我们认为何休在组合三科九旨时,是经过深思熟虑的,他们之间具有合理的逻辑关系,所以通过简单的考察,大致推断出一种逻辑思路。虽然只是一种推测,但至少可以说明三科之间存在一定的逻辑关系,并非孤立的存在。同样,对于三世说来讲,它的存在是有一定前提的,那就是三统说的出现,不然此三世说就失去了最基

---

① 阮芝生:《从公羊学论〈春秋〉的性质》,第 82 页。
② 吉川忠夫:《六朝精神史研究》,第 59 页。

础的理论支撑。总之，通过宏观上考察三世说存在的文化及思想背景，微观上探讨三科间的逻辑关系，对于何休的公羊学思想有了一个初步的认识，也有助于理解历史上的公羊学的真正面貌，不至于陷入清人今古学派的偏见之中。

第二章 何休公羊义例论

何休注解《公羊传》时采用了前人早已运用的方法,即以例释经。这种解经之例,并非单纯的主观臆造,而是有所继承,同时融入自身的理解。他以例作为阐释《公羊传》的预设条件,借此以探究微言大义。因此考论何休的公羊学,不得不对其预设的公羊例进行一番考论。据徐彦疏,何休曾作《公羊文谥例》,可惜今已亡佚,只有零散资料存于徐彦疏文中。不过何休在《解诂》中,已经对例有所阐释,因而可据注文归纳其例,以此来分析何休例的内涵。此种工作,清代刘逢禄《春秋公羊经何氏释例》一书中作了总结,本章分析何休公羊例多参考此书。

分析何休的公羊例,首先我们必须弄清楚这种例的来源,以及以例释经这种方法的源流。三传中皆有所谓的例存在,《公羊》、《穀梁》释经的形式相近,倾向于义理的阐释,因而涉及例较多,而《左传》则偏向于史事,较少关注例法。《左传》成书于战国,而《公羊传》、《穀梁传》据史书记载成书于西汉初年,《汉书·艺文志》云二书皆口说流传,至汉初学者才书于竹帛。因此大致可知以例释经这种阐释文本的方法战国时代已经出现。

但是前人有关《春秋》例的看法各不相同,或否定例的存在,或肯定其存在。正所谓"仁者见仁,知者见知"。既然我们现在要讨论《春秋》例的起源,就不能否认《春秋》例的存在。皮锡瑞说:"圣人作《春秋》,当时尝自定例与否,诚未可知。而学者观圣人之书,譬如观天,仁者见仁,知者见知,各成义例,皆有可通。治历者因周天之数以为度,不得以为非天之度。学者因行事之迹以为例,岂得以为非《春秋》之例乎?"①我们赞同皮氏的看法,所谓的《春秋》例,在孔子作《春秋》时是否存在无法考知,但是我们所讨论的"例"乃是"学者因行事之迹以为例",也就是后人理解时所认可的例,可以说是后人解读经典的一种方式。因此为更好地理解何休例法的深刻内涵,首先探讨一下《春秋》例的演变历史。

第一节　《春秋》例略论

一、《春秋》例溯源

柳诒徵在《国史要义》之《史例》一章中,专门探讨史书中例的由来。他认为史例发源于《仪礼》,而真正在著述中出现凡例始于《易经》爻辞。其云:"史例权舆礼经,计时已在《春秋》之前。然《左氏》所举五十凡例,尚未足为吾国著书之有凡例之始。溯著述之有凡例,殆始于《易》之爻辞。《易》卦皆六爻,爻象阴阳,曰九曰六,此全书之通例也。而《乾》、《坤》二卦六爻之后,各加一则,以示用九用六之例,此非群书凡例之始乎?"②此为柳氏推

---

① 皮锡瑞:《经学通论·春秋》,第 55 页。
② 柳诒徵:《国史要义》,北京:中国人民大学出版社,2009 年,第 221 页。

测例最早出现于《易》之爻辞，但史书之例的出现，他认为与礼有很大的关系，由于古人重礼，"言动有法，称谓有别，治事有序，御物有方"，由此"动作事为，皆有规律，至于记言记事，亦必有共守之规律。自王朝之史，至诸国之史，一皆据以为书，此非异事也"[1]。正是由于礼的繁琐，势必要执简驭繁，因而史书的书写便在礼的影响下有了一定的书写规范，即所谓的史例。而由于礼的重要性，史例也就不可避免地与礼存在着密切的关联。柳氏此说实出自其叔祖柳兴恩的《穀梁大义述》，此书以礼解释《春秋》例，故柳诒徵阐述《穀梁大义述》之旨："夫史例经例，皆本于礼，礼必准情度理，非可以意为之。故研究《春秋》时月日例，亦以人情事理推之而已。"[2]黄侃在其所作《礼学略说》中亦指出了礼与例的密切关系。他说："求条例，奈何？发凡言例，本《礼经》之旧法，《周礼》之列数陈事，条理粲然，此固凡之大者。虽不言凡，而义在晐括可知也。"又说："《仪礼》中经文言凡者，尚稀。至《记》之言凡者，则不可胜数。"[3]

段熙仲所持之观点与柳氏相通，认为："孔子之笔削也，有褒有贬，而一以得失于礼为准绳。当春秋时，诸侯上僭天子，下偪于大夫，文王之法度隳矣。故上治天王，下讨大夫，凡所以讳讥贬绝者，皆其非礼者也，公羊子一一发传矣。《春秋》之所贤者，亦必有以也。世衰，故其言微，然其大义具在，知其大义，亦即圣人所以制礼之精义存焉。""礼与《春秋》相为用，出于礼者入乎《春秋》，出于《春秋》入于礼者也。"[4]段氏此文可作为凌、王之说

---

① 柳诒徵：《国史要义》，第221—223页。

② 柳诒徵：《国史要义》，第230页。

③ 黄侃：《黄侃论学杂著》，北京：中华书局，1964年，第458—459页。

④ 段熙仲：《礼经十论》，《文史》1962年第1辑。

的详细注解,意在指出《春秋》经义与礼的关系。①

以上学者指出例法的出现与现实社会规范——礼有关,这是十分有道理的。但是这种因礼而生例法的解读,本质上是先秦时期士人理解与分析事物的一种思维模式,这种思维模式在儒家、名家等诸子文献中有着丰富的论述。譬如《论语》记载孔子言说正名,此名便涉及社会规范,强调君君、臣臣等伦理秩序的正当性。而《春秋》例法中核心指向便是对礼之正与不正的探讨,这可谓是孔子正名思想的延续。当然,《论语》中孔子并未提及例法的相关事情。但后世诸子把孔子正名思想加以深入之后,对文本解读的思维方式会变得细腻而复杂,如此后世儒者解读《春秋》时也必然受其影响。孟子曾指出理解文本时要懂得以意逆志的道理,此论意在表明如果局限于文辞的表面意义,而忽视探究文辞中的隐喻,那么可能就会无法理解文本的真谛,甚至引起文意的误读与歪曲。所以他说"不以文害辞,不以辞害志,以意逆志,是谓得之",揭示了文辞表面意义与作者真实意涵之间的距离,故而探究言外之意十分必要。尤其是后来儒者逐渐把孔子神圣化之后,视孔子为《春秋》文本的创作者,已然不再是早期史官秉笔直书般的存在,而是圣人作《春秋》以蕴含微言大义,如此就体现了孔子对春秋时代政教问题的评判,正如孟子所言:"孔子作《春秋》,而乱臣贼子惧。"可见后世儒家普遍认为孔子作《春秋》,其文辞背后的价值意义才是值得深究与传承的。可以说随着先秦士人对文辞理解的深入,加之儒家对孔子作《春秋》意义的丰富,内外结合,逐渐导致《春秋》文本释义的复杂化。

---

①　按段氏文中所云的"讳讥贬绝"在汉代学者眼中皆有"例"可循,因此例与礼无法分割。

《春秋》三传义例中对关键字词的解读与强调，实际上正是经义复杂化的体现。这种复杂化本质上就是士人思维、观念不断深入、丰富的结果。对于文辞的分析，也是逻辑学层面的呈现，而逻辑正与时人的思维方式有着必然联系。相关现象我们可以在墨家、名家等文本中看到。比如《墨子》书中对于故、类的分析，惠施、公孙龙对于经验世界中概念的分析。后来荀子正名，一方面延续儒家正名的思路，强调名与礼法的合一，另一方面则在名学的影响之下，强调文辞与正道的符合，批评文辞在正名价值层面的乖谬。① 由以上概括分析，我们就会理解以例释经与先秦士人的思维方式有很大关联。这是学者们在讨论《春秋》例的形成与源流时所忽视的，他们往往只是从早期史书书写规范的角度去解读例的产生，但很明显早期诸侯国史书书写辞例与后世成熟的《春秋》义例中间还有其他因素的影响，以及相关因素的深入方导致此类释经方法的丰富。

正是在这种思维影响之下，才会出现例与礼间的相互关联。因为《春秋》三传在涉及所谓的褒贬时，多与具体的道德规范有关。不合礼制时则为贬，合乎礼制则为褒。可知理解《春秋》的所谓微言离不开对礼制的认知。此礼制今多散见于儒家的一些著作中，如《仪礼》、《礼记》、《大戴礼记》、《周礼》等传统文献中。这些文献中记载的礼制多与《春秋》三传的礼制相关，而礼制在三传中的出现，多是以一种评价标准的方式出现。就是说三传的作者认为孔子作《春秋》时别有深意，但通过对礼制的阐释，所谓的微言便不再隐晦。② 三传的作者正是在这种思维方式下，为

---

① 参见《荀子·正名》。

② 譬如《左传·哀公十六年》记载鲁哀公诔文，《孔子家语·终记解》亦记载此事，并指出哀公失礼的地方："生不能用，死而诔之，非礼也；称一人，非名。"

便于后人理解，即在传文中呈现一些释经的条例，这些简单的条例还未完整系统化。三传中用例并不普遍，至两汉才较为丰富而系统。三传出现后，《春秋》例才以后人所熟悉的形式出现。当然，这并非三传学者的臆测，他们其实在解读《春秋》时便已经预设了一个前提条件，即《春秋》经中存在所谓的《春秋》例，这些例被后世学者总结为较为系统化的《春秋》条例，通过对这些条例的剖析，孔子作《春秋》的深意才会清晰明了。

因此，依据段熙仲的理解，《春秋》例是对礼、义的概括与简化，此例并非阐释《春秋》经的简单形式，而是具有丰富内涵的指称符号。孔子通过整理典籍来展现自己对于史实的独特阐释，这种解读由于时空的差异性，导致后人（如两汉学者）对孔子的著作进行再阐释时，便呈现出文本阐释的不同模式，《春秋》例的出现即是如此。因此，例可以理解为儒者阐释《春秋》经义的一种方式，《春秋》例通过对《春秋》礼、义的概括与简化，以一种看似简单的文字书写承载着阐释《春秋》的重任，《春秋》中所被赋予的特定价值与意义，需要后世的学者不断努力地去解读出来。

二、作为阐释经义的《春秋》例

考查传世文献，例在文本中的具体运用并非单一。例的出现可以看作是一种阐释文本的方法，这种方法便是对文本有一个整体的认识，然后结合自身的知识结构总结出具有一定逻辑性的条例。同时借助总结的《春秋》例，亦有助于理解《春秋》经义。例的归纳，是释经者对文本的一种阐释，同时也是自身学术知识重新整合的一种体现。如果从例在《春秋》阐释中的目的来说，其蕴藏着丰富的意涵，这些意涵需要由例来寻求，故可以认为例是对《春秋》义的一种精简化和符号化。所谓精简化，便是以例来统筹纷繁的礼，具有纲领性和概括性。所谓符号化，便是把阐释者所理解的合乎普世的经礼以例的方式给定型化，从而某种礼可与某例对应，这样既有助于知识的理解与接受，又可有效传播所谓的经礼。而例、礼的呈现目的便是《春秋》义的体现，由例、礼以明《春秋》之义，因此，也可以说例是对义的一种浓缩和提炼，也就是《春秋》例的重要功用：由例以见义。

例作为阐释文本的方法，先秦时期已可见。《仪礼》文中亦有以凡某某的形式出现的文句，都是以例的方法来阐释礼，如："凡燕见于君，必辩君之南面。若不得，则正方，不疑君。君在堂，升见无方阶，辩君所在。""凡自称于君，士大夫则曰下臣；宅者在邦，则曰市井之臣。"(《仪礼·士相见礼》)

《左传》中的五十凡例，皆以凡某某的形式出现，更是《春秋》例的清晰体现，如："凡弑君，称君，君无道也；称臣，臣之罪也。"(宣公四年)"凡去其国，国逆而立之，曰入；复其位，曰复归；诸侯纳之，曰归；以恶曰复入。"(成公十八年)

因此，若要论《春秋》例，《左传》中的五十凡例，可算三传中较早出现的。而真正对《春秋》例进行系统总结和详细阐释则始于西汉。据《史记》、《汉书》等记载，汉代公羊学传授有两大系统，一以胡毋生为首，一以董仲舒为首。胡毋生这派的公羊学传授系统后来不见记载。据何休《春秋公羊经传解诂》所言，胡毋生曾作公羊条例，何休作注时亦借鉴了胡毋生的条例，因此胡毋生对《春秋》例的完善起了很重要的作用，只可惜此书早已亡佚，未能见其真貌。据史书记载，董仲舒公羊学在汉代的公羊学传授中占据着主导地位，后世影响巨大的严、颜派公羊学皆渊源于董仲舒。可见董仲舒的诗经学影响着后来的《春秋》学。由《春秋繁露》来看，董氏并未对《春秋》例作系统的总结，但董氏有关

《春秋》例的解读已较三传深入。

公羊学在两汉立于官学，而《穀梁传》、《左传》则基本上长期在野，因而出现了官学与私学间的争胜。这种矛盾与争斗，也间接促进了《春秋》学的发展。西汉末年刘歆不满当时官方学者们的治学理念，攻驳当时的今文经学者，《汉书》云："初《左氏传》多古字古言，学者传训故而已，及歆治《左氏》，引传文以解经，转相发明，由是章句义理备焉。"①刘歆在阐释《春秋》时，"引传文以解经"，针对《春秋》经文，结合《左传》之文，阐释《春秋》条例，如隐公元年经云"元年春，王正月"，《左传》云"不书即位，摄也"，刘歆则云："恩深不忍，则传言不称；恩浅可忍，则传言不书。"僖公二十六年经云"公以楚师伐齐"，《左传》云"凡师能左右曰以"，刘歆云："晋人执季孙以归，刘子、单子以王猛居于皇，尹氏、毛伯以王子朝奔楚，诸称以，皆小以大，下以上，非其宜也。"可见刘歆的这种阐释经义的方法在当时为首创，实则他是鉴于公羊学的势力，为壮大古文经学，不得不采用今文经学的阐释方法，即以章句体阐释《左传》文本，同时注重对条例的总结与阐发。可知在相互争胜间，官学的兴盛影响了民间《左传》学的阐释与解读。

正是在刘歆治经风格的影响下，刘歆其后的弟子们及其他

---

① 班固：《汉书·刘歆传》，第 1967 页。姚振宗云："刘歆有《春秋左氏传条例》及《章句》，《汉书》本传云'由是章句义理备焉'，义理即《条例》。《左氏》有条例自歆始，其后诸家疏通证明，以迄杜征南《释例》，皆本之歆。"（姚振宗：《后汉艺文志》，北京：清华大学出版社，2011 年，第 56 页）

《左传》学者①，都对《左传》的条例有所发挥。至西晋杜预作《春秋释例》，重新整理《左传》的条例，加之此书其后影响巨大，唐人作五经正义，采用杜预之本，孔颖达等人又对杜预的《左传》例进一步阐释，使《左传》之例更加细化和丰富。

例作为阐释《春秋》经义的方法，其对经典的阐释固然在一定程度上有效，但这种方法的运用具有一定的预设条件，那就是释经者必须对文本有一个整体上的把握，并运用自身的理解去形成一种有一定逻辑性的知识系统，这种知识系统同时还必须与文本的具体方面相符合，通过这样的验证，例才可以作为一种可行的释经方法。举例来说，隐公元年经："公子益师卒。"《榖梁传》："大夫日卒，正也。不日卒，恶也。"此处所言正是榖梁学者对于《春秋》经的一种整体理解。通观文本，总结出大夫卒时书日表示褒义，若卒时不书日便为贬义，如此运用到文中与大夫卒有关的章节中，经过验证，认为合理便确定为一种条例。这样释经者就把此类例总结出来，如此对于阅读者而言，"大夫日卒，正也。不日卒，恶也"不仅传递了《春秋》文本隐藏的信息，同时这样的一段叙述亦展示了以例释经的方法。

总之，三传中的例法虽然存在，但并未系统化，武帝独尊儒术后，经学渐趋昌盛，经学家们便在师说的基础上，加以完善，使之条理化。其后学者对三传的多角度研究，亦导致《春秋》例呈现多样化，有公羊学者所阐释的《春秋》例，榖梁学者总结的《春

---

① 《后汉书·郑兴传》云兴"将门人从刘歆讲正大义，歆美兴才，使撰条例、章句、传诂，及校《三统历》"。其子郑众亦作《春秋难记条例》知名于世。《后汉书·贾逵传》云逵父贾徽"作《左氏条例》二十一卷"。《后汉书·刘陶传》云"灵帝宿闻其名，数引纳之……诏陶次第《春秋》条例"。《后汉书·颍容传》云颍容"著《春秋左氏条例》五万余言"。

秋》例,《左传》学者所认可的《春秋》例,这些《春秋》例丰富了《春秋》经义的解读。当然,例的运用并非绝对,也不是理解《春秋》义的唯一依据。因为例的合理与否,需要由例背后的义来评判,由此例就不只是所谓阐释经典的方法,例同时还在阐释活动中显示着自己的功能,这种功能是为了达到阐释经典的某种目的,那就是由例以见义,以彰显孔子作《春秋》的深意。

三、《春秋》阐释中的例、义之辨

例作为阐释经典的一种方法被广泛应用于两汉的经学研究中,但是我们从前面所说的例以见义,就不得不考虑阐释《春秋》时例与义的复杂关系。阮芝生云:"《春秋》有义有例,然例从义起,非义从例生。学者每称义例,义字在例字上,即先有义后有例也。例从义起,故《春秋》有常义、变义,因亦有常例变例,义非从例生,故圣人作《春秋》因义以起例,后人读《春秋》亦当由例以见义。"①阮氏此论例由义而来,由于例是在分析《春秋》文本的过程中逐渐被总结出来的,而总结的标准就是义,这种义关乎伦理秩序。前面我们说到例来源于礼,《春秋》学上的例与礼的关系密切,往往礼即例,例、礼在《春秋》阐释中的目的是一致的,皆关乎《春秋》义的理解。

孔子作《春秋》时对史书的删削整理,以及《孟子》中所提到的《春秋》之义,其实都言说孔子之《春秋》蕴含丰富的意涵,不过当时并未有专门的论述而已。到了汉代,《春秋》学的研究进入鼎盛,学者们通过三传总结《春秋》之例,以例阐释《春秋》之义,对《春秋》的阐释较之前也更为细密。

---

① 阮芝生:《从公羊论〈春秋〉的性质》,第 160 页。

　　董仲舒在《春秋繁露》中对《春秋》的分析往往注重例所承载的义,故在分析《春秋》文本时往往例、义相结合,如《王道》云:"诸侯来朝者得褒,邾娄仪父称字,滕薛称侯,荆得人,介葛卢得名。内出言如,诸侯来曰朝,大夫来曰聘,王道之意也。"①董氏此处序列《春秋》之例,末尾云"王道之意",便是把具体的例上升到义的程度,指出这些例的存在无非是为阐释《春秋》的王道之义,此正是强调义的重要性。因此,董氏于《春秋》之例,多表述为《春秋》之义或《春秋》之法,如:"《春秋》之义,臣不讨贼,非臣也。子不复仇,非子也。""《春秋》之法,君立不宜立,不书,大夫立则书。"②此书法即可看作是对例的总结,当然也是《春秋》之义。然当例与例之间出现理解上的冲突时,董氏就会指明这些例背后隐藏的不同意义,如:

　　　　逢丑父杀其身以生其君,何以不得谓知权? 丑父欺晋,祭仲许宋,俱枉正以存其君。然而丑父之所为,难于祭仲,祭仲见贤而丑父犹见非,何也? 曰:是非难别者在此。此其嫌疑相似而不同理者,不可不察。夫去位而避兄弟者,君子之所甚贵;获虏逃遁者,君子之所甚贱。祭仲措其君于人所甚贵以生其君,故《春秋》以为知权而贤之。丑父措其君于人所甚贱以生其君,《春秋》以为不知权而简之。其俱枉正以存君,相似也;其使君荣之与使君辱,不同理。故凡人之有为也,前枉而后义者,谓之中权,虽不能成,《春秋》善之,鲁隐公、郑祭仲是也。前正而后有枉者,谓之邪道,虽能成

────────────

① 苏舆:《春秋繁露义证》,第116、81页。
② 苏舆:《春秋繁露义证》,第81页。

之，《春秋》不爱，齐顷公、逢丑父是也。①

董氏主张《春秋》义的阐释应当具有灵活性，其云："《春秋》固有常义，又有应变。"②"故说《春秋》者，无以平定之常义，疑变故之大则，义几可谕矣。"③这种认识使得董氏在解读《春秋》例时，有了更大的灵活性，不被《春秋》例所束缚。所以才说"《春秋》无通辞，从变而移"。④

何休在用例时，不仅吸收胡毋生的条例，董氏的这种由例以见义的释经思路在其注释中也得到运用。如僖公十年，注云："书'如'者，录内所与外交接也。故如京师，善则月荣之；如齐、晋，善则月安之；如楚，则月危之，明当尊贤慕大，无友不如己者。"⑤此便是书如例的具体分析，这里面涉及对例的灵活运用，就是所谓的正例与变例。正例就是如果经书书"如"、书"月"的对象是诸夏之国，就是褒义；如果对楚国这种蛮夷之邦来说，那就是贬义，即为与正例相异的变例。这种正、变例的运用，也就是董氏所说的"从变而移"。

另外，何休总结的《春秋》时月日例更能看出例以见义的功能。《春秋》中的时月日例有正例、变例，正例日则变例时，正例时则变例日，而月在时日之间。⑥如朝例时，桓公二年经云："秋，七月，纪侯来朝。"何休云："月者，明当尊而不臣，所以广孝敬。"⑦

---

① 苏舆：《春秋繁露义证》，第59—61页。

② 苏舆：《春秋繁露义证》，第89页。

③ 苏舆：《春秋繁露义证》，第55页。

④ 苏舆：《春秋繁露义证》，第46页。

⑤ 何休解诂，徐彦疏：《春秋公羊传注疏》，第417页。

⑥ 阮芝生：《从公羊学论〈春秋〉的性质》，第158页。又参见皮锡瑞：《经学通论·春秋》。

⑦ 何休解诂，徐彦疏：《春秋公羊传注疏》，第129页。

此正例即朝例时,而变例即朝例月。朝例时的意思就是肯定诸侯之间相互朝聘是正当行为,合乎礼法。而变例朝例月,是对纪侯来朝的一种褒扬,原因在于纪侯的行为合乎儒家伦理,即何休所云:"所以广孝敬。"

《春秋》学者们通过对例的总结,进而运用《春秋》例再去阐释《春秋》经,这种阐释实际上就是一种不断循环的阐释。因为我们知道例的总结是在释经者对《春秋》整体与部分的理解基础上产生的,这种理解就包括了对《春秋》义的认知,其中认知的过程即为对《春秋》的一种阐释。当我们把这些例再运用到对《春秋》文本的阐释活动中时,也就是经学家们对经典的再阐释过程,这种再阐释过程的表现形式就是以例见义。而这些义在其总结例的首次阐释活动中其实已经被阐释者获得,只不过在这种再阐释的活动中,阐释者把它们以例的形式书写在文本中而已。这种再阐释的活动,是为了让阅读者更好地理解《春秋》义,也就是说"以例见义"的对象是阅读者,目的是宣扬阐释者对于《春秋》的理解,并非一种释经者的解经游戏。

四、《春秋》无达辞:例的局限性

葛志毅说:"例不是作或修《春秋》的根据,而是为说解《春秋》大义而设,它是后人根据自己对《春秋》的理解,总结归纳而出,是一种拟设的说解《春秋》大义的条例,所以《春秋》之例不是绝对的,它是可能因人而异的。"①葛氏之论,明确了例在《春秋》阐释中的局限性。虽说可以由例以见义,但毕竟例是人为总结

---

① 葛志毅:《谭史斋论稿三编》,哈尔滨:黑龙江人民出版社,2006 年,第 121页。

出来的,对《春秋》文本的阐释是多角度的,需要多种方法,多种知识去综合评判。诸如以训诂学方法解释字词,或者据史料的记载阐释文义,这些都可能有助于解读《春秋》之义,所以在解读《春秋》文本的过程中,不可避免地会出现一些与例相矛盾的地方,或者无法用例去阐释的内容,此为以例释经的局限性。

隐公五年经云:"夏四月,葬卫桓公。"《穀梁传》云"月葬,故也",此即由月起例,即是说《春秋》经书月葬诸侯都表示有特殊变故的。但是隐公八年葬蔡宣公,桓公十五年夏五月葬曹桓公、十一年七月葬郑庄公等并未有何变故,可见例并非具有普遍性,也有适用的局限性。《春秋繁露》中对这种现象曾有过记载,其云:"楚庄王杀陈夏徵舒,《春秋》贬其文,不予专讨也。灵王杀齐庆封,而直称楚子,何也?"①这个问题实质就是《春秋》文本中出现了与例(即不予诸侯专讨)不符的现象,这种现象无法用预知的例来解释。何休在总结《春秋》的时月日例时,有时没有注意到例在阐释中的局限性,生硬地根据例来言说褒贬之义,就会显得穿凿与牵强。清陈澧曾指出何休这方面的弊病,其云:

> 何休以时月日为褒贬,遂强坐人罪。如宣十六年:"秋,郯伯姬来归。"何注云:"弃归例,有罪时,无罪月。"徐疏云:"有罪时者,此文书秋是也。无罪月者,即成五年春王正月杞叔姬来归之属是也。"此但以不书月强坐以有罪,而又不能言其何罪。又如成十五年夏六月宋公固卒,何注云:"不日者,多取三国媵,非礼,固略之。"此以不书日而求其罪不可得,但有三国媵之事,遂以坐之耳。②

①　苏舆:《春秋繁露义证》,第2页。
②　陈澧:《东塾读书记》,上海:上海古籍出版社,2012年,第191页。

陈澧指出何休用例释经的缺陷，实则为古代文本阐释中的普遍性问题，那就是阐释者的偏见，这种偏见受到阐释者的知识背景、其所在的学术环境及其个人的感悟、个人的价值取向等多方面的影响。何休在阐释《春秋》时就过度重视例的功能，导致很多不可以例来说清楚的问题，硬是被拉到例可阐释的框架内，由此例的解释在逻辑层面无法做到自洽。孔颖达在《左传正义》中也曾就三传之例提出质疑，批评释经逻辑的缺陷。如宣公十五年经："夏，五月，宋人及楚人平。"孔颖达云："《穀梁传》曰：'人者，众辞也。平称众，上下欲之也。'贾逵云：'称人，众辞，善其与众同辞。'然则彼不称人者，岂唯国君欲平，而在下不欲平乎？"此处孔颖达即指出《穀梁传》称人条例的逻辑问题。[①] 即当认定称人时所表示的意义，那么此便可认为是一种常例，同时为保证常例的合理性，那么此常例的反面也必须成立，如此逻辑上才可说通。但孔颖达指出此思路存在逻辑缺陷，故他十分怀疑传例的合理性。

其实对于《春秋》例的这个问题，董仲舒已有所涉及，他提出"《春秋》无达辞，从变从义，而一以奉人"[②]，所谓无达辞便是无达例，即言例的存在具有局限性。那么面对例的局限性，我们在阐释《春秋》时当如何处理呢？董氏也给出解决的思路，那就是"从变从义，而一以奉人"。这句话具体来说包涵两层意思，一方面是强调"变"，所谓的变就是变通，就是在我们阐释经典时不要固守着常规不懂变通，要学会根据文本的具体情况来寻求合理的解释。所以《春秋》无达例，也就意味着《春秋》无达义，故董氏文

---

① 参见赵友林：《〈春秋〉三传书法义例研究》，北京：人民出版社，2010 年，第 185 页。

② 苏舆：《春秋繁露义证》，第 95 页。

中说"故说《春秋》者,无以平定之常义疑变故之大义","《春秋》之道,固有常有变,变用于变,常用于常,各止其科,非相妨也"。①如果说变是一种阐释的手段,那么"从义"便是衡量阐释是否合理的标准,而这个标准的更高层次便是儒家倡导的"仁"。因此董氏认为子反怜悯宋人,可谓当仁不让②,论逢丑父、齐顷公则云"天之为人性命,使行仁义而羞可耻,非若鸟兽然,苟为生,苟为利而已"③。这个所谓的义在具体的释经活动中如何把握,董氏也有自己的看法,那就是:"不义之中有义,义之中有不义。辞不能及,皆在于指,非精心达思者,其孰能知之?""见其指者,不任其辞。不任其辞,然后可与适道矣。"④董氏强调理解《春秋》经义时不应被文辞所局限,要具备阐释活动的灵活性,从而理解《春秋》之指。针对文本的具体阐释时,就要求我们注重区分《春秋》中的雷同义与独修义,重点把握独修义。所谓独修义,郜积意在其一文中云:"以《春秋》的书法而论,有时经书表面的叙述与人们一贯遵循的《春秋》原则相背离,按照通常的逻辑是应该谴责的,可事实上却又是《春秋》所认可的;有时表面的叙述与通常的原则相吻合,却又是《春秋》所谴责的。这种情形决定了人们对经书叙述的表层认识(即雷同义)还不足以应付《春秋》褒贬立场的复杂性,因而必须设法抵达经书背后的真正立场(即独修义)。"然而理解《春秋》的独修义,要求我们要对《春秋》有一个"前理解",这个"前理解"包括对文本的基本理解,同时阐释者的伦理立场也是很重要的条件,这就要求阐释者为突破阐释的局

---

① 苏舆:《春秋繁露义证》,第53页。
② 苏舆:《春秋繁露义证》,第52页。
③ 苏舆:《春秋繁露义证》,第61页。
④ 苏舆:《春秋繁露义证》,第50—51页。

限所进行的阐释活动不仅是一种学术活动，也是一种伦理活动。[①]

董仲舒又提到了正辞、诡辞，所谓的正辞便是常辞，就是汉人所总结的正例[②]。而诡辞则与常辞相反，即所谓的变例。董氏认为正由于无通辞，因此在《春秋》阐释时，无法与正辞相吻合时，就必须明白诡辞背后所隐藏的意义。董氏基于这种逻辑来阐释《春秋》义，所以我们可以看到董氏通过对正辞的解读仍是阐释《春秋》的主要途径，而对诡辞的探讨只是较少一部分。因此，正辞、诡辞，其实就是所谓的正例、变例，而董氏阐释《春秋》义的基础便是对《春秋》例与礼方面知识的熟悉，同时在胡毋生条例的基础上推进了《春秋》学的研究，而由胡毋生的例到董仲舒的义正是汉代学者研究《春秋》的普遍模式。

董仲舒虽然有对《春秋》辞例的独特理解，但他明确言说有些《春秋》"指"是辞所不能及的，也就如同魏晋玄学所讲的言意之辨，了解真正的意，有时言是不可靠的，或者由言无法完整获取那个真意。因此，后世学者在讨论《春秋》时，便时不时指出这种阐释的局限性，表明逻辑上的缺陷。清代姚际恒在《春秋通论》中说："史以记事，事有万变，例岂能齐？此合而彼违，此同而彼异，必致疏漏多端，是自取败阙也。"[③]汉人有关《春秋》例的繁琐解读，实则正会导致"疏漏多端"，"自取败阙"。所以汉以降的《春秋》学研究，皆可见针对《春秋》例的探讨与批评。

---

① 郜积意：《论"〈春秋〉无达辞"的解释学意义》，《人文杂志》2004 年第 3 期。

② 阮芝生把《春秋》例分为这么两大类，认为正例即所谓事同辞同者。变例即所谓事同辞异者，所以事同辞异者，乃因以起义，假之立法也。（《从公羊学论〈春秋〉的性质》，第 158 页）

③ 姚际恒：《春秋通例》，《姚际恒著作集》（四），台北："中央"研究院中国文哲研究所，2004 年，第 2 页。

第二节　何休的公羊例

一、何休公羊例的形成

《解诂》中何休的序文说其"往者略依胡毋生《条例》多得其正,故遂隐括,使就绳墨焉"。徐彦疏云:"胡毋生本虽以《公羊》经传传授董氏,犹自别作《条例》。故何氏取之以通《公羊》也。"①据此可知何休有关公羊例的理解肯定有部分是承袭自胡毋生的,这是不容置疑的。当然,除胡毋生条例外,其他方面的影响也是不容忽略的。

《左传》中有很多阐释《春秋》经的内容,这些内容本身即有许多涉及条例的文字,如我们熟悉的五十凡例便可看作是对《春秋》条例的总结。然而,除却明显的凡例,还有一些并未明确说是凡例的文字,其实也涉及对条例的概括。

如书或不书,隐公元年传云:"夷不告,故不书。""不为灾,亦不书。""公不与小敛,故不书日。"隐公七年传:"夏,城中丘。书,不时也。"此云不书,既可理解为是对经文的阐释文字,亦可认为是与书例相反的一种变例,由此变例即可推知常例。何休的《解诂》中有许多书或不书例,刘逢禄据此归纳为不书例及主书例。

又云"不称"、"不言",如隐公三年传:"不称夫人,故不言葬。"

又云"先书"、"故书"、"书曰",如桓公十年传:"先书齐、卫,王爵也。"襄公二十八年传:"王人来告丧,问崩日,以甲寅告。故

---

① 　何休解诂,徐彦疏:《春秋公羊传注疏序》,第9页。

书之,以徵过也。"襄公二十九年传:"杞文公来盟。书曰子,贱之也。"

另外,《左传》注重对礼制的探讨,常针对《春秋》经据以判断经文记载之事是否合乎常礼。如隐公元年传:"天子七月而葬,同轨毕至;诸侯五月,同盟至;大夫三月,同位至;士逾月,外姻至。"庄公二十五年传:"鼓,用牲于社,非常也。唯正月之朔,慝未作日有食之,于是乎用币于社,伐鼓于朝。"此皆是对礼制是非的讨论,但同时我们也可把这些看作是一种《春秋》条例。因为,在何休看来,许多条例涉及礼制,诸如朝聘会盟、崩薨卒葬等皆与礼制有关。

《左传》本身阐释《春秋》经的方法在早期或许已经影响到了《公羊传》及《穀梁传》的著述,甚至后来学者对经义的阐释可能也或多或少受到了《左传》的影响。虽然《左传》在西汉时代并未立于学官,但据刘师培考证,司马迁作《史记》即多依据《左传》,贾谊、张苍皆习《左传》,后来《左传》之学一直在民间流传,直至刘歆倡立左氏学官,左氏学才逐渐兴盛开来。① 可知汉代的《春秋》学者阐释经义的方法,基本上在《左传》中都可见到端倪,只是并未若何休例法这般复杂。可以说,何休公羊例的形成,除了受早期公羊学者(董仲舒、胡毋生等)的影响之外,在一定程度上可能是得益于《左传》的,毕竟《左传》的形成要早于《公》、《穀》二传。

据徐彦疏,我们知道何休曾作《公羊文谥例》,史书目录还著录有《公羊传条例》,可见何休对公羊例的研究是下过一番功夫

---

① 参见刘师培:《左氏学行于西汉考》,邬国义、吴修艺编校:《刘师培史学论著选集》,上海:上海古籍出版社,2006年。

的。据徐彦疏所引《公羊文谥例》来看,其提出所谓的三科九旨,又提出五始、七等、六辅、二类。① 这些有关例的总结究竟是否为何休所独创,我们不得而知。但据三科九旨的内容来看,皆渊源有自。如"新周故宋,以《春秋》当新王",此一科三旨,《春秋繁露》中提到了"亲周、故宋,以《春秋》当新王"(《春秋繁露·三代改制质文》),《公羊传·宣公十六年》文中已经有"新周"之说,《穀梁传·桓公二年》亦有"故宋"之辞。虽然在何休之前公羊学者的经说著作皆亡佚,无法真正摸清何休三科九旨的具体演变过程,但至少说明,何休的三科九旨并非臆测,而是有所继承。况且,徐彦疏还记载了宋均注《春秋》说时有关三科九旨的另一种解释,即"三科者,一曰张三世,二曰存三统,三曰异外内,是三科也。九旨者,一曰时,二曰月,三曰日,四曰王,五曰天王,六曰天子,七曰讥,八曰贬,九曰绝。时与日月,详略之旨也。王与天王、天子,是录远近亲疏之旨也。讥与贬、绝则轻重之旨也"②。可知在当时对于《春秋》例的理解与阐释当是有分歧的,而且很显然不止何休一种,可能有多家说法,毕竟东汉时代公羊学一直立于官学,习者众多。何休对于三科九旨的理解与宋均说不同,也正说明何休在对公羊例的选择与总结时,加入了自己的理解与体会。

　　另外,我们通过对何休的注解及三传传文的比对,会发现何休总结的例一部分还来自传文中的《春秋》例。何休在解释《公羊传》时,首先秉承的一个理念就是传文总结的条例都是可信的,故其对《公羊传》文中涉及例的文字必会加注解释一番。如

---

① 　何休解诂,徐彦疏:《春秋公羊传注疏》,第5页。
② 　何休解诂,徐彦疏:《春秋公羊传注疏》,第5页。

何休经学思想研究

文公四年经：“逆妇姜于齐。”传云：“高子曰：娶乎大夫者，略之也。”何休云：“贱，非所以奉宗庙，故略之。不书逆者主名，卑不为录使也。不言‘如齐’者，大夫无国也。不称女者，方以妇姜见与至共文，重至也。不称夫人、为致文者，贱不可奉宗庙也。”①何休分析大夫娶妻之例与诸侯之不同，诸侯娶妻当书主者之名，书“使某如某”，如桓公三年经云“公子翚如齐逆女”，而高子作为大夫等级低于诸侯，故经文不用诸侯娶妻例。又定公四年经：“楚人围蔡。”何休云：“囊瓦称人者，楚为无道，拘蔡昭公数年，而复怒蔡归，有言伐之，故贬，明罪重于围。”②按庄公十年传明言条例：“州不若国，国不若氏，氏不若人，人不若名，名不若字。”称名则褒之，而此称人者，意在贬之，故何休进一步说明所贬之原因。

同样，我们会在《穀梁传》中找到与《公羊传》许多相同的条例，但《穀梁传》在对时月日例的重视上远高于《公羊传》。《公羊传》“运用日月时例，实际上只限于日，解释《春秋》所以书日或者不书日的理由，并没有涉及月和时，因此严格地说，日月时例在《公羊传》中的运用还是不完整的。《穀梁传》就不同了。《穀梁传》不仅有许多处对书日、不书日的解说，也有大量的对书月、书时的解说”③。此正揭示了《穀梁传》在阐释时月日例上的成熟，而何休对时月日例的阐释可能受到了《穀梁传》的影响，当然也可能借鉴了胡毋生的条例。

另外，何休师承羊弼，羊弼为公羊学博士，可知何休公羊例的有些理解可能来自其师或其学派相传之说。当然，我们知道

---

① 何休解诂，徐彦疏：《春秋公羊传注疏》，第529页。
② 何休解诂，徐彦疏：《春秋公羊传注疏》，第1069页。
③ 赵伯雄：《春秋学中的时月日例》，《中国经学》第1辑，桂林：广西师范大学出版社，2005年。

88

左氏学者如早期的刘歆、郑众等人,也很注重对条例的归纳,《后汉书·郑兴传》云郑兴"将门人从刘歆讲正大义,歆美兴才,使撰条例、章句、传诂,及校《三统历》"。其子郑众亦作《春秋难记条例》知名于世。《后汉书·贾逵传》云贾逵父贾徽"作《左氏条例》二十一卷"。可知左氏学者亦注重对条例的探讨。《春秋左传正义》中曾引用刘歆、贾逵、服虔等人的说法,其中便讲到所谓的条例。如文公十八年经云"莒弑其君庶其",孔颖达正义引刘歆、贾逵等人说云:"君恶及国朝则称国以弑,恶及国人则称人以弑。"①庄公三年经云:"秋,纪季以酅入于齐。"孔疏引刘向、贾逵说:"纪季以酅奔齐,不言叛,不能专酅也。"②虽然都是后人辑佚的语句,然亦可见左氏学者对条例的重视。所以我们猜测何休可能也借鉴了左氏学者的一些见解。至少,从今、古文学者重视条例这一点来看,当时的学者不管学派如何,其阐释《春秋》多少都会注重对条例的研究,这是汉代尤其是东汉学者治《春秋》的普遍特点。因此,在这种学术风气影响之下,何休在注释《公羊传》时也就自然地运用这种方法以阐释经义。也正因为这种风气的盛行,使经义的解读出现了不守师法,胡乱臆想的现象。③ 何休意识到公羊学者治经的不足及缺憾,故而上溯西汉,借鉴胡毋生公羊条

---

①　杜预注,孔颖达疏:《春秋左传正义》,台北:艺文印书馆,影印嘉庆二十年南昌府本,2007年,第369页。

②　杜预注,孔颖达疏:《春秋左传正义》,第138页。

③　《后汉书·徐防传》云:"伏见太学试博士弟子,皆以意说,不修家法,私相容隐,开生奸路。每有策试,辄兴净讼,论议纷错,互相是非。孔子称'述而不作',又曰'吾犹及史之阙文',疾史有所不知而不肯阙也。今不依章句,妄生穿凿,以遵师为非义,意说为得理,轻侮道术,寖以成俗,诚非诏书实选本意。改薄从忠,三代常道,专精务本,儒学所先。臣以为博士及甲乙策试,宜从其家章句,开五十难以试之。解释多者为上第,引文明者为高说;若不依先师,义有相伐,皆正以为非。"按徐防上疏在和帝永元年间,而何休处东汉末年,当时学术环境较之徐防时更为衰败。

例。在他看来,胡毋生作为汉代公羊学的奠基者,其对条例的解读远在后来的公羊学者之上,所以何休宁肯抛弃一些公羊学者的论说,采用胡毋生之说,意在复古以创新,希望借此为公羊学开创一新局面,以抗衡声势壮大的左氏学。

可以说何休公羊例的形成与前人的总结与阐释是离不开的,但我们也不能否定何休的主观创造能力。《后汉书·何休传》载其潜心研究公羊学达十七年,那么自身对公羊例的理解应当占据很重要的一方面。在下文的分析中,对此会有所论述。总之,何休在总结公羊例的过程中,既有吸收和借鉴前人的成果,亦对前贤、师说有所选择,摒弃自己认为不合理的,同时结合自己的理解,在此基础上创新出有自我特点的公羊学释经体系。

二、何休公羊例的体系与内容

(一)三科九旨与公羊例

锺文烝推崇何休公羊之条例,其云:"若欲求解经之法,则当先读何休注,何氏固多怪妄之说,而条例文义之细密融贯,实为古今第一,孔广森尝称其体大思精。"①何休总结公羊之条例,不仅自成一个完整的体系,而且有助于理解《公羊传》的微言大义,故东汉之后有关公羊学的研究都离不开何休的公羊例。然而由于何休有关条例的专著如《公羊文谥例》、《公羊传条例》后来皆亡佚,故我们无法见其有关条例的理论性文字。而翻检《解诂》一书,会发现何休注释中关于例的探讨很多,初读时会显得非常混乱。清代刘逢禄在《解诂》的基础上概括与总结了何休的条例,同时近人段熙仲的《春秋公羊学讲疏》,亦有助于了解何休的

---

① 锺文烝:《春秋穀梁经传补注》,北京:中华书局,1996年,第15页。

公羊例,我们在研究何休例法时可由此二书获得很大的便利。

其实,认真阅读何休有关条例的文字,就会发现何休的公羊例看似杂乱无章,涉及许许多多不同方面的条例,然而仍有一个核心,即何休公羊例建基于三科九旨,以三科九旨统贯义例。刘逢禄在其《春秋论》一文中就曾针对赵汸、崔子方等归纳的《春秋》例给予了批评,他说:"惟无其张三世通三统之义以贯之,故其例此通而彼碍,左支而右绌。"①此便谈到了分析《春秋》例法应当以三科九旨贯通其间。关于三科九旨,前面我们已经提到是徐彦疏文引自何休的《公羊文谥例》,具体内容是:

> 新周、故宋,以《春秋》当新王,此一科三旨也……所见异辞,所闻异辞,所传闻异辞,二科六旨也……内其国而外诸夏,内诸夏而外夷狄,是三科九旨也。

疏文中还提到了宋均注所说的三科为"张三世","存三统","异外内"②。其实何休有关三科之说与宋均所说的三科本质上是一个意思。"新周、故宋,以《春秋》当新王"就是所谓的存三统。"所见异辞,所闻异辞,所传闻异辞"就是张三世。而"内诸夏而外夷狄"则是异内外。因此这两种说法归结起来就是"张三世,存三统,异外内",这是何休公羊例的核心,何休借助这个核心作为公羊例存在的依据,其条例都是在这个基础上建立起来的。一旦失去了这个基础,所谓的条例也就不成系统,显得杂乱无章了。那么我们既然认为三科九旨是其条例的核心,何休又是如何在其条例中贯彻这个核心,或者说三科九旨作为何休条例核心的原因为何,下面我们就仔细作一番解答。

---

① 刘逢禄:《刘礼部集》,第 57 页。
② 何休解诂,徐彦疏:《春秋公羊传注疏》,第 5 页。

首先说一下"张三世"。"张三世"之说《公羊传》文中虽未明确提出，但已有所涉及。隐公元年经："公子益师卒。"传文云："何以不日，远也。所见异辞，所闻异辞，所传闻异辞。"桓公二年经："三月，公会齐侯、陈侯、郑伯于稷，以成宋乱。"传云："内大恶讳，此其目言之何？远也。所见异辞，所闻异辞，所传闻异辞。"哀公十四年经："春，西狩获麟。"传云："《春秋》何以始乎隐？祖之所逮闻也。所见异辞，所闻异辞，所传闻异辞。"此为传文所涉及三世之文者。至董仲舒，始明确界定三世之为何。《春秋繁露·楚庄王》云：

> 《春秋》分十二世以为三等，有见，有闻，有传闻。有见三世，有闻四世，有传闻五世。故哀、定、昭，君子之所见也。襄、成、文、宣，君子之所闻也。僖、闵、庄、桓、隐，君子之所传闻也。所见六十一年，所闻八十五年，所传闻九十六年。于所见微其辞，于所闻痛其祸，于传闻杀其恩，与情俱也。是故逐季氏而言又雩，微其辞也。子赤杀，弗忍书日，痛其祸也。子般杀而书乙未，杀其恩也。屈伸之志，详略之文，皆应之。①

此为董仲舒有关三世之阐释。至何休，总结前人之说，概括为完整详细的张三世之论。② 据何休之论，其张三世之时代界限与董仲舒一致。何休以高祖、曾祖、王父等论三世，实本《春秋繁露·奉本》，其文云："今《春秋》缘鲁以言王义，杀隐桓以为远祖，

---

① 苏舆：《春秋繁露义证》，第9—11页。
② 参见何休解诂，徐彦疏：《春秋公羊传注疏》，第38页。原文见本书第一章第一节所引。

宗定哀以为考妣。"①何休在此基础上加以改进,始以高祖以降说三世。哀十四年传:"祖之所逮闻也。"何休云:"托记高祖以来事,可及问闻知者。犹曰我但记先人所闻,辟制作之害。"②此正以高祖以降来说解三世。由此可见,何休的张三世之说并非何休独创,而是渊源有自。只不过何休把他们糅合起来,形成后来的张三世之论。然何休以高祖等释三世,即是看重三世说背后的意义。以高祖至父子区分三世,实则就是董仲舒所说的"吾以其近近而远远,亲亲而疏疏也,亦知其贵贵而贱贱,重重而轻轻也。有知其厚厚而薄薄,善善而恶恶也,有知其阳阳而阴阴,白白而黑黑也"。③因而何休看重的是亲疏所代表的礼义,也就是所谓的道德伦理。所以刘逢禄说:"《春秋》缘礼义以致太平,用坤乾之义以述殷道,用夏时之等以观夏道。等之不著,义将安放?故分十二世以为三等,有见三世,有闻四世,有传闻五世。于所见微其词,于所闻痛其祸,于所传闻杀其恩。由是辨内外之治,明王化之渐,施详略之文。"④

刘氏分析三世之义,一方面揭发了《春秋》三世说阐释《春秋》礼义的真实面目,而另一方面,"张三世"、"存三统"、"异内外"之间也有密切之关系。它们着眼于《春秋》文本,皆是为了阐释《春秋》微言大义而被人为设计出来的概念。首先"张三世"把《春秋》文本人为地划分为三个历史区间,继而被何休定性为理解《春秋》文本的前提与基础。不管是《春秋》例的形成,还是《春秋》例背后的真正涵义,乃至《春秋》经义,皆与此密切相关。而

---

① 苏舆:《春秋繁露义证》,第 279—280 页。
② 何休解诂,徐彦疏:《春秋公羊传注疏》,第 1196 页。
③ 苏舆:《春秋繁露义证》,第 11 页。
④ 刘逢禄:《春秋公羊经何氏释例》,第 8—9 页。

"存三统"的设计与运用,不仅可以阐释《春秋》在历史循环中的重要地位,即继周而起,以《春秋》当新王,从而奠定《春秋》作为儒家经典的神圣性,同时亦可与张三世所说的由治乱世最终达至太平世的儒家理想相吻合,其目的皆在于说明后世理想盛世出现的可能,从而为汉制法,确立汉帝国的正统性与神圣性。而"异内外",则是在前二者的基础上,使《春秋》的阐释更加细致。首先"张三世"说导致了亲疏内外有别,而"存三统"则确立了《春秋》中以鲁为主,内鲁、王鲁,从而形成的由鲁到其他诸侯再到夷狄的由近至远、由内至外的区分与界定。三者密不可分,在何休公羊学阐释体系中处于核心地位。

正因为何休看到了这三科的重要性,以及三科间的内在逻辑性,所以他在《解诂》的开始就对"张三世"作了重要的说明。

按照何休的解释,何休把"所传闻世"、"所闻世"、"所见世"理解为"治乱世"、"升平世"、"太平世",明显带有很大的儒家理想化色彩①。当然何休也看到了这一理解是非现实的,故云"所以二百四十二年者,取法十二公,天数备足,著治法式",可见其三世的目的并非只是在于宣扬他所谓的太平世,亦是在借三世明《春秋》之微言大义。而三世的划分,只是在时间观念上区分出春秋时代的不同,这样才能进一步属辞比事,归纳出不同的条例,这些条例由于时间上的不同,被赋予了特定的意义。故何休解释说:"异辞者,见恩有厚薄,义有深浅,时恩衰义缺,将以理人伦,序人类,因制治乱之法。"也就是说不同的条例,会蕴含着不同的意义,借助此意义以明褒贬,以明孔子作《春秋》的微言大义。

①　具体参见本书第一章。

何休不仅说明了"张三世"的涵义,还举例说明了在三世观念支撑下所出现的条例。文云:

> 于所见之世,恩己与父之臣尤深,大夫卒,有罪、无罪皆日录之。"丙申,季孙隐如卒"是也。于所闻之世,王父之臣恩少杀,大夫卒,无罪者日录,有罪者不日,略之,"叔孙得臣卒"是也。于所传闻之世,高祖、曾祖之臣恩浅,大夫卒,有罪、无罪皆不日,略之也。"公子益师、无骇卒"是也。①

何休此处以"大夫卒"为例阐释了在三世的不同阶段,有关大夫卒的书法是不同的,而大夫卒例不同的评判标准就是所谓不同时间段里的恩深与恩浅。所见世,于臣子恩浅,则有罪无罪皆书日;所闻世,恩较所见世稍减,那么大夫卒无罪者书日,有罪者不书日;所传闻世,恩较前两世更浅,故大夫卒有罪、无罪皆不书日。此为何休对大夫卒例的阐释,可见"张三世"的观念即是此例形成的基础与核心,也是阐释此例的理论依据。因此,何休在阐释经义时,若涉及例法的探讨,会以三世概念来区别例法的异同。如:

> 隐公二年经:"春,公会戎于潜。"何休云:"所传闻之世,外离会不书。书内离会者,《春秋》王鲁,明当先自详正,躬自厚而薄责于人,故略外也。"②

> 襄公二十三年经:"夏,邾娄鼻我来奔。"何休云:"所传闻世,见治始起,外诸夏,录大略小,大国有大夫,小国略称人。所闻之世,内诸夏,治小如大,廪廪近升平,故小国有大

---

①　何休解诂,徐彦疏:《春秋公羊传注疏》,第 38 页。
②　何休解诂,徐彦疏:《春秋公羊传注疏》,第 47 页。

夫,治之渐也。见于郑娄者,自近始也。"①

哀三年经:"冬,十月,癸卯,秦伯卒。"何休云:"哀公著治大平之终,小国卒葬,极于哀公者,皆卒日葬月。"②

段熙仲在《春秋公羊学讲疏》中总结何休公羊例,其云:"传闻所传闻世诸侯出奔者,大恶者名,小恶者不名;所见之世,虽小国之君出奔,名。"③据此可见何休以"张三世"之理论统贯公羊例。

孔广森云:"所以三世异辞者,见恩有深浅,义有隆杀。"④此正见"张三世"说在公羊例中所起之作用,正如前面所说,在于明礼义,即《春秋》之微言大义。具体来说,何休的公羊例体现"张三世"之理论的方式主要有以下几个方面。

一是以内外明之。所谓的内外,即"内其国而外诸夏,内诸夏而外夷狄"。这看起来与三科中的"异内外"是相矛盾的,而实际上并非如此。我们知道,"张三世"是以时间段来划分的,而"异内外"中的内外评判标准是涉及地域和道德伦理的,所以说它们是两个不同的概念,只是部分意义上会有所交叉。即在三世的每一个时间段上,都会有内外的不同。而反过来,如果我们讨论内外,不一定与三世有关,所以它们之间不是纯粹的双向关系,不过是在一定程度上有些关联而已。为更好说明,今举例明之:

隐公二年经:"春,公会戎于潜。"何休云:"所传闻之世,

---

① 何休解诂,徐彦疏:《春秋公羊传注疏》,第857页。
② 何休解诂,徐彦疏:《春秋公羊传注疏》,第1146页。
③ 段熙仲:《春秋公羊学讲疏》,第499页。
④ 孔广森:《春秋公羊经传通义》,第253页。

外离会不书。书内离会者,《春秋》王鲁,明当先自详正,躬自厚而薄责于人,故略外也。"①

桓公五年经:"夏,齐侯、郑伯如纪。"何休云:"《春秋》始录内小恶,书内离会;略外小恶,不书外离会。至所闻之世,著治升平,内诸夏而详录之,乃书外离会。嫌外离会常书,故变文见意,以别嫌明疑。"②

此二例为何休阐释内外离会之例,而内外离会在三世的不同时期是不同的。所传闻之世,外离会不书、内离会书;所闻之世,则是内外离会皆书。可知内外离会之例的成立,并非建立在内、外这两个地域性的概念之上,而是建立在"张三世"这一理论之上的。

二是以远近明之。所谓远近,具体来说蕴含三种意义。一指世之远近,而世之远近决定了亲疏之不同。二指同一世下的亲疏之不同。三指地之远近,这与内外之义有一部分的重合内容。世之远近,就是在三世的不同时期,由于所传闻世距离所见世最远,所以也就决定了亲疏的不同。故隐公元年公子益师卒不书日,而定公五年季孙隐如卒书日,又如桓公四年公狩于郎,传文讥之。而同一世下的亲疏之不同,也导致了例的不同,如灭例,庄公八年经:"夏,师及齐师围成,成降于齐师。"何休云:"辟灭同姓。言'围'者,使若鲁围之而去,成自从后降于齐师也。降者,自伏之文,所以醇归于齐。言'及'者,起鲁实欲灭之。"③而于僖公二十五年卫侯燬灭邢,则直接书卫侯之名,正因《春秋》王

---

① 何休解诂,徐彦疏:《春秋公羊传注疏》,第47页。
② 何休解诂,徐彦疏:《春秋公羊传注疏》,第141页。
③ 何休解诂,徐彦疏:《春秋公羊传注疏》,第246页。

鲁，以鲁为主，鲁、卫亲疏不同，故鲁灭例则讳之，而他国灭例则书名以绝之。

三是以大小明之。所谓大小是指国之大小。国大者位尊，国小者位卑，故《春秋》始录大国较详，而小国则略之，记录鲁、郑、宋、齐等国较详，而于秦、杞、滕等国则记录甚略。故宣公十五年经："六月，癸卯，晋师灭赤狄潞氏，以潞子婴儿归。"何休云："名者，示所闻世始录小国也。"①昭公三年经："北燕伯款出奔齐。"何休云："名者，所见世著治大平，责小国详录。出奔当诛。"②此二例可见何休以大小论例之义，实则国之大小与亲疏有关联。往往国之大者，与鲁及周王朝在宗法血缘关系上较亲，而小国往往比较疏离。此也正是刘逢禄所说"明王化之渐，施详略之文"③。

下面说一下"存三统"。三统之论，汉初已流行。通常所谓的三统就是指夏、商、周三统。之所以说三统，盖与先秦儒家多以夏、商、周三代相与论有关。早在《论语》中就已经出现了此种情况，《论语·为政》云："子曰：殷因于夏礼，所损益可知也。周因于殷礼，所损益可知也。其或继周者，虽百世可知也。"《卫灵公》云："颜渊问为邦。子曰：行夏之时，乘殷之辂，服周之冕，乐则《韶舞》。"此皆以三代并言之。当然，明确提出三统概念并加以解释的首推董仲舒。《春秋繁露·三代改制质文》便对三统进行了详细解说，以夏尚黑，为黑统；以商尚白，为白统；以周尚赤，为赤统。三统貌似指三个不同的时代，实则三统说的提出目的不在于时代，而在于受命改制。故董仲舒说："王者必受命而后

---

① 何休解诂，徐彦疏：《春秋公羊传注疏》，第 674 页。
② 何休解诂，徐彦疏：《春秋公羊传注疏》，第 916 页。
③ 刘逢禄：《春秋公羊经何氏释例》，第 8—9 页。

王。王者必改正朔，易服色，制礼乐，一统于天下，所以明易姓，非继人，通以己受之于天也。"①《礼记·大传》亦云："圣人南面而治天下，必自人道始矣。立权、度、量，考文章，改正朔，易服色，殊徽号，异器械，别衣服。此其所得与民变革者也。其不可得变革者则有矣。亲亲也，尊尊也，长长也。男女有别，此其不可得与民变革者也。"②《淮南·氾论训》云："夫殷变夏，周变殷，春秋变周，三代之礼不同。"③很显然，《礼记·大传》、《淮南子》的说法要早于董仲舒，只是董仲舒在前人理解的基础上做了新的阐释。董仲舒三统说的实质内容主要有两个方面，一是制度方面可改，二是道之方面不可改。此道为何呢？《汉书·董仲舒传》云：

> 臣闻夫乐而不乱复而不厌者谓之道；道者万世亡弊，弊者道之失也。先王之道必有偏而不起之处，故政有眊而不行，举其偏者以补其弊而已矣。三王之道所祖不同，非其相反，将以救溢扶衰，所遭之变然也。故孔子曰："亡为而治者，其舜乎！"改正朔，易服色，以顺天命而已；其余尽循尧道，何更为哉！故王者有改制之名，亡变道之实。然夏上忠，殷上敬，周上文者，所继之救，当用此也。孔子曰："殷因于夏礼，所损益可知也；周因于殷礼，所损益可知也；其或继周者，虽百世可知也。"此言百王之用，以此三者矣。夏因于虞，而独不言所损益者，其道如一而所上同也。道之大原出于天，天不变，道亦不变，是以禹继舜，舜继尧，三圣相受而守一道，亡救弊之政也，故不言其所损益也。繇是观之，继

---

①　苏舆：《春秋繁露义证》，第 185 页。
②　朱彬：《礼记训纂》，北京：中华书局，1996 年，第 519—520 页。
③　何宁：《淮南子集释》，北京：中华书局，1998 年，第 931 页。

治世者其道同,继乱世者其道变。今汉继大乱之后,若宜少
损周之文致,用夏之忠者。[①]

据此可知董仲舒所谓不变之道即是尧舜之道,也就是天之
道。而所谓的可改者,诸如正朔、服色,乃是顺天命而已。因此,
可改者在于补助道之实行。如果结合董氏时代的政治环境,会
发现董氏三统之论本意为在汉武帝献策,欲其效法儒家尧舜理
想之道,可见董氏的《春秋》学是有明确的政治意图的。然而后
世儒者论三统皆忽略了董氏的真实意图,只是把这些观念用之
于经义的阐释中,失去了董氏经世层面的考量。

三统说具体来说主要包括三个方面:一是三正,二是改制,
三是王鲁。这三个方面,在何休的《解诂》中都可以看到。具体
到何休的公羊例,亦可见其对三统说的运用。首先说一下三正。
隐公元年传:"王正月也。"何休云:"夏以斗建寅之月为正,平旦
为朔。法物见,色尚黑。殷以斗建丑之月为正,鸡鸣为朔,法物
牙,色尚白。周以斗建子之月为正,夜半为朔,法物萌,色尚
赤。"[②]此即三正之论。《春秋》继周王鲁,用周历,故传文及何休
皆重视三正,譬如:

隐公十一年传云:"隐何以无正月?隐将让乎桓,故不
有其正月也。"

定公元年传云:"定何以无正月?正月者,正即位也,定
无正月者,即位后也。"何休云:"虽书即位于六月,实当如庄
公有正月。今无正月者,昭公出奔,国当绝,定公不得继体

---

① 班固:《汉书·董仲舒传》,第 2518—2519 页。
② 何休解诂,徐彦疏:《春秋公羊传注疏》,第 11 页。

奉正,故讳为微辞,使若即位在正月后,故不书正月。"①

　　桓公三年经:"春,正月,公会齐侯于嬴。"何休云:"无王者,以见桓公无王而行也。二年有王者,见始也。十年有王者,数之终也。十八年有王者,桓公之终也。明终始有王,桓公无之尔。"②

　　隐公元年传:"王者孰谓?谓文王也。"何休云:"以上系王于春,知谓文王也。文王,周始受命之王。天之所命,故上系天端。方陈受命制正月,故假以为王法。"③

　　何休以三统说阐发《春秋》王正月之义,实为孔子当周之世,作《春秋》,权假文王之法以见《春秋》作新王之说(见隐公元年徐彦疏),故对于书王正月甚为重视。而"存三统",不仅有周统,亦当有殷夏之统,如隐公三年经:"春,王二月,己巳,日有食之。"何休云:"二月、三月皆有王者,二月,殷之正月也;三月,夏之正月也。王者存二王之后,使统其正朔,服其服色,行其礼乐,所以尊先圣,通三统。师法之义,恭让之礼,于是可得而观之。"④

　　由于重三统而赋予《春秋》正月、二月、三月一些特殊的涵义。如成公十七年传云:"郊用正月上辛。"何休云:"鲁郊博卜春三月,言正月者,因见百王正所当用也。三王之郊,一用夏正。言正月者,《春秋》之制也。"⑤据徐彦疏,知此言《春秋》继周用周正之义。

　　如哀公十四年经:"春,西狩获麟。"何休云:"据天子、诸侯乃

---

①　何休解诂,徐彦疏:《春秋公羊传注疏》,第1048页。

②　何休解诂,徐彦疏:《春秋公羊传注疏》,第131页。

③　何休解诂,徐彦疏:《春秋公羊传注疏》,第10页。

④　何休解诂,徐彦疏:《春秋公羊传注疏》,第57页。

⑤　何休解诂,徐彦疏:《春秋公羊传注疏》,第769页。

言狩。'天王狩于河阳','公狩于郎'是也。河阳冬言狩,获麟春言狩者,盖据鲁变周之春以为冬,去周之正而行夏之时。"①此即因三统之说,《春秋》继周以为新王之法,依照三统之循环当用夏正,故何休如此解释。但此并非改周正以为夏正,此"春"仍是依周历为说,只是何休照"冬言狩"之例,根据此例,此处西狩获麟《春秋》书"春"不书"冬",与条例不符,故何休按照三统说加以解释。

我们知道何休有关《春秋》三正之论与改制说关系密切。前文提到了三统说要求改制不改道。所谓的改制必然涉及改正朔,《史记·历书》云:"夏正以正月,殷正以十二月,周正以十一月。盖三王之正若循环,穷则反本。天下有道,则不失纪序;无道,则正朔不行于诸侯。"②故由改制可推三正循环之论。然何休改制之论,不仅与三正说有关,由改制亦推出文质之论,如隐公元年何休云:"质家亲亲,先立娣。文家尊尊,先立侄。嫡子有孙而死,质家亲亲,先立弟。文家尊尊,先立孙。其双生也,质家据见立先生,文家据本意立后生。皆所以防爱争。"③隐七年传:"母弟称弟,母兄称兄。"何休云:"分别同母者,《春秋》变周之文,从殷之质。质家亲亲,明当亲厚,异于群公子也。"④

由文质之论,何休借以阐释公羊例之意义。如桓公十一年经:"郑忽出奔卫。"传曰:"忽何以名?《春秋》伯子男一也,辞无所贬。"何休云:"《春秋》改周之文,从殷之质,合伯、子、男为一……王者起,所以必改质文者,为承衰乱,救人之失也。天道本

---

① 何休解诂,徐彦疏:《春秋公羊传注疏》,第 1189 页。

② 司马迁:《史记·历书》,第 1258 页。

③ 何休解诂,徐彦疏:《春秋公羊传注疏》,第 18 页。

④ 何休解诂,徐彦疏:《春秋公羊传注疏》,第 95 页。

下,亲亲而质省;地道敬上,尊尊而文烦。故王者始起,先本天道以治天下,质而亲亲;及其衰敝,其失也亲亲而不尊;故后王起,法地道以治天下,文而尊尊;及其衰敝,其失也尊尊而不亲,故复反之于质也。质家爵三等者,法天之有三光也;文家爵五等者,法地之有五行也。合三从子者,制由中也。"①

此由经文"郑忽出奔"书名不书爵而加以阐发。何休认为《春秋》常例乃诸侯出奔书爵,据此常例,郑忽当书郑伯,而此处经文书郑忽,故何休对此变例进行了一番解释。何休依据传文之义,"《春秋》伯子男一也",那么传文的意思是什么呢?何休进行了详细的解释:"《春秋》改周之文,从殷之质。"此即以改制之观念来阐释《春秋》经之变例。正因为《春秋》改制,故《春秋》制度由合乎周而改为合乎殷。何休说文家爵为五等,即公、侯、伯、子、男,而质家爵则为三等,即公、侯、伯子男。所以此处郑伯书郑忽,乃是改周从殷观念之表现,因此传文云"伯子男一也"即是此意,而何休也通过文质之观念阐释了公羊例出奔变例的具体原因。

另外,由三统之说,推出王鲁之说,此理念贯穿何休《解诂》。"王鲁",亦可称之为"素王",此说董仲舒《春秋繁露》已可见之,其云"以《春秋》当新王"即是"素王"、"王鲁"之义。段熙仲云:"以《春秋》当新王者,即托王者于《春秋》。故曰当、曰托,非《春秋》果受命而王也。《繁露·俞序》云:'孔子曰:吾因行事,加吾王心焉。假其位号以正人伦,因其成败以明顺逆,故其所善则桓文行之而遂,其所恶则乱国行之终以败。'董君'假其位号以正人

---

① 何休解诂,徐彦疏:《春秋公羊传注疏》,第174—175页。

伦',真'以《春秋》当新王'之注脚也。"①按段氏之论,实为"王鲁"之说正名,同时代之司马迁亦秉承董仲舒之论,《史记·儒林列传》:"故因史记作《春秋》,以当王法。"②《汉书·司马迁传》亦云:"孔子之时,上无明君,下不得任用,故作《春秋》,垂空文以断礼义,当一王之法。"③

何休《解诂》秉承王鲁说,循此义则尊王而内鲁,故何休的公羊例不乏此义。如隐公元年经:"三月,公及邾娄仪父盟于眜。"何休云:"《春秋》王鲁,托隐公以为始受命王。因仪父先与隐公盟,可假以见褒赏之法,故云尔。"④又如隐公十年经:"六月,壬戌,公败宋师于菅。"何休云:"败宋师日者,见结日,偏战也。不言战者,托王于鲁,故不以敌辞言之,所以强王义也。"⑤又如隐公元年经:"秋,七月,天王使宰咺来归惠公、仲子之赗。"何休云:"《春秋》王鲁,以鲁为天下化首。明亲来被王化渐渍礼义者,在可备责之域,故从内小恶举也。"⑥

可以说王鲁之观念,在何休的公羊例中所占的分量也很重。由于《春秋》乃继周以作新王,而《春秋》以鲁国之史作为基础,且鲁国秉承周礼,故《礼记·明堂位》云:"凡四代之服、器、官,鲁兼用之。是故鲁,王礼也,天下传之久矣。"⑦可见鲁之习用周王之礼,知其保存周之制度较他国为完备,故段熙仲说:"是以孔子托王于鲁,以其文献足征,人事浃备,可以见王法,可以明王道。故

---

① 段熙仲:《春秋公羊学讲疏》,第 469—470 页。
② 司马迁:《史记·儒林列传》,第 3115 页。
③ 班固:《汉书·司马迁传》,第 2719 页。
④ 何休解诂,徐彦疏:《春秋公羊传注疏》,第 21 页。
⑤ 何休解诂,徐彦疏:《春秋公羊传注疏》,第 106 页。
⑥ 何休解诂,徐彦疏:《春秋公羊传注疏》,第 33 页。
⑦ 朱彬:《礼记训纂》,第 492 页。

据鲁而托之,因以正其是非。"①正是王鲁之观念,使公羊例蕴含内外、远近之义,使何休公羊例常例、变例蕴含褒贬,亦由此等例见礼之尊卑等级,进而明《春秋》微言大义。

由尊王而内鲁,遂有远近、内外之分,及礼制尊卑之别。周、鲁为近者,而诸侯至夷狄则渐次为远者。鲁为内,则诸侯为外,诸夏为内而夷狄为外。周为尊则诸侯夷狄为卑。因王鲁,则鲁为尊,诸侯夷狄为卑。

故三科之最后一科"异内外",可说与前两科内容多有重复。三统、三世皆可见公羊例内外之义。三科之异内外,据成公十五年何休云:"明当先正京师,乃正诸夏;诸夏正,乃正夷狄,以渐治之。"②而《春秋》假鲁为王,则亦可"假鲁以为京师"。③(成公十五年注)故异内外着重在两个方面,一是地理上的内外,二是道德层面上的内外。据何休的公羊例,二义皆有。

具体来说,地理上的内外,主要是指鲁为内,诸侯为外,或诸夏为内,夷狄为外。如隐公二年经:"九月,纪履緰来逆女。"何休云:"内逆女常书,外逆女但疾始不常书者,明当先自正,躬自厚而薄责于人,故略外也。"④僖公二十八年经:"公朝于王所。"何休云:"不书诸侯朝者,外小恶不书,独录内也。"⑤此为前一种情况,即鲁为内。

又后一种情况,如成公十五年经:"冬,十有一月,叔孙侨如会晋士燮、齐高无咎、宋华元、卫孙林父、郑公子鲻、邾娄人,会吴

---

① 段熙仲:《春秋公羊学讲疏》,第 473 页。
② 何休解诂,徐彦疏:《春秋公羊传注疏》,第 759 页。
③ 何休解诂,徐彦疏:《春秋公羊传注疏》,第 758 页。
④ 何休解诂,徐彦疏:《春秋公羊传注疏》,第 53 页。
⑤ 何休解诂,徐彦疏:《春秋公羊传注疏》,第 481 页。

于钟离。"传云："曷为殊会吴,外吴也。"文公元年经："冬,十月,丁未,楚世子商臣弑其君髡。"何休云："日者,夷狄子弑父,忍言其日。"①襄公三十年经："夏,四月,蔡世子般弑其君固。"何休云："不日者,深为中国隐痛有子弑父之祸,故不忍言其日。"②此即以诸夏为内,而夷狄为外。

道德层面上的内外,评判的标准相对较为灵活。基本来说分为两种情况。一是常态下,在符合仁义之道(或者周礼)的前提下,诸夏为内,而夷狄为外,内外是由近至远,此与地理上的内外重合。而非常态下,则是夷狄之行若合乎《春秋》仁义之道,则可进而为中国,而诸夏之行若违反仁义之道,则视为夷狄来对待。对此,刘逢禄《论语述何》中有专门讨论:"子曰:夷狄之有君,不如诸夏之亡也。何谓也? 曰:《春秋》之义,诸夏入于夷狄则夷狄之。卫劫天子之使则书戎,邾牟葛三国朝鲁桓则贬称人之类是也。潞子婴儿之离于夷狄,虽亡犹进爵书子,所谓夷狄进于诸夏则诸夏之也。"③刘氏指出了何休例法中诸夏夷狄的区别,以是否合乎礼义为准,非仅以地理而论。

以上几种情况归纳起来就是以仁义作为道德评判标准,这种见解董仲舒已经有所言说。董仲舒以仁义表天道,而《春秋》则以人事明王道,进而以明天道。故不论是礼、亲疏、善恶等,其本质在于合乎《春秋》之王道,而仁义即是王道的核心。

以上讨论了三科与何休公羊例的关系,从而说明三科在公羊例阐释中的核心地位,三科赋予公羊例灵活多变的意义,同时又在一定程度上制约着公羊例的阐释。何休公羊例的概括与总

---

① 何休解诂,徐彦疏:《春秋公羊传注疏》,第517页。
② 何休解诂,徐彦疏:《春秋公羊传注疏》,第891页。
③ 刘逢禄:《刘礼部集》,第42页。

结离不开这三科，这是何休公羊例的理论基础。同时何休在以公羊例阐释《春秋》经时，也时刻未偏离三科这一理论核心，从而保证何休公羊例的系统性和逻辑性。当然，公羊例毕竟是学者人为的理解与总结，且孔子时代的观念和理解与后世明显具有差异性，由此不能说何休公羊例完美无缺，故而后世《春秋》学者赞成或批评公羊例者皆不乏其人。因此，公正评价何休的公羊例，必须根据其《解诂》一书，同时结合其他学者的见解，对何休的公羊例作一相对客观的平议。

（二）何休对公羊义理的阐释

1.由例到义的转化

刘逢禄云："《春秋》缘礼义以致太平，用坤乾之义以述殷道，用夏时之等以观夏道。等之不著，义将安放？故分十二世以为三等，有见三世，有闻四世，有传闻五世。于所见微其词，于所闻痛其祸，于所传闻杀其恩。由是辨内外之治，明王化之渐，施详略之文。"①刘氏说三世之分在明礼之等杀，而礼之等杀在于明《春秋》之道。刘氏指出了礼在《春秋》中的重要性。因此，有关何休的公羊例，也离不开例与礼之关系的论述。何休的公羊例一部分是据礼而总结的例，故而此部分所表达的义可以说即是礼义。司马迁《太史公自序》云："《春秋》者，礼义之大宗也。"刘逢禄曰："乱之所生，唯礼可以已之。"②可见《春秋》明礼的重要性。

另外，礼虽然重要，但并非唯一的因素。《春秋》义不只是由礼来展现。《公羊传》文本身即说明了很多的《春秋》义，这些义

---

① 刘逢禄：《春秋公羊经何氏释例》，第8—9页。
② 刘逢禄：《春秋公羊经何氏释例》，第75页。

可以说是何休部分公羊例的依据。如前所云,既然例有常例与变例,同样其所明之义也有常义与变义。所谓的常义如诸侯不可专讨,诸侯不可专杀,君不会大夫。而《公羊传》文又提出理解《春秋》微言大义的权变观念。这种观念,就促成了变义以及变例的出现,也说明了这些违反常义的事情的合理性。如传文认为祭仲之出忽立突,即是行权变之事,其本意仍是为了让忽反国,不过是在当时情况下值得委曲求全,立突乃是不得已。所以传文才会说"文与而实不与",因为权变之行事,毕竟是违反常义,不到万不得已是不可行之的。作为恪守鲁学传统的《穀梁传》便不承认《公羊传》的权变观念,故对祭仲之行事持反对意见,认为"祭仲易其事,权在祭仲也。死君难,臣道也。今立恶而黜正,恶祭仲也"。(《穀梁传·桓公十一年》)

虽然《穀梁传》不承认权变之事,但是在对例与义的看待中,《穀梁传》仍然贯穿着权变的观念。如庄公元年经云:"秋,筑王姬之馆于外。"传云:"筑,礼也。于外,非礼也。筑之为礼,何也?主王姬者,必自公门出。于庙则已尊,于寝则已卑,为之筑,节矣。筑之外,变之正也。筑之外,变之为正,何也?仇雠之人,非所以接婚姻也。衰麻,非所以接弁冕也。"此处便是权变观念的最好展现。虽然筑馆于外非礼,可是由于鲁、齐为仇人,只能筑馆于外。这样不仅可以显示鲁仇齐之义,又可显示在周王与齐的婚姻中,鲁不失为主之礼。所以传文说"变之为正",很显然依照常义,鲁国的做法是不对的,但是在齐、鲁这种特殊的关系下,只能"变之为正"了。可见,《穀梁传》是承认权变观念的,只是涉及君臣关系时,是不主张臣子行权变之事的。这是因为《穀梁传》从尊君的角度出发,认为臣子若行权变容易导致臣下专权,以下犯上。

可以说"权变"在理解何休公羊例及公羊义中是一个十分重要的观念。正是有了这个观念,公羊学的阐释才会更加丰富与灵活,而公羊义也就纷繁众多。为了更好地理解这些经义,学者们运用例的方式加以概括,便出现了常例与变例,这样义与变义也就不可避免了。如此一来,对于公羊学的理解就会比较系统化,比较有系统性。

虽然我们认识到例与义的关系密切,但不能以偏概全,认为例与义可以对等地转化。其实,如果这样理解,我们也就不能深得公羊学"变"之精髓。正如何休所说"《春秋》经传数万,指意无穷"①。《春秋》指意无穷,所以在把握何休公羊例时需要知晓,我们所说的例以明义,并非简单地从例即可知道其所明之义。所谓的例,是为了阐释《春秋》之义,但是由于文本意涵的隐晦与多变,《春秋》之义的阐释较为复杂,由此例的呈现也必然多样化。譬如所谓的会盟书时、月、日,其所含之义是不同的,有些可以说只是对当时礼制的概括,并没有多大的意义。如隐公五年传:"天子三公称公,王者之后称公,其余大国称侯,小国称伯、子、男。"又如隐公元年何休注:"天子上大夫字。"②桓四年何休注:"天子下大夫,系官氏、名且字。"③因此,我们所说的例以明义只是就普遍现象而言,例的作用在于明义。这是对例与义之间的关系要说的第一个问题。

另外,何休运用例这种方式去阐释经义,是一个复杂的经典阐释活动,而非简单直白的解说。何休在阐释经义时,会针对经文指出相应的公羊例,指出了这种例,他会接着解释一番。这种

---

① 何休解诂,徐彦疏:《春秋公羊传注疏》,第 678 页。
② 何休解诂,徐彦疏:《春秋公羊传注疏》,第 36 页。
③ 何休解诂,徐彦疏:《春秋公羊传注疏》,第 139 页。

紧跟例而作的说明,是为了把相应的例阐述清楚,因为例阐述清楚了,其背后的义才会出现。如小国始卒,常例为卒月葬时[1],而庄公二十八年邾娄子琐卒书日,此与常例卒月葬时不符,所以何休说:"日者,附从霸者朝天子,行进。"[2]何休针对卒书日之例,作了解释,认为邾娄子琐生前能够从霸者朝天子,其行为可嘉,故《春秋》褒扬之而书日。可以说,没有何休这番解释,我们不会明白诸侯卒时书日或书月的意义。也正是因为何休在例与义之间的这番阐释,即是对例的说明,同时也阐释了例背后隐藏的意义,这样例以明义才会成立。为了更好地说明这一问题,还可以举个例子,庄公二十五年经云:"夏,五月,癸丑,卫侯朔卒。"何休云:"《春秋》篡明者,当书葬,朔不书葬,嫌与篡同例。身绝,国不绝,故去葬,明犯天子命,重,不得书葬,与盗国同。"[3]何休说"篡明者,当书葬"此即是一例,而此处卫侯卒不书葬,很显然是与常例不符。所以何休解释了卫侯不书葬的原因,引用徐彦疏的解释,这样看起来就一目了然了,他说:"今此卫朔于上六年经云'夏六月,卫侯朔入于卫',既有'入'文,即是篡明,当合书葬,而不书葬者,若其书葬,则嫌与篡明者同例,但身合绝而已,其国不合绝,故亦去其葬,明其犯天子之命,罪重,不得书葬,与盗国同,盗国即篡是也。朔犯天子命在上六年。"[4]由此我们就明白了此处例的意义,不书葬是为了表明卫侯朔重犯天子之命,故不书葬,以绝其国,此明《春秋》贬责之重。此处何休同样对书葬不书葬例作了解释,同时例之义也就随之而明了。

---

① 刘逢禄:《春秋公羊经何氏释例》,第 47 页。
② 何休解诂,徐彦疏:《春秋公羊传注疏》,第 327 页。
③ 何休解诂,徐彦疏:《春秋公羊传注疏》,第 310 页。
④ 何休解诂,徐彦疏:《春秋公羊传注疏》,第 310 页。

通过以上两个例子的分析，我们既可了解何休的公羊例与其经义的阐释不是简单直接的，而是需要通过阐释来阐明的，即在这种阐释例的过程中，例之义才可能进而清晰。当然我们并不排除有些例可以简洁地说明义，但这种现象毕竟是少数。正因为由例到义的转化需要文字来阐释，所以何休在注释经典的过程中，可以在一定的范围内自由发挥，融入自身的知识结构，彰显儒家的道德伦理、政治思想等，从而体现出具有何休自身特点的公羊学。

2.渐进模式下例与义的关联

隐公元年传云："仪父者何？邾娄之君也。何以名？字也。曷为称字？褒之也。曷为褒之？为其与公盟也。与公盟者众矣，曷为独褒乎此？因其可褒而褒之。此其为可褒奈何？渐进也。"传文在此提出了一个很重要的观念，那就是所谓的"渐进"，"渐进"意思就是逐渐发展推进，何休把这种观念用在了例义的具体阐释活动中。渐进的观念指导何休在对例的总结以及阐释例义的活动中，使得例与义都有了一个很大的灵活空间。也就是说，在渐进的模式下，例不是一定的，也不是绝对不变的，而是不同。在不同的时间、空间以及具体情境下，例会有不同，这种不同就决定了例义的阐释也会不同。何休曾说："所传闻之世……内其国而外诸夏，先详内而后治外，录大略小，内小恶书，外小恶不书，大国有大夫，小国略称人，内离会书，外离会不书是也。于所闻之世，见治升平，内诸夏而外夷狄，书外离会，小国有大夫……至所见之世，著治大平，夷狄进至于爵。"①由此可见，何休之三世说，其实质仍是建立在渐进模式下，从而对公羊例进行

---

① 何休解诂，徐彦疏：《春秋公羊传注疏》，第 38 页。

了阐发。因此,三世说的出现,其实就是渐进观念的一种表现。只是何休并未像今人这样如此理性客观地加以阐释。他以丧礼为父母、祖父、曾祖父服丧时间的不同,来阐释三世说的出现,其实就是以礼来衡量三世观念下所蕴藏的《春秋》之义。这种礼是具有血缘关系的礼,是一种符合道德伦理的礼。我们知道,对于亲人的礼是一种等级分明的礼,由父亲到祖父再到曾祖父,关系由亲到疏,故相应的礼也就会渐进地发生变化。何休对三世的理解,可以说是以血缘为纽带的宗法社会制度下的产物。这种家庭式的伦理观进而发展至社会、政治中去,即会产生一系列的影响,诸如诸夏、夷狄在不同时代称谓的变化,大国、小国大夫称谓之不同,都是由于这种礼的影响,进而影响到了例的不同。

既然说到了这是一种渐进的模式,那么所谓的例、义方面的不同就是一种渐进式的不同,这决定了例义在道德伦理方面由低到高、由远及近的渐进式发展。所以,我们在把握何休的公羊例以及例义时,不能忽略这种支撑例存在的重要观念。这个观念没有像三科九旨那样被何休直接提出来,而是隐藏在传文中。何休虽然承袭了这个观念,但他并未给予过多的解释,所以我们在分析何休公羊例时多数会错过这一重要的观念。

既然此观念如此重要,那么何休如何运用这一观念去完成例与义的关联?可以结合具体的例子分析一下。首先可以通过对夷狄的不同称呼来说明这一问题。在儒家看来,中国、夷狄不可混同,中国之人守礼仪,而夷狄之人蛮荒无礼仪,更无文化可论。故中国之人多蔑视夷狄。在何休眼中,他对夷狄的看法与传统的儒家是一致的,故在他看来,《春秋》中对夷狄的称呼是一种渐进模式下的最好证明。如于楚始称荆,后称楚,其人称楚人,后称楚子,这种称呼是一种渐进式的不断变化的具有褒义的称名。传文对于称名例曾有一段说明,庄公十年传云:"州不若国,国不若氏,氏不若人,人不若名,名不若字,字不若子。"何休在"字不若子"下注云:"《春秋》假行事以见王法,圣人为文辞孙顺,善善恶恶,不可正言其罪,因周本有夺爵称国、氏、人、名、字之科,故加州文,备七等,以进退之。"[①]而庄公十年经:"秋,九月,荆败蔡师于莘。"对于经文为何称楚为荆,何休云:"不言楚而言荆者,楚强而近中国,卒暴责之,则恐为害深,故进之以渐,从此七等之极始也。"[②]楚为夷狄,在所传闻世,当进之以渐,从卑称进之,故称为荆。何休此处所以如此解释称名例,正是他认为《春秋》经对于楚这样的夷狄来说,在称名上当渐进地改变对楚的称名,这样既合乎礼,又可以降低楚在当时的地位,如此一来,楚之所行不义时,也不会对诸夏造成很大的伤害。可见,何休认为渐进地称名楚,不仅是合乎礼的等级性,也是《春秋》义的合理体现。

另外,还可以就何休的时月日例,说明这一情况。如《春秋》之例,徐彦疏:"若尊者之盟,则大信时,小信月,不信日,见其责也。若其微者,不问信与不信,皆书时,悉作信文以略之。"[③]徐彦根据《解诂》所云之例,正是何休例的还原。据此可以看出《公羊》盟例,尊者与卑者是不同的,这是由礼的等级性决定的。但同样,皆为尊者,相盟时,也会出现不同的情况。这时就需要以时月日例来作为评判,以是否合乎道德伦理为标准。故何休说大信书时,小信书月,不信书日。也就是书时月日,是以合乎信作为标准的。而对于卑者,其盟不管信与不信,皆书时。可见,

---

① 何休解诂,徐彦疏:《春秋公羊传注疏》,第 262 页。

② 何休解诂,徐彦疏:《春秋公羊传注疏》,第 263 页。

③ 何休解诂,徐彦疏:《春秋公羊传注疏》,第 34—35 页。

例的存在不仅有尊卑,还有信与不信,而信还分大信与小信。分析起来看似很混乱,其实都是渐进模式下的一种理解而已。前文已经说了,在渐进观念中,礼是重要的一环,礼的等级性决定了例的划分也必然有等级性。所以渐进式的理解也就是必然的。如盟例,卑者盟例必然与尊者盟例不同,这就是渐进式的观念。同样等级性相同时,结合具体时间下的情境,其盟会或信或不信,在道德伦理上的褒贬仍旧是不同的,不管褒或贬,也必须是渐进式的,故或书时,或书月,或书日。同样,变例亦是渐进观念下的产物。如隐公元年经云:"九月,及宋人盟于宿。"何休云:"微者盟书时。不能专正,故责略之。此月者,隐公贤君,虽使微者,有可采取,故录也。"①此处何休之所以详细注释,首先这段文字是对常例的违反,所以何休首先说了常例,进而说明变例之原由。何休解释常例书时时,他其实也有一个参照对象,即前文说的尊者盟例,所以何休才说:"不能专正,故责略之。"同样,此文作为变例,何休也就会参照常例作些解释。据何休的解释,正是由于微者所代表的君主是隐公,而隐公为贤君,所以他认为《春秋》这种书月之法是一种褒义,实质是对微者背后的贤君的称赞。可以说,由书时到书月,由常例到变例,皆渐进的观念使然,同样,如果书日,更是在书月基础上再渐进一步。

三、何休用例之分析

(一)常例与变例

既然知道了例是为了明义,那么何休是如何通过例以明义的呢? 通常来说,例有常例与变例,常例对应的就是常义,变例

---

① 何休解诂,徐彦疏:《春秋公羊传注疏》,第 34 页。

对应的就是变义，这是最基本的认识。何休用例释经的目的在于阐释《春秋》之义，那么我们必须首先搞清楚何休是如何运用例的，只有了解清楚何休用例的方式及特点，才能深入地了解何休这种由例以见义的经典阐释方式。由于何休对公羊例有自己的理解，所以在阐释《公羊传》的时候，他会刻意把这些例运用到经义的阐释中。通过仔细的分析，他用例来阐释经义也是有一定的规律可循。

首先是对常例的运用。常例分为两种情况，一种是传文中所说的例，这种例的出现可以说是早期公羊学者阐释《春秋》经义时的理解。至于《公羊传》中指出的例，何休采取接受的态度，即把这些例归结为正当合理的公羊例的一部分。如隐公三年传："外大夫不卒。"隐公四年传："外取邑不书。"桓公十年传："内不言战。"此在刘逢禄《春秋公羊经何氏释例》中归为内外例。

又僖公二十二年传："偏战不日。"二十三年传："诈战不日。"隐公三年传云："葬不及时而日，渴葬也；不日，慢葬也。过时而日，隐之也。不日，谓之不能葬也。当时而不日，正也。日，危不得葬也。"此刘氏归为时月日例。

又桓公三年传："诸侯越境逆女，非礼也。"襄公五年传："不言诸侯，离至不可得而序。"此刘氏归为名例。

又僖公三十年传："大夫无遂事，其言遂，公不得为政尔。"二十五年经："卫侯燬灭邢。"传云："名，绝之，灭同姓也。"此刘氏归为诛绝例。

以上只是略举例说明《公羊传》对例总结的情况，虽然传文所阐发的例远没有何休总结的例多，但传例对于何休概括和阐释公羊例起了很重要的作用，何休意识到这种以例见义的阐释经义方法的可行性，所以他对传文所阐发的条例并不排斥，且全盘接受。

除了传文自身的例之外,何休借鉴了胡毋生的公羊条例,只是关于胡的条例至今无记载可循,为了方便阐述,姑且看作是何休自己的理解与阐释。何休总结的常例,一是依据传文之例,在此基础上作的补充;二是通过对经文相同情况的概括,对条例加以总结。前一种情况相对较少,我们可以举例来具体认识一下。隐公四年:"冬,十有二月,卫人立晋。"传云:"立者何?立者不宜立也。其称人何?众立之之辞也。"何休云:"凡立君为众,众皆欲立之,嫌得立无恶,故使'称人'见众。言'立'也,明下无废上之义,听众立之,为立篡也。……月者,大国篡例月,小国时。立、纳、入皆为篡。卒日,葬月,达于《春秋》,为大国例。"①何休在传文"立者不宜立"的基础上,进行了发挥,不仅解释了立之为篡的原因,更是总结了多个例出来,如大国篡例月,小国书时;大国篡明则卒葬时当卒例日,葬例月。

第二种情况占据公羊例的大多数。关于何休总结的公羊例,我们无法看到何休当时关于公羊例的具体分类与总结,因为这些资料已经亡佚,我们只能根据刘逢禄的《春秋公羊经何氏释例》,然后辨别哪些为常例,哪些不是常例。何休在对例的阐发中,有时会具体指出相关的条例,而有时并不说明具体条例为何,我们只能根据他的注释来分析出相关的条例,也正因为这个原因,刘逢禄乃至后来的学者总结条例往往不仅无法达成一致,甚至有时难以称其为条例,或者对某些条例的挖掘还有待欠缺。因此,我们理解何休的常例必须谨慎,而且要挖掘注释中那些被隐藏的条例。不只是常例,讨论变例时,也不能忽略这种现象。

---

① 何休解诂,徐彦疏:《春秋公羊传注疏》,第74页。

　　由于变例是在常例的基础上产生并与常例相异的公羊例，所以何休格外重视这种情况。在具体的文本注释中，何休会通过具体情况的对比，突显出这种相异性。正因为变例与常例的冲突性，才为经义的阐释提供了广阔的平台。有了这一平台，何休便可以分析为何出现了与常例不同的现象，而这种矛盾的现象由于涉及具体时间的分析，亦导致何休在具体事件的阐释时具有较大的灵活性。这种灵活性丰富了公羊的条例，使得公羊例的数量增加，但也使例的运用走向极端，加之不同人对文本理解的差异化，也会使其遭受非议。

　　可以说何休在常例的基础上对变例的解读，是其用例的一大特点。因为，这种阐释方法，一来可以检验例的可靠性，一来可以说明例的变化，另外更重要的一点就是阐释经义，对经义的阐释才是例存在的根本目的。具体来说，何休阐释变例时，用例的情况可以具体分为以下几种。

　　首先，最常见的一种即是据常例而阐发变例。这种情况还可以具体分为两种情况，第一种是依据传文常例而阐发变例。如庄公三十二年传："君存称世子，君薨称子某，既葬称子，逾年称公。"此"逾年称公"乃常例，而成公四年经："郑伯伐许。"此即变例。何休云："未逾年君称伯者，时乐成君位，亲自伐许，故如其意，以著其恶。"[①]第二种是依据自己总结的常例而阐释变例。如诸夏称国例，常例是国名、爵名合称，变例则称国名。如郑称伯，夷狄则称之郑。成公三年经："郑伐许。"何休云："谓之郑者，恶郑襄公与楚同心，数侵伐诸夏。自此之后，中国盟会无已，兵

---

① 何休解诂，徐彦疏：《春秋公羊传注疏》，第716页。

革数起,夷狄比周为党,故夷狄之。"①又如隐公元年经:"三月,公及邾娄仪父盟于眛。"何休云:"君大夫盟例日,恶不信也。"由此,君大夫盟例日可视为常例,徐彦云:"言内君与大夫共他外盟之时,其书日,皆是恶其不信也。"②而变例则是书月或书时。据《春秋》经,常例有文公八年"冬,十月,壬午,公子遂会晋赵盾,盟于衡雍"。变例则有庄公十三年"冬,公会齐侯盟于柯"。此书时,表大信。

又隐公元年经云:"秋,七月,天王使宰咺来归惠公仲子之赗。"何休云:"所传闻之世,外小恶不书。书者,来接内也。"③徐彦疏云:"《春秋》之义,所传闻之世,外小恶皆不书。今此缓赗是外之小恶,当所传闻之世未合书见,而书之者,由接内故也。"④按徐彦疏解释得很明了:"所传闻之世,外小恶皆不书。"此为常例,此处反常例即为变例,所以何休解释书外之小恶是因为归赗之事与鲁国有关,因为《春秋》王鲁,所以才书之。

其次,是据常例、变例以明其他变例。这种情况主要是因为何休针对某些情况设定了常例,但在常例固定化的情况下,变例出现了多种情况,何休依据常例,对每一种变化都认定为是一种变例,所以变例有时不止一种,可能两种甚至多种。

如常例称夫人当称某氏,而变例就出现多种情况。隐公元年经云:"三月,遂以夫人妇姜至自齐。"按据常例"妇姜"当称"姜氏",但经文却说"妇姜",很显然与常例不符。传文认为是讥贬丧娶,所以才去氏称姜。但何休在传文的基础上进一步分析了

---

①　何休解诂,徐彦疏:《春秋公羊传注疏》,第715页。

②　何休解诂,徐彦疏:《春秋公羊传注疏》,第22页。

③　何休解诂,徐彦疏:《春秋公羊传注疏》,第33页。

④　何休解诂,徐彦疏:《春秋公羊传注疏》,第34页。

变例的情况,他认为变例有两种情况,一是去氏称姜,一是去姜称氏。僖公元年经云:"夫人氏之丧至自齐。"称氏,与此处称姜去氏不同,故何休认为之所以去姜或去氏,是因为变例有轻重之义。宣公元年经:"三月,遂以夫人妇姜至自齐。"何休云:"去氏比于去姜差轻,可言,故不讳贬夫人。"①另外,闵公二年经:"九月,夫人姜氏孙于邾娄。"何休云:"不如文姜于出奔贬之者,为内臣子明其义,不得以子绝母。"②此处夫人亦是出奔,但并未像文姜出奔不书姜氏,而是仍书姜氏,与常例及上面提到的两种变例不同,可以说是另外一种变例。左氏学者对于去氏认为亦是书法,故服虔云:"宣公既以丧取,夫人从,亦非礼,故不称姜氏,见略贱之也。"③只是左氏学者并未如何休详细而已。

又如君书葬例,常例君弑贼讨则书葬,如隐公四年经:"卫人杀州吁于濮。"变例君弑贼不讨则不书葬,如闵公二年经:"秋,八月,辛丑,公薨。"何休云:"不书葬者,贼未讨。"④还有一种变例即若其加弑者,虽不讨贼,亦书其葬,以其不亲弑,不责臣子之讨贼。如昭公十九年:"许世子止弑其君买。"但据传文许世子并未弑其君,故经云葬许悼公。

以上是对何休公羊例特点的简单分析。不可否认,何休条例有其局限性,后世的许多学者都已经指出了何休公羊例的诸多缺点,甚至有些学者全盘否定例的存在。总之,在漫长的《春秋》学发展史中,对于例的讨论很多,分析何休的公羊例,便要对其文本本身加以研究,研究例在经义阐释中的意义,而不必固囿

---

① 何休解诂,徐彦疏:《春秋公羊传注疏》,第603页。
② 何休解诂,徐彦疏:《春秋公羊传注疏》,第356页。
③ 刘文淇:《春秋左氏传旧注疏证》,北京:科学出版社,1959年,第610页。
④ 何休解诂,徐彦疏:《春秋公羊传注疏》,第355页。

于例之存在与否。毕竟经学有其时代性，而以例释经在汉代即为学者治经之一大特点。当然，何休在例的运用上有些地方还是稍显牵强，但我们必须承认何休运用一套条理化的公羊例去阐释经义，在某种程度上还是有助于理解《春秋》的微言大义。

（二）义例的深度解读

通观何休的《解诂》，其用例以释义可谓五花八门，如果不仔细辨别，加以归纳，那么对何休的公羊学的理解也将会是一知半解。范宁曾对《穀梁传》条例的混乱提出了解决之道，他说："文同而义异者甚众，故不可以一方求之。"①这种观点指明在理解《春秋》例时必须灵活，但这也隐含了例的不确定性以及经义阐释中的不合理性。当然，我们在理解何休公羊例时，也必须以范宁之说作为理解何休例的前提条件，这样才会较为全面地理解何休的公羊例。前文已提到，他用例无非是常例与变例两种类型，很显然如果单纯地用例并不能够完整地阐释经义，还需要借助一些辅助手段，这样，经义才会显得圆润和立体。

首先，何休针对某例，会作出一番解释以传达其中的意思。如隐公七年经："冬，天王使凡伯来聘。戎伐凡伯于楚丘以归。"何休云："中国者，礼义之国也。执者，治文也。君子不使无礼义制治有礼义，故绝不言执，正之言'伐'也。执天子大夫而以中国正之者，执中国尚不可，况执天子之大夫乎？所以降夷狄、尊天子为顺辞。"②按此乃是针对执例而发。按常例诸夏诸侯相执则当书执，但戎为夷狄，根据诸夏、夷狄内外之理念，夷狄执天子之大夫，即是违背内外有别之理念。所以何休说《春秋》经书"伐"，

---

① 范宁集解，杨士勋疏：《春秋穀梁传注疏》隐公二年注，第 12 页。

② 何休解诂，徐彦疏：《春秋公羊传注疏》，第 97 页。

本质是"执"，只是因为戎为夷狄，无礼义，当贬之称为"伐"，其意在"降夷狄，尊天子"。在此例中，我们看到，这里面针对常例而出现的变例就是夷狄执中国，不书执而书伐。何休进而解释书执而不书伐背后隐藏的意义，这样我们才明白书伐之原由。

又桓公五年经："秋，蔡人、卫人、陈人从王伐郑。"传云："从王，正也。"何休云："称人者，刺王者也。天下之君，海内之主，当秉纲撮要，而亲自用兵，故见其微弱，仅能从微者，不能从诸侯，犹莒称人，则从不疑也。不使王者首兵者，本不为王举也。知实诸侯者，以美得正。"①按此针对称谓例而发。依据常例，蔡、卫、陈等当书侯爵，而经文此处称人，即以大夫称人例之，可见其中贬义。故何休解释说，此所以称人，是讽刺周天王讨伐郑国，但随从者皆为诸夏小国，无大国愿意跟从。亦明周天子权力下移，讨伐郑国尚且亲自用兵，可见其微弱。此处何休分析称人例之原由。

由以上二例，我们可以看出，何休的注释基本是围绕某例而展开论说的。其如此详细的说明、解释，实则是因为很多时候，只是简单地标举此为何例，此符合某例，在阐释者自身来说，他是知道原因的，但对于阐释者之外的人来说，并不清楚，为何此处是此例，彼处是变例。何休通过一番解释，让他之外的阅读者可以清晰明了，这是一种原因。另外一种原因，何休针对某些条例，通过细致的解释，可以弥补条例的逻辑性缺失，同时也使事实或意义的叙述不至于显得淆乱。

对于有些条例，基本不用解释就可以明其义的，何休往往不会再浪费口舌进行过多的解释。如庄公二十三年经："萧叔朝

---

① 何休解诂，徐彦疏：《春秋公羊传注疏》，第143页。

公。"何休云："时公受朝于外，故言'朝公'，恶公不受于庙。"①按常例诸侯来曰朝，经文当书"某来朝"。但此处萧叔朝公，是违反常例的，且来朝公当受之于太庙，此处书"朝公"非朝于太庙，于礼不合。此义隐公十一年何休已经说明了，故此处据该文即可知晓，不需再解释。

又成公十三年经："三月，公如京师。"何休云："月者，善公尊天子。"②按常例公朝书时，此处变时为月，乃是善录成公能以礼朝天子。此由例即可见义，故不详述。

除了以上所说的情况，何休在用例的同时，会结合一些辅助手段，以帮助他更有效地传达经义。这些手段，大致有以下两种，第一种，例与礼的结合；第二种，例与史事的结合。

第一种：例与礼的结合。例与礼之相结合，在何休公羊例中十分常见，前文我们已经提到例与礼的关系十分密切，有些例就是直接由礼而来。所以在观察何休用例时，往往会从中发现他为了阐释公羊例的合理存在，很多时候就会涉及许多礼的问题，既有具体的礼制，也有抽象的礼义。如隐公七年经："滕侯卒。"传云："何以不名？微国也。微国，则其称侯何？不嫌也。《春秋》贵贱不嫌同号，美恶不嫌同辞。"何休云："滕，微国，所传闻之世未可卒，所以称侯而卒者，《春秋》王鲁，托隐公以为始受命王，滕子先朝隐公，《春秋》褒之，以礼嗣子得以其礼祭，故称侯见其义。"③此处何休首先就例展开了讨论。就小国来说，所传闻之世不书卒，此为常例。但滕侯作为小国，却书卒，违反常例，所以何休就此变例作出了解释。他认为《春秋》经所以书滕侯卒，是因

---

① 何休解诂，徐彦疏：《春秋公羊传注疏》，第301页。
② 何休解诂，徐彦疏：《春秋公羊传注疏》，第747页。
③ 何休解诂，徐彦疏：《春秋公羊传注疏》，第94页。

为滕侯之行为合乎礼,这个礼就是朝聘之礼。滕作为小国,理应朝鲁,因为"《春秋》王鲁,托隐公以为始受命王",朝鲁国就代表了朝聘理想中的天王,这是合乎礼的,因此《春秋》书其卒是为了褒扬滕侯之行为顺应朝聘之礼,值得肯定。何休从礼的角度解释滕侯书卒这种变例,是就常例来证明变例的存在,同时阐释变例背后之原由,以证明这种例的合理性。

又如前引隐公七年经:"冬,天王使凡伯来聘。戎伐凡伯于楚丘以归。"何休云:"中国者,礼义之国也。执者,治文也。君子不使无礼义制治有礼义,故绝不言执,正之言'伐'也。执天子大夫而以中国正之者,执中国尚不可,况执天子之大夫乎?所以降夷狄、尊天子为顺辞。"①按此段文字乃是就书执、书伐之例而发。《春秋》书执例是诸夏之国间相执,才可书执,而夷狄、诸夏之间,则不可书执,而是书伐。其实这里首先是隐公时代,为所传闻之世,内其国而外诸夏,所以夷狄根本不在《春秋》考虑的范围之内,此时夷狄还是蛮荒无礼义之程度,只有所见世才进称爵。所以从合乎礼的角度来说,夷狄无礼义,与诸夏不可比拟。故何休说:"君子不使无礼义制治有礼义。"那么夷狄之执天子之大夫,何休必然会从礼的方面痛责夷狄的非礼行为,所以他认为《春秋》对于夷狄执凡伯之事书伐,正是书法的一种展现,而书伐实为"所以降夷狄、尊天子为顺辞"。以此见《春秋》之义,正夷狄非礼之行为。

另外,礼还蕴含着所谓的道德伦理,就是我们通常所说的仁义忠信等儒家观念,这在何休注释中贯穿始终。例有时并不能直接明义,这时就需要解释一番,而道德伦理可以说与义关系密

---

① 何休解诂,徐彦疏:《春秋公羊传注疏》,第 97 页。

切。因而说明例背后与道德伦理有关的内容，其义也就自然明了。如隐公五年经："宋人伐郑，围长葛。"传云："邑不言围，此其言围何？强也。"何休云："至邑虽围，当言'伐'，恶其强而无义也。必欲为得邑，故如其意，言'围'也。"①按常例伐国当言伐不当言围，此处所以言围，在明宋"强而无义"，此强而无义即是从道德伦理的角度批评宋国之行不义之事。此书伐、书围例可一目了然。

又如书及、书暨，其所蕴含的意义是不同的。隐公元年传云："及，犹汲汲也。暨，犹暨暨也。及，我欲之。暨，不得已也。"有关二者的不同，传文已经说明，而何休在作注时，赋予二者更深的意义。他说："举及、暨者，明当随意善恶而原之。欲之者，善重恶深。不得已者，善轻恶浅。所以原心定罪。"②由于传文的解释并不清楚，何休需要对此二者的意义加以区别界定，而其赋予"及"、"暨"不同的道德含义，以善恶之轻重来阐释《春秋》经用"及"及用"暨"的区别，这种方式既界定书及、书暨之例，又对此二例所表示的含义阐释了一番。

第二种，例与史事的结合。隐公十一年经："秋，七月，壬午，公及齐侯、郑伯入许。"何休云："日者，危录隐公也。为弟守国，不尚推让，数行不义，皇天降灾，谄臣进谋，终不觉悟，又复构怨入许，危亡之衅，外内并生，故危录之。"③此例即是指入例，而入之常例就是入例时，此处书日很显然是一种变例。隐公二年何休注："入例时，伤害多则月。"④此处书日，也就是由时到月再到

----

① 何休解诂，徐彦疏：《春秋公羊传注疏》，第 89 页。
② 何休解诂，徐彦疏：《春秋公羊传注疏》，第 19 页。
③ 何休解诂，徐彦疏：《春秋公羊传注疏》，第 109 页。
④ 何休解诂，徐彦疏：《春秋公羊传注疏》，第 48 页。

日,伤害程度逐渐加深,可以说入例月、例日对于入例时来说都是一种变例,这种变例,何休认为是"危录隐公",也就是对隐公之行为表示担忧。何休把史事罗列出来,便是对其书日原由的最好解答。当然,这里也有道德方面的谴责。

又隐公五年经:"春,公观鱼于棠。"传云:"何以书? 讥。何讥尔? 远也。公曷为远而观鱼? 登来之也。百金之鱼,公张之。登来之者何? 美大之之辞也。"何休云:"其言大而急者,美大多得利之辞也。实讥张鱼而言'观',讥远者,耻公去南面之位,下与百姓争利,匹夫无异。故讳使若以远观为讥也。诸讳主书者,从实也。观例时,从行贱略之。"①按此处云隐公到棠地观鱼,依照常例,鲁公之事当有所避讳,然何休认为《春秋》经在此处是据实书写,与常例不同。何休此文涉及两个《春秋》例,一个是避讳例,一个是观例。何休首先对隐公此次的行事叙述一番,然后说出二例,正是例与史事的有效结合。

---

① 何休解诂,徐彦疏:《春秋公羊传注疏》,第 80 页。

第三章　何休公羊礼考论

第一节　何休相关礼学文献

据文献记载，何休不仅精于公羊学，亦精通《易》、《尚书》、《诗》、《韩诗外传》、《礼》、《左传》、《穀梁》，还为《孝经》、《论语》、风角七分作注，作《公羊墨守》、《左氏膏肓》、《穀梁废疾》、《冠仪约制》等。

何休注释公羊学，专守今文经学之师法，因而释经不采《周礼》、《左传》等古文经学之说。《春秋》三传涉及礼制的内容很多，而何休的今文经学倾向，导致他对礼学的认识呈现一种独特的面貌。因此，考论何休之礼学，及其与古文经学者在礼制理解上的异同，不仅有助于了解何休阐释公羊学的思路与方法，同时能够更深刻地理解汉代今文经学与古文经学之间的关系与区别。

今研究何休的礼学，主要从以下文献入手。首要便是《解诂》，此书为唯一完整流传下来的何休著作，有关礼制的阐释，皆散落在注释文字中，但涉及内容比较广泛，为研究何氏礼学的主要材料。另外,还有《公羊墨守》、《左氏膏肓》、《穀梁废疾》、《冠仪约制》等文中的材料,但这四部书早已亡佚,今只能据清人辑佚的零散篇章进行考察,其中《冠仪约制》据马国翰《玉函山房辑佚书》卷二十一所辑只有一条,于此研究无所裨益,故不予采纳。

何休作为东汉末年的博通之人,其释礼的材料非常丰富,概括起来主要有两个重要途径。一是来自经传之文,尤以《仪礼》、《礼记》为主。此外,还有如《尚书大传》、《大戴礼记》、《公羊传》、《韩诗外传》、《穀梁传》、《尔雅》、《逸礼》等。二是来自师说。史书说他与其师羊弼追述李育意以难左氏学者,可知何休对前辈学者的经说还是有所吸收的。

如隐二年经:"九月,纪履緰来逆女。"何休云:"礼,所以必亲迎者,所以示男先女也。于庙者,告本也。夏后氏逆于庭,殷人逆于堂,周人逆于户。"①此出自《礼记·昏义》。

宣公十五年经:"初税亩。"何休云:"十井共出兵车一乘。"②《论语》包咸注:"古者井田,方里而井,井十为乘。"按包咸为东汉初年人,习《鲁诗》、《论语》,《后汉书·儒林传》有传。据陈立《白虎通疏证》,何、包所释依据《礼记·王制》。③

隐公七年经:"春,王三月,叔姬归于纪。"何休云:"妇人八岁备数,十五从嫡,二十承事君子。"④疏文云出自《尚书大传》。⑤

宣公十二年经:"夏,六月,乙卯,晋荀林父帅师及楚子战于邲,晋师败绩。"何休云:"礼,天子造舟,诸侯维舟,卿大夫方舟,

① 何休解诂,徐彦疏:《春秋公羊传注疏》,第53页。
② 何休解诂,徐彦疏:《春秋公羊传注疏》,第679页。
③ 陈立:《白虎通疏证》,北京:中华书局,1994年,第9页。
④ 何休解诂,徐彦疏:《春秋公羊传注疏》,第92页。
⑤ 按许慎《五经异义》中之案语亦同《尚书大传》。参见皮锡瑞:《尚书大传疏证》,《皮锡瑞全集》(第一册),北京:中华书局,2015年,第25页。

士特舟。"①按此为解释名物,徐彦疏云为《尔雅·释水》文,凌曙《公羊礼疏》云《毛传》之文同。

其次,何休也引谶纬之礼。据徐彦疏,有《春秋》纬、礼纬等谶纬之书。

《左传》云:"日有食之,鼓用牲于社,非常也。"何休《左氏膏肓》云:"立推度以正阳,日食则鼓,用牲于社,朱丝营社,鸣鼓胁之。《左氏》云用牲非常,明《左氏》说非夫子《春秋》,于义《左氏》为短。"②此处即用纬书《春秋感精符》之文。

庄公三十一年经:"春,筑台于郎。"何休云:"礼,天子外屏,诸侯内屏,大夫帷,士簾,所以防泄慢之渐也。礼,天子有灵台,以候天地,诸侯有时台,以候四时。"③徐彦疏云此皆为《礼说》文,按《礼说》,即《礼》之纬书,皆汉人解经之纬书,然亦并非无据。此文前一句,郑玄《礼记·郊特牲》注文与此同,而下一句《诗·灵台》郑笺文与此文意同。

何休注还有些来自《逸礼》,如隐公三年经:"癸未,葬宋缪公。"何休云:"礼,天子七月而葬,同轨毕至;诸侯五月而葬,同盟至;大夫三月而葬,同位至;士逾月,外姻至。"④陈立《白虎通疏证》云:"《左传》隐元年亦有此语,何氏所据,盖《逸礼》也。"⑤

另外,就是对前人师说或经说的借鉴。我们知道《白虎通》、《五经异义》等多载今文经说,其中有关礼制的阐释与何休看法

---

① 何休解诂,徐彦疏:《春秋公羊传注疏》,第 667 页。

② 郑玄注,孔颖达疏:《礼记正义》,上海:上海古籍出版社,2008 年,第 1789 页。

③ 何休解诂,徐彦疏:《春秋公羊传注疏》,第 334 页。

④ 何休解诂,徐彦疏:《春秋公羊传注疏》,第 64 页。

⑤ 陈立:《白虎通疏证》,第 557 页。关于《逸礼》,刘师培曾有所研究,参见《汉代古文学辩诬》。

一致的很多,何休在当时应有所参考。我们通过何休注与《白虎通》文相比对,发现二者在礼制的理解上相同的很多。可以认为何休与此书关系密切,毕竟《白虎通》中对礼制的解释很多都是来自经书或各学派之师说,所以考察何休的礼学,有必要参考《白虎通》。

如隐公元年经:"九月,纪履緰来逆女。"传文:"婚礼不称主人。"何休云:"为养廉远耻也。"①《白虎通·嫁娶》云:"男不自专娶,女不自专嫁,必由父母,须媒妁何? 远耻防淫泆也。"②此处何休释"婚礼不称主人"的礼义,与《白虎通》"远耻防淫泆也"的意思相符。

隐公元年经:"秋,七月,天王使宰咺来归惠公、仲子之赗。"何休云:"王者据土,与诸侯分职,俱南面而治,有不纯臣之义。故异姓谓之伯舅、叔舅,同姓谓之伯父、叔父。"③《五经异义》引《公羊》说:"诸侯不纯臣。"④《白虎通·王者不臣》云:"王者不纯臣诸侯何? 尊重之,以其列土传子孙,世世称君,南面而治。"⑤按《白虎通》此说应为今文经师说,何休之说明显继承自前人,而非自我创造。

隐公元年传:"子以母贵"。何休云:"礼,妾子立则母得为夫人。夫人成风是也。"⑥《五经异义》载《公羊》说:"妾子立为君,母得称夫人。"⑦可见何休之所本。

---

① 何休解诂,徐彦疏:《春秋公羊传注疏》,第 52 页。
② 陈立:《白虎通疏证》,第 452 页。
③ 何休解诂,徐彦疏:《春秋公羊传注疏》,第 33 页。
④ 陈寿祺:《五经异义疏证》,上海:上海古籍出版社,2012 年,第 185 页。
⑤ 陈立:《白虎通疏证》,第 320 页。
⑥ 何休解诂,徐彦疏:《春秋公羊传注疏》,第 18 页。
⑦ 陈寿祺:《五经异义疏证》,第 192 页。

据此可知,何休继承师说阐释《公羊传》,是其一个重要特点,这也说明何氏在一些重要经传的理解上,并非闭门独造,而是有明确的师说渊源。

第二节 《公》、《左》之争视域下何休对礼制的阐释

一、何休与东汉早期今古文经学者的礼制阐释

西汉末年,刘歆开启了今古文经学之争。至东汉,这种争论的焦点便集中在公羊学与左氏学之间。东汉前期主要是贾逵与李育的争论,后期则是郑玄与何休的争论。东汉后期今文章句学衰落,而古文左氏学却不断壮大,加之贾逵等古文学者对今文学的批判,使得今文经学者感到危机重重。何休在《解诂》的叙文中便流露出对古文经学者贾逵等人的不满。据史书记载,贾逵通过学术和政治行为,对公羊学进行了一定的攻击。学术上,贾逵作《春秋左氏长经》、《春秋左氏解诂》、《春秋三家经本训诂》等①,贾氏不仅为经书作传,还借用谶纬②,以扩大古文经学之影响。政治上,"逵数为帝言古文《尚书》与经传《尔雅》诂训相应,诏令撰欧阳、大小夏侯《尚书》古文同异。逵集为三卷,帝善之。复令撰齐、鲁、韩《诗》与毛氏异同。并作《周官解故》。迁逵为卫

---

① 曾贻芬:《隋书经籍志校注》,北京:商务印书馆,2021 年,第 125、126、149 页。

② 贾逵云:"至光武皇帝,奋独见之明,兴立《左氏》、《穀梁》,会二家先师不晓图谶,故令中道而废。""五经家皆无以证图谶明刘氏为尧后者,而《左氏》独有明文。"(《后汉书·贾逵传》,第 1237 页)可知贾逵用谶纬之意。

士令。八年，乃诏诸儒各选高才生，受《左氏》、《穀梁春秋》、《古文尚书》、《毛诗》，由是四经遂行于世"①。

公羊学者李育曾与贾逵争论于白虎观，"育以《公羊》义难贾逵，往返皆有理证"，"颇涉猎古学。尝读《左氏传》，虽乐文采，然谓不得圣人深意，以为前世陈元、范升之徒更相非折，而多引图谶，不据理体，于是作难《左氏》义四十一事"。② 而贾逵曾作"《春秋》大义四十条以抵《公羊》"。③ 其实，贾逵这种做法正是与左氏学者郑众如出一辙。徐彦说："郑众亦作《长义》十九条、十七事，专论《公羊》之短、《左氏》之长，在贾逵之前。何氏所以不言之者，正以郑众虽扶《左氏》而毁《公羊》，但不与谶合，帝王不信，毁《公羊》处少，兴《左氏》不强，故不言之。"④可知郑众之时，对公羊学的反驳力度还不是很大。至贾逵时，援谶纬以提高左氏学的政治地位，才使得左氏学影响力逐渐增大。故何休说："至使贾逵缘隙奋笔，以为《公羊》可夺，《左氏》可兴。"⑤他看到了贾逵在左氏学发展中所起的关键性作用，但也可以品味出何氏对左氏学的不满，因为在他眼中公羊学才是代表了圣人之意。而贾逵在今古学争辩中的胜利，也使得何休看到了公羊学者自身的诸多缺陷。他在序中即道出了公羊学者的一些问题，如"说者疑惑"，此即批评严颜学派不理解经传文，进而导致"倍经任意、反传违戾者"的出现；而为了维护自我说法的权威性，则"是以讲诵师言，至于百万，犹有不解。时加酿嘲辞，援引他经，失其句读，

① 范晔：《后汉书·贾逵传》，第 1239 页。
② 范晔：《后汉书·李育传》，第 2582 页。
③ 杜预注，孔颖达疏：《春秋左传正义》，第 6 页。
④ 何休解诂，徐彦疏：《春秋公羊传注疏序》，第 7 页。
⑤ 何休解诂，徐彦疏：《春秋公羊传注疏序》，第 7 页。

以无为有"，也就是说公羊学者以繁琐形式阐释《公羊传》的同时，趋于主观独断，偏离了经传文本，添加了许多谶纬等诸多本来与经传无关的内容。这些现象在其后的公羊学者中也不断被沿袭或继承，因此何休面对公羊学自身的弊端以及左氏学的冲击，不得不针对前辈公羊学的阐释作出一番自我改良。可见何休对《公羊传》的全面解读具有明确的主观性和目的性。因此，我们在观察何休对礼制的解读时，将其放在这种《公》《左》之争的背景下去理解，会得出较为清晰的脉络。

何休在解读公羊礼时，既有对前贤公羊礼说的继承，也有自己的独特理解，这是他对公羊学自身问题的改良。这点我们可以依据《白虎通义》与《五经异义》，比较何休与公羊学说的异同。

三传关于礼制的阐释有很多不同处，而何休作为公羊的坚定支持者，秉持公羊师说中对礼制的解读，这一点从《白虎通》中关于礼制的论述可见一斑，另外许慎的《五经异义》中所引公羊说及相关今文经说都可看出《白虎通》作为今文经学说的集成，保留了许多经师之说，而何休正是把这些经义集成并融入自己的注释中。

如《白虎通·封公侯》云："三公、九卿、二十七大夫、八十一元士，凡百二十官，下应十二子。"[①]《公羊传·桓公八年》何休注："天子置三公、九卿、二十七大夫、八十一元士，凡百二十官，下应十二子。"[②]

《白虎通·嫁娶》云："妇事夫，有四礼焉。鸡初鸣，咸盥漱，栉縰笄总而朝，君臣之道也。恻隐之恩，父子之道也。会计有

---

① 陈立：《白虎通疏证》，第132页。

② 何休解诂，徐彦疏：《春秋公羊传注疏》，第163页。

无,兄弟之道焉。闺阃之内,衽席之上,朋友之道焉。"①《公羊传·庄公二十四年》何休注:"妻事夫有四义:鸡鸣,縰筓而朝,君臣之礼也;三年恻隐,父子之恩也;图安危可否,兄弟之义也;枢机之内,寝席之上,朋友之道。不可纯以君臣之义责之。"②

《白虎通》中引谶纬以解经的现象十分普遍,这与东汉初年古文经学者竭力反对谶纬不同,这说明当时的今文经学者在帝王宣扬谶纬神圣性的权威之下,普遍接受了谶纬与五经的密切关系。《白虎通》中谶纬学说涉及多方面,其中于礼制亦不乏阐释。而何休也明显借鉴了这种阐释模式,所以《白虎通》中有些礼制来自谶纬,而何休在参考《白虎通》中的相关学说时也对此有所引用。

如《公羊传·襄公二十九年》云:"阍者何?门人也。"何休云:"古者肉刑:墨、劓、膑、宫,与大辟而五。"③徐彦疏:"知五刑为此等者,正以《元命包》云'墨劓辟之属各千,膑辟之属五百,宫辟之属三百,大辟之属二百,列为五刑,罪次三千'是也。"④而《白虎通义》同样也引用了谶纬说,云:"五刑之属三千,大辟之属二百,宫辟之属三百,腓辟之属五百,劓、墨辟之属各千。"⑤

另外,我们通过《白虎通义》"或说"的记载,可以发现何休在面对前辈诸多学说时,是有所抉择的。比如:"《春秋传》曰:'合伯子男为一爵。'或曰:合从子,贵中也。以《春秋》名郑忽,忽者,郑伯也。此未逾年之君,当称子,嫌为改伯从子,故名之也。"⑥

---

① 陈立:《白虎通疏证》,第 487 页。
② 何休解诂,徐彦疏:《春秋公羊传注疏》,第 304 页。
③ 何休解诂,徐彦疏:《春秋公羊传注疏》,第 884 页。
④ 何休解诂,徐彦疏:《春秋公羊传注疏》,第 884 页。
⑤ 陈立:《白虎通疏证》,第 439 页。
⑥ 陈立:《白虎通疏证》,第 13 页。

《公羊传·桓公十一年》何休注:"《春秋》改周之文,从殷之质,合伯、子、男为一,一辞无所贬,皆从子,夷狄进爵称子是也。忽称子,则与《春秋》改伯从子辞同,于成君无所贬损,故名也。"[1]何休此处所云即《白虎通》所云,意在说明经文称"子"乃是以"子"统一"伯子男"之称,虽然伯子男为一爵,但何休是依据文质之说,改周之文,从殷之质,则五等必然变成三等。而"从子则贵中也",就是依据文质说加上经文辞例总结出来的。因此,我们可以看到何休在解读礼制时,是对经传文有一个整体的考虑,在其指导观念以及例法的依据下而得出的解读。

还有一点就是,何休在阐释礼制时,有时文字比较简略,但依据《白虎通》,我们可知其说之渊源,而且较何休更为清晰。如《公羊传·桓公十八年》何休云:"礼,诸侯薨,天子谥之。"《白虎通》云:"诸侯薨,世子赴告于天子,天子遣大夫会其葬而谥之。"[2]《公羊传·桓公十八年》何休云:"卿大夫受谥于君。"[3]《白虎通》云:"卿大夫老归死者有谥何?谥者,所以别尊卑,彰有德也。卿大夫归无过,犹有禄位,故有谥也。"[4]

何休的解释过于简略,我们借助《白虎通义》的解读则会比较容易理解天子如何给诸侯赐谥号,以及诸侯为何赐大夫谥号,同时还会看到背后隐藏的道德伦理意义。

据此可知,何休对礼制的阐释背后都有一定的文本或学说依据,毕竟制度的解读需要依靠有力的证据,而何休许多解读的文字都与《白虎通义》有关,也说明何休对今文经师说、家法的继

---

① 何休解诂,徐彦疏:《春秋公羊传注疏》,第 174 页。

② 陈立:《白虎通疏证》,第 72 页。

③ 何休解诂,徐彦疏:《春秋公羊传注疏》,第 193 页。

④ 陈立:《白虎通疏证》,第 73 页。

承与重视。这就提醒我们，何休对《公羊传》的注释仍是汉代今文经学意识形态下的产物，他虽然对严、颜学派显露出不满，但并未抛弃公羊学的学术传统。

前面探讨了《白虎通义》与何休解读礼制的关系，下面依据《五经异义》，再与何休比较一下，这样就会比较全面地了解何休公羊礼学观。《五经异义》，东汉许慎著，许慎作为东汉的古文经学者，就每一问题，皆罗列今文说与古文说，同时衡量今古文说，并下案语，阐明自己的观点。其中，许慎或同意古文说，或赞成今文说，若二说皆不赞同，则提出自己的见解。此书后世亡佚，清人勤苦辑佚得以窥见其大体。书中涉及经学的许多方面，且多与礼制有关。其中引《公羊》之说很多，而这些说法多为何休之前公羊学者的观点，我们通过二者之比较，发现与何休同者有之，然亦有《公羊》说与何休说法相左者。今把不同之说举例如下，以说明何休对《公羊》礼的理解。

　　1.《公羊》说：天子无下聘义。《周礼》说：间问以谕诸侯之志。许慎谨案：礼，臣疾，君亲问之，天子有下聘之义，从《周礼》说。①

按：《公羊传·隐公七年》："天王使凡伯来聘。"何休云："古者诸侯有较德、殊风、异行，天子聘问之，当北面称臣，受之于大庙，所以尊王命，归美于先君，不敢以己当之。"②孔广林曰："郑君注'间问'云：'王使臣于诸侯之礼'，是与许君同也。"据此，何休与郑玄的观点相同，但何休并未用《周礼》，而是认为此礼之实行，实为尊王命，即在何休看来，礼的实施有其大义在内，这就是

---

　　①　陈寿祺：《五经异义疏证》，第 137 页。
　　②　何休解诂，徐彦疏：《春秋公羊传注疏》，第 96 页。

以礼来阐释《公羊》大义。何休此论与《公羊》说不同,虽然与郑玄都承认天子有下聘之说,但二人得出此结果的途径却是不同的。郑玄所依据的是《周礼》,何休所依据的当出自师说或自己的理解。

> 2.《礼》戴说:天子亲迎。《春秋公羊》说:自天子至庶人(案"庶人"下当有"娶"字,见《毛诗正义》)皆亲迎。《左氏》说:天子至尊无敌,故无亲迎之礼,诸侯有故若疾病,则使上大夫迎,上卿临之。[①]

按襄公十五年经:"刘夏逆王后于齐。"传:"刘夏者何?天子之大夫也。"何休云:"礼,逆王后当使三公,故贬去大夫,明非礼也。"[②]据此,知何休以为天子不必亲迎。然此处《异义》引《礼》戴说却云天子亲迎。可知,今文经学者多主天子亲迎,而何休之观点反而与左氏家之说合(郑玄说则同《礼》戴说)。然细考之,何休所依据乃是《公羊传》,其中桓公八年经云:"冬,十月,祭公来,遂逆王后于纪。"传:"祭公者何,天子之三公也。"据《五经异义》,郑玄所依据的是《诗经》与《礼记》。

> 3. 天子驾数,《易孟》、《京》、《春秋公羊》说:天子驾六。《毛诗》说:天子至大夫同驾四,士驾二。[③]

按隐公元年传:"以乘马束帛。"何休云:"礼,大夫以上至天子,皆乘四马,所以通四方也。"[④]何休与《毛诗》说同,但据何休注文,可知其依据的是《仪礼》。《公羊》说与《逸礼·王度记》同。

---

① 陈寿祺:《五经异义疏证》,第145—146页。
② 何休解诂,徐彦疏:《春秋公羊传注疏》,第836页。
③ 陈寿祺:《五经异义疏证》,第175页。
④ 何休解诂,徐彦疏:《春秋公羊传注疏》,第29页。

这说明何休对礼的解读有所衡量，并非拘泥于公羊师说。

4.《公羊》说：臣子已死，君父犹名之。孔子云："鲤也死"，是已死而称名。[①]

按桓公二年何休云："礼，臣死，君字之。"[②]此处《左氏》说："既没，称字而不名，桓二年，'宋督弑其君与夷及其大夫孔父'，先君死，故称其字。"《穀梁》同《左氏》说。据此，何休与《左氏》、《穀梁》说同，与《公羊》说异。很明显何休依据的是《春秋》经文。

由此四条简单分析，可以看出何休释礼并非仅仅固守公羊前贤之说，而是有自己的独特思考。这也启示我们，前人所云的今文经与古文经的简单区分方式并非合理。至少从这几个例子中可以看出，同为今文经学者的看法也会不同，同样古文经学者之间的见解亦有相左处，而且两派之间的看法有时还会有相似处。另外，还需注意，何休虽然观点有与《左氏》说相同者，但何休所依据的途径或材料来源并不一定与《左氏》学者相同。

另一方面，何休对公羊礼的解读也充分体现了他对《左氏》学说的排斥与摒弃。具体来说，何休阐释经典存有强烈的主观意识，反映在解释礼制时，他会拒绝一些相关的《左氏》学说，而且有意识地针对古文经说，提出与之相反的解读。如：

1. 隐公摄位说。贾逵、服虔云："公实即位，孔子修经，乃有不书。不书即位，所以恶桓之篡。"[③]何休在《左氏膏肓》中说："古制诸侯幼弱，天子命贤大夫辅相为政，无摄代之义。昔周公居

---

①　陈寿祺：《五经异义疏证》，第 203 页。
②　何休解诂，徐彦疏：《春秋公羊传注疏》，第 123 页。
③　刘文淇：《春秋左氏传旧注疏证》，第 5 页。

摄,死不记崩;今隐公生称侯,死称薨,何因得为摄者?"①可知,贾逵据《左传》认为隐公摄位,何休则依据《公羊传》否定《左氏》说。二人依据传文不同,故认识也就不同。

2.天子有爵说。《公羊传·成公七年》何休云:"王者号也,德合元者称皇。孔子曰'皇象元,逍遥术,无文字,德明谥';德合天者称帝,河洛受瑞可放;仁义合者称王,符瑞应,天下归往;天子者爵称也,圣人受命皆天所生,故谓之'天子'。"②《白虎通·爵》云:"天子者,爵称也。爵所以称天子何?王者父天母地,为天之子也。"③据此处苏舆注,《春秋繁露》《周易乾凿度》皆云天子无爵。据《五经异义》,《易》孟氏、京氏也持天子有爵说。古《周礼》说认为天子无爵。许慎说:"《春秋左氏》云施于夷狄称天子,施于诸夏称天王,施于京师称王,知天子非爵称,从古《周礼》义。"④贾逵云:"诸夏称天王,畿内曰王,夷狄曰天子。"⑤据此许慎所云《春秋左氏》云正是贾逵所论,为《左氏》旧说无疑。按逸礼《辨名记》云天子无爵⑥,则天子无爵说古已有之。何休采用今文师说,可能正是出于对贾逵说的排斥。

3.世卿说。隐公三年经:"夏,四月,辛卯,尹氏卒。"传:"世卿,非礼也。"何休云:"礼,公卿大夫士皆选贤而用之。卿大夫任重职大,不当世。为其秉政久,恩德广大,小人居之,必夺君之威权。故尹氏世,立王子朝,齐崔氏世,弑其君光。君子疾其末则

① 杜预注,孔颖达疏:《春秋左传正义》,第34页。
② 何休解诂,徐彦疏:《春秋公羊传注疏》,第727页。
③ 陈立:《白虎通疏证》,第1—2页。
④ 陈寿祺:《五经异义疏证》,第169页。
⑤ 杜预注,孔颖达疏:《春秋左传正义》,第445页。
⑥ 何休解诂,徐彦疏:《春秋公羊传注疏》,第728页。

正其本。"①宣公十年何休云："复见讥者,嫌尹氏王者大夫,职重,不当世,诸侯大夫任轻可世也。因齐大国祸著,故就可以为法戒,明王者尊莫大于周室,强莫大于齐国,世卿犹能危之。"②据许慎《五经异义》,《公羊》、《榖梁》说："卿大夫世,则权并一姓,妨塞贤路,专政犯君。"③可知何休与《公羊》说都认为不可世卿,原因就在于职大专权。据何休解释,"公卿大夫士皆选贤而用之。卿大夫任重职大,不当世",可知"世"正是指"世位"。而《左氏》说却云："卿大夫得世禄,不得世位。"④何休此处并未区分世禄与世位之别,或许何休有意回避《左氏》说。

二、何休与郑玄的礼制之争

何休与郑玄的今古文之争,为经学史上的重要论题,由于二人代表不同的派别,因此二人的比较研究对经学上的许多问题的认知都有很大帮助。从二人对三传的争论中,我们可以了解二人对礼制方面的解读思路,从而更好理解何休的礼学观,同时对汉末今古文经学的争论也会有较为清晰的认识。

前文已经说到,何休主守《公羊传》,因此他对《榖梁传》、《左传》与《公羊传》的不同之处加以批驳时,往往就会倾向《公羊传》。所以何休对经义的阐释并非客观,如此一来,不合逻辑的地方也就无法避免了。郑玄在解经上则无门户之见,今古文经皆引用,以明己意为主,相对何休太强的主观意见,郑玄则较为理性得多。那么二人既然有各自的主观理解,他们又是如何在

---

① 何休解诂,徐彦疏:《春秋公羊传注疏》,第 60 页。
② 何休解诂,徐彦疏:《春秋公羊传注疏》,第 653 页。
③ 陈寿祺:《五经异义疏证》,第 183 页。
④ 陈寿祺:《五经异义疏证》,第 183 页。

纷繁的众说之中来确定一个合理解读的呢？通过对何、郑之间的争论，大概可以从中得到一些解答。

1.《左传·隐公元年》云："不书即位，摄也。"

何休云："古制诸侯幼弱，天子命贤大夫辅相为政，无摄代之义。昔周公居摄，死不记崩；今隐公生称侯，死称薨，何因得为摄者？"[①]

郑玄云："隐为摄位，周公为摄政，虽俱相幼君，摄位与摄政异也。"[②]

何休此处云诸侯无摄，实际是针对《公羊传》文无此意，《公羊传》认为隐公之立实为桓公，因桓公幼弱，诸大夫得立隐公即位，而隐公实为相助幼君。隐公元年何休云："隐见诸大夫背正而立己不正，恐其不能相之。""故于是己立，欲须桓长大而归之。故曰'为桓立'。明其本无受国之心。故不书即位，所以起其让也。"[③]此可见何休之意。郑玄则认为是隐公摄位，《左传·隐公元年》疏文针对郑玄之说解释道："隐公所摄则位亦摄之，以桓为大子，所有大事皆专命以行，摄位被杀，在君位而死，故生称公，死称薨，是与周公异也。且《公羊》以为诸侯无摄，郑康成引《公羊》难云'宋穆公云：吾立乎，此摄也！'以此言之，何得非《左氏》？是郑意亦不从何说也。"[④]可知郑玄以《公羊传》宋穆公摄代之事驳难何休无摄之义，命中何休要害。此处何休认为隐公无摄，正是基于周公居摄而谈。周公居摄，死不称崩。同样，隐公自己即位，是为了相助桓公，并非有摄位之心，故死乃称薨。何休这里，

---

① 杜预注，孔颖达疏：《春秋左传正义》，第34页。
② 郑玄注，孔颖达疏：《礼记正义》，第1259页。
③ 何休解诂，徐彦疏：《春秋公羊传注疏》，第17页。
④ 杜预注，孔颖达疏：《春秋左传正义》，第34页。

推断隐公无摄,一是依据了《公羊传》文"且如桓立,则恐诸大夫之不能相幼君也",判定隐公无居摄之心。其二则是根据书崩薨之辞例,且以周公作为典型,认为如果周公居摄,按例法推断死当依照天王礼称崩,但实际上没有这么做。因此何休照此推理,隐公生称侯,死称薨也并非因为他居摄,而是依照辞例可称薨。藉此圣人之史事来明确经说的权威性与可行性。郑玄则区别了摄位与摄政,但何休并未明确。郑玄认为隐公是摄位,而周公是摄政。郑玄注《礼记·明堂位》云:"周公摄王位,以明堂之礼仪朝诸侯也。不于宗庙,辟王也。"①郑玄《箴左氏膏肓》云:"周公归政,就臣位乃死,何得记崩?隐公见死于君位,不称薨云何?"②可知,郑玄认为隐公与周公的区别就在于周公生前归政于成王,而隐公却未有此种行为。通过二人的观点,我们能够看出,何休的依据在辞例及《公羊传》文,郑玄则是继承了古文经学家的观点③,同时攻击了何休辞例分析的谬误。结合二人的阐释,可知何休、郑玄在经义阐释中把周公作为一个重要的判定标准。这说明了经学家们在阐释经典时,往往藉助圣人的言行或史事来奠定自己说法的准确性,这是由于他们对圣人及其学说的坚守和信仰,但同时也增加了结果的主观性,本质上瓦解了判定的合理性与准确性。

2.《左传·隐公元年》:"士踰月。"

何休云:"士礼三月而葬,今《左氏》云踰月,于义《左氏》为

---

① 郑玄注,孔颖达疏:《礼记正义》,第1258页。

② 郑玄注,孔颖达疏:《礼记正义》,第1259页。

③ 贾逵、服虔皆认为隐公是即位。参见刘文淇:《春秋左氏传旧注疏证》,第5页。

短。"①何休认为踰月不合三月葬之礼。但是据郑玄之驳,踰月其实就是三月。

郑玄云:"礼,人君之丧,殡葬皆数来月来日,士殡葬皆数死月死日,尊卑相下之差数,故大夫士俱三月,其实不同。士之三月,乃大夫之踰月也。又人君,殡数来日,葬数往月,大夫殡葬皆数来日、来月,士殡葬皆数往日往月,士之三月,大夫之踰月也。"②

据此可知,郑玄认为士、大夫之间的丧葬计算方式是有等级差别的,所谓"士殡葬皆数往日往月",大夫则"皆数来日、来月","踰月"据《左传》疏文即是"言从死月至葬月其间度一月也",即殡、葬之间差一个月,若算上殡、葬所占的两月,就是三个月,因此可以说三月,亦可说踰月,实质是一样的,都是三月而葬。据此,何、郑的分歧在于计算的方式不同而已。何休不明白踰月的意思,也未采纳古文学家的意见,误解歪曲也就难免。

据刘师培《左盦集》所考,士三月而葬为今文之说,踰月而葬则为古文《左氏》及《王制》、《穀梁》说③,隐公三年何休注:"礼,天子七月而葬,同轨毕至。诸侯五月而葬,同盟至;大夫三月而葬,同位至。士踰月,外姻至。"④何休此处注释便与古文说同。我们知道何休作《左氏膏肓》要早于注释《公羊传》,其在注解《公羊传》时当修改了以前的见解,因此可以说他此时认可了《左传》"士踰月"的说法。至于郑玄所作的解释,何休是否也如此理解

---

① 郑玄注,孔颖达疏:《礼记正义》,第 513 页。

② 郑玄注,孔颖达疏:《礼记正义》,第 513—514 页。为求文义完整,此处郑玄注文采用袁钧《郑氏佚书》辑佚本。(《郑氏佚书》,光绪十四年浙江书局本)

③ 刘师培:《左盦集》卷一,《仪征刘申叔遗书》第 9 册,第 3728 页。

④ 何休解诂,徐彦疏:《春秋公羊传注疏》,第 64 页。

我们就无法得知了。

3.《穀梁传》桓公四年:"四时之田皆为宗庙之事也。春曰田,夏曰苗,秋曰蒐,冬曰狩,四时之田用三焉。"

何休云:"《运斗枢》曰:夏不田。《穀梁》有夏田,于义为短。"

郑玄云:"岁三田,谓以三事为田。四时皆田,夏殷之礼,《诗》云:'之子于苗,选徒嚣嚣',夏田明矣。孔子虽有圣德,不敢显然改先王之法以教授于世。若其所欲改,其阴书于纬,藏之以传后王。《穀梁》四时田者,近孔子故也。《公羊》正当六国亡,谶纬见读,而传为三时田。作传有先后,虽异,不足以断《穀梁》也。"①

按桓公四年传:"春曰苗,秋曰蒐,冬曰狩。"何休云:"不以夏田者,《春秋》制也。"②我们根据《穀梁废疾》就可以知道何休以"夏不田"归为《春秋》制,正是依据谶纬《运斗枢》。而郑玄则依据文献,认为四时田乃夏殷之礼,而《穀梁传》与《公羊传》说法的不同,则因为二传时代不同,郑玄认为《穀梁》为春秋,《公羊》为六国。这种看法正是对何休说法的反驳。因为何休认定《公羊传》说的是《春秋》制,如果按照郑玄定为六国时代,则远不如《穀梁传》可信,那么何休依据《公羊传》所作的解释的可信度也就会下降。

4. 成公十八年经云:"筑鹿囿。"何休云:"天子囿方百里,公侯十里,伯七里,子男五里,皆取一也。"③徐彦疏云何休此注出《孟子》、《司马法》。然《孟子》原文无,陈立《公羊义疏》卷五十五云:"'皆取一者',据《孟子》《王制》,天子地方千里,大国百里,次

---

① 郑玄注,孔颖达疏:《礼记正义》,第506页。
② 何休解诂,徐彦疏:《春秋公羊传注疏》,第136页。
③ 何休解诂,徐彦疏:《春秋公羊传注疏》,第775页。

国七十里,小国五十里言也。"①则徐彦所云出自《孟子》盖云其依据《孟子》此处之文而已。这点我们可以依据隐公五年何休注判断出来。何注云"大国谓百里也","小国谓伯七十里,子、男五十里"。可知徐彦所云何休依据来自《孟子》或《王制》是有文献依据的。何休根据《孟子》、《王制》有关疆域的记载,进而迁移到对圃的解读上,由于天子圃为百里,即千里十之一,以此类推,即得出公侯十里,伯七里,子男五里。郑玄《王制》注云:"此地,殷所因夏爵三等之制也。殷有鬼侯、梅伯,《春秋》变周之文,从殷之质,合伯、子、男以为一,则殷爵三等者,公、侯、伯也。异畿内谓之子。周武王初定天下,更立五等之爵,增以子、男,而犹因殷之地,以九州之界尚狭也。周公摄政,致大平,斥大九州之界,制礼成武王之意,封王者之后为公及有功之诸侯,大者地方五百里,其次侯四百里,其次伯三百里,其次子二百里,其次男百里。"②郑玄此注明确指出了不同时代下制度的变化。他认为《王制》所云乃夏殷之制,待周公摄政后,始行周制,此周制即《周礼》所记载的制度。五百里、四百里等即出自《周礼》。何休虽然在注释中并未指明他所依据的制度为哪一朝代,但贾公彦却道出了何休的看法,贾公彦疏:"云'合今俗说子男之地'者,时有孟子、张、包、周及何休等,并不信周礼有五百里已下之国,以《王制》百里、七十里、五十里等为周法,故郑指此等人为俗说也。"据此,何休认为《王制》所记载的为周制。

据以上分析,何休与郑玄对此处礼制的解读之分歧就一目了然了。这里何休与郑玄的区别在于二人专守的不同,何休专

---

① 陈立:《公羊义疏》卷五十五,清经解续编本,页12a。
② 郑玄注,孔颖达疏:《礼记正义》,第451—452页。

守《公羊传》，故释礼必然要求符合《公羊传》文，郑玄专守《周礼》，所以在解读《王制》时，仍然把《周礼》所记载的制度与《王制》联系起来，认为《王制》为周公之前的制度，《周礼》则为周公摄政后出现的制度。何、郑专守的不同，恰好反映汉代今古文经学的差异所在。可见，在礼制的理解上，何休不喜《周礼》，而郑玄则以《周礼》为主，如此二人的礼制观念也就有了很大的不同。

第三节　何休阐释礼制的依据

一、何休的核心观念

以上举例比较何休与今古文学者对礼制的不同解读，可以大致理解何休阐释礼制时所秉持的观念以及释经思路。首先，就学术视野来讲，何休解经专守《公羊传》，而贾逵、郑玄则于诸多经典中择取可行者，并倾向于《左传》、《周礼》。从这一点来讲，何休仍旧具有明确的经生门户之见，不能够博采众长。因此，双方争论的结果，并非理性客观，而是包含着很大的主观与偏见，会让我们觉得他们的争论多了些争强好胜，少了些心平气和。

为求更深入理解何休的礼学观念，我们必须就何休与贾逵、郑玄所秉持的一些核心观念进行一番探讨，这样我们可以从根本上理解他们礼学观念的分歧原由。

首先说一下郑玄与贾逵。郑康成释经，兼通今古文，故对礼制之阐释往往兼用众说，或以古文说，或用今文说，这是古文经学者的特点，贾逵、服虔皆如此。另外，我们通过陈寿祺的《五经异义疏证》亦可看出。比如关于天子亲迎之礼，郑玄的说法与

《公羊》说同，皆认为天子当亲迎，而《左氏》说则认为天子无亲迎之礼。[①] 而对于今文经或古文经，他也会对不同的师说有所抉择。如服制方面，郑玄注《尚书》《周礼》，采欧阳、夏侯之义。以有日月星辰十二章为虞制，从欧阳说；无日月星辰九章为周制，从夏侯说。[②] 郑玄注经今古文说兼用，是其阐释经典的一个很大特点。但如果依照廖平以礼制区分今古文经学的标准来衡量郑玄的话，那么郑玄仍旧是属于古文经学家的范畴。这方面在郑玄对待《周礼》的态度中就可看出。郑玄于礼宗古文经《周礼》，这种表现之一便是他认为《周礼》为周公所作。贾公彦《序周官废兴》引郑玄序云："惟有郑玄遍览群经，知《周礼》者乃周公致太平之迹。"又郑玄在《驳五经异义》中说："《周礼》是周公之制。"[③] 按郑玄以为《周礼》为周公致太平之际，正是继承刘歆等古文经学者的观点。荀悦《汉纪·孝成皇帝纪》云："刘歆以《周官经》六篇为《周礼》，王莽时，歆奏以为礼经，置博士。"[④] 马融《周官传》云刘歆晚年推其为"周公致太平之迹"。（《序周官废兴》引马融《周官传》）又《周礼·春官·大宗伯》"五命赐则"，郑玄注："则，地未成国之名。……王莽时以二十五成为则，方五十里，合今俗说子男之地。独刘子骏等识古有此制焉。"贾公彦疏云："云'合今俗说子男之地'者，时有孟子、张、包、周及何休等，并不信《周礼》有五百里已下之国，以《王制》百里、七十里、五十里等为周法，故郑指此等人为俗说也。云'独刘子骏等识古有此制焉'者，言刘子骏等，则有马融、郑司农及杜子春等，皆信《周礼》有五百里已下

---

① 陈寿祺：《五经异义疏证》，第 146 页。
② 皮锡瑞：《尚书大传疏证》，第 84 页。
③ 陈寿祺：《五经异义疏证》，第 5 页。
④ 荀悦、袁宏：《两汉纪》，第 435 页。

之国,周公太平制礼所定法,故云识古有此制也。"①

对于何休来讲,首先他专守《公羊传》,对《公羊传》礼制的阐释基本原则就是注不破传,不会离开传文随意发挥,更不会三传之礼兼用。

如文公五年经:"春,王正月,王使荣叔归含且赗。"《公羊传》:"其言归含且赗何?兼之。兼之,非礼也。"《穀梁传》:"含,一事也。赗,一事也。兼归之,非正也。其曰且,志兼也。其不言来,不周事之用也。赗以早,而含已晚。"《左传》:"王使荣叔来含且赗,召昭公来会葬,礼也。"据此,三传的解释有异同,《公羊传》与《穀梁传》的理解基本一致,但《穀梁传》的解释更详细,同时在《公羊传》"兼之非礼"的基础上,对含、赗的时间也进行了解释,认为含、赗的时间不合礼制。与《公》、《穀》二传不同的是,《左传》则以为合礼,但并未详细说明理由。据孔颖达疏:"贾、服云:含赗当异人,今一人兼两使,故书'且以讥之'。"②可知贾、服二人的理解与《公》、《穀》相吻合,而与《左传》不同。何休云:"且,兼辞。以言且,知讥兼之也。含言归者,时主持含来也。去天者,含者臣子职,以至尊行至卑事,失尊之义也。不从含晚言来者,本不当含也。"③很显然,何休认为一人兼两使不合理,但何休在此理解上更进一步提出,经文去"天",正是对归含"失尊之义"的贬讽。而使荣叔来归含也是不合礼制的,据徐彦疏,归含当是"太宰掌之",而荣叔非太宰,故为非礼。在《左氏膏肓》中,

---

① 郑玄注,贾公彦疏:《周礼注疏》,台北:艺文印书馆,影印嘉庆二十年南昌府本,2009年,第279页。

② 杜预注,孔颖达疏:《春秋左传正义》,第311页。

③ 何休解诂,徐彦疏:《春秋公羊传注疏》,第531页。

何休也说"礼，尊不含卑，又不兼二礼，《左氏》以为礼，于义为短"①，也正是此意。据此，三传对于经文的理解基本限于礼制的合与不合之上，而何休不仅指出兼之非礼，更从义理方面阐释不合礼的原因为失尊之义，对于经文去"天"的微言大义也就一目了然了。相反，郑玄只是简单地认为"何休曰尊不含卑，是违礼，非经意"，但对于兼之非礼，郑玄与《公羊传》是一致的。

又文公二年经："公子遂如齐纳币。"《公羊传》文："纳币不书，此何以书？讥。何讥尔？讥丧娶也。娶在三年之外，则何讥乎丧娶？三年之内不图婚。"《左传》文："襄仲如齐纳币，礼也。凡君即位，好舅甥，修婚姻，娶元妃以奉粢盛，孝也。"《穀梁》无传文，但庄公二十二年传文于公如齐纳币为讥，认为公亲纳币非礼，云："纳币，大夫之事也。"则此处公子遂如齐纳币，作传者认为合礼。可见《公羊传》与《左传》义相反。何休主《公羊》，云："僖公以十二月薨，至此未满二十五月，又礼先纳采、问名、纳吉，乃纳币，此四者皆在三年之内，故云尔。"何休《左氏膏肓》认为丧服未毕而行昏礼，左氏为短。② 何休此处释礼之不合，分为两层意思，即婚姻时间不合礼、婚姻的步骤程序不合礼。也就是以传文三年未到期不可谋婚姻之事为原则来释礼，以解释讥讽之由。与何休守家法不同，孔颖达主调和二家之说，云："《公羊传》曰：'此何以书？讥。何讥尔？讥丧娶也。娶在三年之外，则何讥乎丧娶？三年之内不图婚。'其意谓此丧服未毕而行婚礼也。……今《左氏传》谓之'礼也'，必是丧服已终。"③ 另外，何休在另一条反驳传文的地方也是依据《公羊传》三年之丧内不可行朝聘之

① 杜预注，孔颖达疏：《春秋左传正义》，第311页。
② 杜预注，孔颖达疏：《春秋左传正义》，第301页。
③ 杜预注，孔颖达疏：《春秋左传正义》，第310页。

事。《左传·文公元年》："穆伯如齐，始聘焉，礼也。"何休《左氏膏肓》云："三年之丧使卿出聘，于义《左氏》为短。"郑玄箴云："《周礼》诸侯邦交，岁相问，殷相聘，世相朝。《左氏》合古礼，何以难之？"①此处郑玄反驳依据《周礼》，而何休论礼乃依据《公羊传》，可见二人礼制观之不同。

又如庄公元年经："秋，筑王姬之馆于外。"《公羊传》："何以书？讥。何讥尔？筑之，礼也；于外，非礼也。"《左传》疏云："《穀梁传》曰：'筑之外，变之正也。仇雠之人，非所以接昏姻也。衰麻，非所以接弁冕也。'其意言公与齐为雠，又身有重服，不得与齐侯为礼，故筑于外也。左氏先儒亦用此为说。"②何休云："以言外，知有筑内之道也。于外，非礼也。礼，同姓本有主嫁女之道，必阙地于夫人之下，群公子之上也。时鲁以将嫁女于雠国，故筑于外。"③据此，何休之说谨守《公羊传》文之意，而古文经学者之说与《穀梁》义同，皆与《公羊传》义相异，但很明显何休不予理会。

另外，何休认为《周礼》乃六国阴谋之书(《周礼注疏》序)，所以郑玄等古文经学家所认可的《周礼》为周公之作也就不会被何休承认。这是何休在礼制上与古文经学者之间一个很大的不同。前文分析何休与郑玄不同时，便说到了二人的专主不同，很重要的一个原因就是对《周礼》时代的判定不同。因此，何休对礼制年代的判定上便确立了自己的理解特色。比如：

隐公二年传："讥始不亲迎也。"何休云："礼所以必亲迎者，所以示男先女也。于庙者，告本也。夏后氏逆于庭，殷人逆于

---

① 杜预注，孔颖达疏：《春秋左传正义》，第 299 页。
② 杜预注，孔颖达疏：《春秋左传正义》，第 136 页。
③ 何休解诂，徐彦疏：《春秋公羊传注疏》，第 206 页。

堂,周人逆于户。"①此处即分别夏、商、周亲迎礼的不同。

文公五年经:"春,王正月,王使荣叔归含且赗。"何休云:"天子以珠,诸侯以玉,大夫以碧,士以具,《春秋》之制也。"②按此处徐彦疏解释说:"皆《春秋说》文,故云《春秋》之制也。"可知,何休依据谶纬来解释《公羊》之礼。我们知道,引谶纬以解经是东汉学者的共同特点,他们把谶纬看成是圣人之学说,并非若东汉初年桓谭等人排斥谶纬。而何休之所以认定此礼制是《春秋》之制,正是由于此说与孔子有关,同时公羊学有亲周、故宋、以《春秋》当新王的三统之论,所以《春秋》当新王,正是重新制礼作乐,也就是汉人所理解的为后世制法。故此礼制代表了圣人以《春秋》为后世所制之礼。

隐公元年传:"赗者何?丧事有赗。赗者,盖以马,以乘马、束帛。"何休云:"此道周制也。以马者,谓士不备四也。《礼·既夕》曰:'公,赗玄纁束帛两马'是也。乘马者,谓大夫以上备四也。礼,大夫以上至天子皆乘四马,所以通四方也。"③隐公元年传:"车马曰赗,货财曰赙,衣被曰襚。"何休注:"此者《春秋》制也。"④何休两处之注,区别了周制与《春秋》制。他认为丧事以乘马束帛为周制,乃是依据《仪礼》;而传文所云赗、赙、襚,与礼经不同,何休认定为《春秋》制。

据此分析,可知何休划分礼制的时代具有自己的一套理解,他认为《公羊传》中的为《春秋》制,而《周礼》则为六国阴谋之书,他把《公羊传》、《周礼》的时代确定好后,礼制的年代划分也就自

---

① 何休解诂,徐彦疏:《春秋公羊传注疏》,第53页。
② 何休解诂,徐彦疏:《春秋公羊传注疏》,第530页。
③ 何休解诂,徐彦疏:《春秋公羊传注疏》,第29页。
④ 何休解诂,徐彦疏:《春秋公羊传注疏》,第30页。

然出现了①。所以他与郑玄等古文经学家的分歧多在礼制上，也就不足为奇了。

　　另外一点就是何休对《左传》的否定。何休在其《解诂》序中便说出了贾逵等古文经学家对公羊学的诋毁与压制。他作《左氏膏肓》，一方面是为了在争论中取胜，另一方面，更深层的原因在于何休认为《左传》与圣人之学无关，其远不能与《公羊传》相比。这点在汉代的今古文经学争论中屡次被提及。在早期的认识中，今文经学者就对《左传》与孔圣人的学统关系进行了否定。《华阳国志》云："《春秋穀梁传》首叙曰：成帝时议立三传博士，巴郡胥君安独驳《左传》不祖圣人。"②据刘歆《移太常博士书》云："歆以为左丘明好恶与圣人同，亲见夫子。"又《汉书·艺文志》著录《左传》作者为左丘明，鲁太史。可知在西汉时代，左丘明还非孔子弟子，且《论语》记载他只是与孔子认识，并非孔子的弟子。到了东汉，左丘明则成了孔子的弟子，所以《后汉书·陈元传》云："知丘明至贤，亲受孔子。"《后汉书》记载范升反驳韩歆等人云："《左氏》不祖孔子，而出于丘明，师徒相传，又无其人，且非先帝所存，无因得立。"③同样的道理，何休也认为《左氏》与圣人无关，所以说"明《左氏》说非夫子《春秋》"④。因此，他对《左传》的批评也就不足为奇了。这不仅是何休的个人问题，还是长久以来今文经学者的共识。那么在这种预设下，何休在解释礼制时，便会有意避开与《左氏》学者有关的解读，而且在与《左氏》学的

---

　　①　关于礼制年代的问题，郜积意在博士论文《刘歆与两汉今古文学之争》中有所讨论。

　　②　刘琳：《华阳国志校注》，成都：巴蜀书社，1984 年，第 828 页。

　　③　范晔：《后汉书》，第 1228 页。

　　④　郑玄注，孔颖达疏：《礼记正义》，第 1789 页。

争辩中,往往会以主观性的理解作为一种评价双方认识正确与高低的标准。这点我们根据何休批评《左传》的文字就可以看出。

如《左传·昭公二十六年》传云:"王后无嫡则择立长,年钧以德,德钧以卜,王不立爱,公卿无私,古之制也。"何休《左氏膏肓》云:"《春秋》之义,三代异,建嫡媵,别贵贱,有侄娣,以广亲疏,立嫡以长不以贤,立子以贵不以长,王后无適,明尊之敬之,义无所卜筮。不以贤者,人状难别,嫌有所私,故绝其怨望,防其觊觎。今如《左氏》言,云'年钧以德,德钧以卜',君之所贤,人必从之,岂复有间隐、桓之祸,皆由是兴。乃曰古制,不亦谬哉! 又大夫不世,如并为公卿通计嗣之礼,《左氏》为短。"①

按何休此处便是讨论《左氏》与《公羊》说之优劣。这里何休评判的标准即是"不以贤者,人状难别,嫌有所私,故绝其怨望,防其觊觎"。何休认为人君所立不可以贤为标准,因为贤与不贤很难衡量,这种衡量的方法容易让人的私欲得逞,从而危害天下之公利。何休此处的解读,提到了两个问题,一是衡量贤的标准,他认为宁愿以占卜来选择贤者,也不愿从众选择贤者,因为以人来衡量并没有占卜衡量公平而客观。另外,就是人自身善恶的问题。人自身存在着私欲,也就突出了恶的一面,而何休认识到了人性恶的一面,如何尽量避免此弊端,他认为占卜可以避免人性上弊端的出现。据此可知,何休释经时,看到了文字背后的意义,多集中在对人之德性、社会伦理等方面的关注。

而对于《左氏》学者来讲,他们在衡量经说时,依据的是所见的文献资料,凡与文献资料不符或相异者,他们往往会做出否定

---

① 郑玄注,贾公彦疏:《周礼注疏》,第372页。

的结论。如《左传·昭公二十六年》云："王后无嫡则择立长，年钧以德，德钧以卜，王不立爱，公卿无私，古之制也。"《公羊传·隐公元年》何休云："礼，嫡夫人无子，立右媵；右媵无子，立左媵；左媵无子，立嫡侄娣；嫡侄娣无子，立右媵侄娣；右媵侄娣无子，立左媵侄娣。"①

按刘文淇云："《左氏》皆言以夫人之侄娣为继室，明其贵也。《礼记·曲礼》疏云：《左氏》亦夫人以侄娣贵于三媵，何休云……与礼不合。故《韩奕》笺独言娣，举其贵者，是侄娣贵于媵之义……《白虎通》或说曰：嫡死不复更立，明嫡无二。……《曾子问》：……天子诸侯不再娶，故继室而非嫡。"②刘氏此文，指出了《左氏》学者的观点，而且以当时的文献证明了《左氏》学者的观点有文献依据，刘氏的论证逻辑很明显来自汉代的《左氏》学者，他们分析问题时注重文献依据，注意名物制度的考究。相反，今文经学者则注重经典义理的阐发，不太注重经说来源、依据的考察。

总之，何休秉承今文经学的两个核心观念，即专主《公羊传》，排斥《周礼》，导致他在解读礼制时与古文经学者处于对立面。比如礼制年代的区分，何休与郑玄的理解就会非常不同。何休依据《公羊传》的礼制，而郑玄依据《周礼》的制度，则不同自然会出现。同样，郑玄如果采用《左传》的理解，也会与《公羊传》的理解产生不同。而且加之个人间的众多差异，比如何休有自己的一套道德标准，郑玄有自己的另一套道德标准，即使是没有今古文经学的区别，也会自然有所差异。

---

① 何休解诂，徐彦疏：《春秋公羊传注疏》，第 18 页。
② 刘文淇：《春秋左氏传旧注疏证》，第 1—2 页。

二、礼与道德教化

前面讨论了何休对礼制的具体理解，这只能说是对何休礼学的部分认识，因为礼不仅有礼制、礼仪，还有礼义。前二者属制度层面，后者属义理层面。制度的解读有助于我们了解礼义，但并不全面。就何休对礼义的解释加以深入研究，则可较为全面掌握何休的礼学思想。

就礼义来讲，先秦文献中就已经涉及到了。孔子曰："礼云礼云，玉帛云乎哉？"（《论语·阳货》）孔子已经注意到礼制背后的意义，他把礼与人的德行关联在了一起，即赋予礼制以伦理学的意义。《左传》即明确了礼义的重要性，《左传·隐公十一年》云："君子谓郑庄公于是乎有礼。礼，经国家，定社稷，序民人，利后嗣者也。许无刑而伐之，服而舍之，度德而处之，量力而行之，相时而动，无累后人，可谓知礼矣。"《左传·昭公二十五年》云："夫礼，天之经也，地之义也，民之行也。"战国后期儒家荀子则把礼义的重要性发挥到了一个更深的层次。《荀子·儒效》云："先王之道，仁之隆也，比中而行之。何谓中？曰：礼义是也。"《荀子·性恶》云："今人之性恶，必将待师法然后正，待礼义然后治。"荀子把礼义看成是实现王道仁政的途径，此礼义非仅仅制度层面的具体建设，而是具有道德伦理与政治伦理的复合性概念。

西汉建国伊始，叔孙通率领弟子制定礼仪，开启了汉代礼制建设的道路。然制度的设定，目的在于更化，也就是对民众进行道德上的教化，所以贾谊建议君王"宜定制度，兴礼乐"[1]，董仲舒

---

[1] 班固：《汉书·礼乐志》，第 1030 页。

云"布德施仁以厚之,设谊立礼以导之"①。汉宣帝时王吉上疏云:"愿与大臣延及儒生,述旧礼,明王制,驱一世之民,济之仁寿之域。"②到了元成时期,以礼制为首的儒学复古运动兴起,士大夫们普遍关心礼在社会中的重要性,刘向云:"宜兴辟雍,设庠序,陈礼乐,隆雅颂之声,盛揖让之荣,以风化天下。"③可以说西汉后期儒学的繁荣,推动了礼学的兴盛,而礼学与现实社会政治的紧密结合,使得礼的实践意义在儒者们的宣扬下得到帝王的认可。此后礼的制度性建设一直被帝王提到日程上来,而臣子对礼乐教化效果的探讨也并未中断。继宣帝石渠阁会议对礼的关注之后,东汉章帝时的白虎观会议也专门讨论了礼的问题,而且对礼义的探讨也进一步规范化和程式化,这点我们从《白虎通》的相关文字中即可看出。其《礼乐》篇云:"王者所以盛礼乐何?节文之喜怒。乐以象天,礼以法地。人无不含天地之气,有五常之性者。故乐所以荡涤,反其邪恶也。礼所以防淫佚,节其侈靡也。故《孝经》曰:'安上治民,莫善于礼。''移风易俗,莫善于乐。'"④"夫礼者,阴阳之际也,百事之会也,所以尊天地,傧鬼神,序上下,正人道也。"⑤《白虎通》概括了礼的社会功能与政治功能。所谓社会功能,正是指礼的教化作用,而政治功能则是指安上治民。然而政治功能的实现前提必须是礼的教化作用的实行,如此安上治民的政治效果才会出现。因此,礼的道德教化作用历来都是帝王及儒者关注的焦点。

---

① 班固:《汉书·董仲舒传》,第 2515 页。
② 班固:《汉书·礼乐志》,第 1033 页。
③ 班固:《汉书·礼乐志》,第 1033 页。
④ 陈立:《白虎通疏证》,第 93—94 页。
⑤ 陈立:《白虎通疏证》,第 95 页。

何休虽居处汉末的动乱时代,但他对礼义的理解依旧延续了汉人的普遍观念,所以他在注解《公羊》礼时,不仅阐释了礼在制度层面的问题,也深入地剖析了礼之义。可以说,就礼的教化作用来说,他的出发点是帝王、天下,即为礼之教化的目的是安定天下;就个人来讲,礼的作用在于个体身心的修养,而个体的修养,也是礼之教化作用在个人身上的体现。我们从这两个角度考察何休的礼学观,便可以与前面礼制的探讨相互补充,从而多方面、较为完整地体现何休的礼学思想。

何休突出礼的教化功能,这点毋庸置疑。然在公羊学的体系下,教化的实施被赋予了丰富的政治意义。如何休隐公元年注:"夫王者始受命改制,布政施教于天下,自公侯至于庶人,自山川至于草木昆虫,莫不一一系于正月,故云政教之始。"①何休解读王正月这种时间概念时,并未从史书的书法出发,而是结合公羊学受命改制之说,认为王正月所体现的是《春秋》新王厉行政教的意图。而改制的一个很重要的方面即是改革礼制,此是施行政教的一个重要步骤。在亲周、故宋、以《春秋》当新王的三统说观念的影响下,《春秋》之礼成为了礼的标准,故隐公元年何休注云:"《春秋》王鲁,以鲁为天下化首,明亲来被王化渐渍礼义者。"②因而《春秋》之教化即王之教化,此在公羊学观念下,发挥礼的教化功能。

就个人来讲,家庭伦理成为教化施行的基础,所以何休说:"《春秋》正夫妇之始也。夫妇正则父子亲,父子亲则君臣和,君臣和则天下治,故夫妇者,人道之始,王教之端。"③此由夫妇、父

---

① 何休解诂,徐彦疏:《春秋公羊传注疏》,第13页。
② 何休解诂,徐彦疏:《春秋公羊传注疏》,第33页。
③ 何休解诂,徐彦疏:《春秋公羊传注疏》,第53页。

子延及君臣、天下，正是教化所起之作用，而夫妇、父子、君臣之礼的遵循正是此教化可行的道德伦理基础。也就是说由家庭伦理至社会政治伦理的转变，其中包含着丰富的礼之义理，由此方可云王道教化，由此教化才可以实施。对何休来讲，父子、君臣之礼的遵循，不仅使得等级秩序得以维护，而且在此合理秩序下，家庭伦理、政治伦理展露无遗，何休看重的也正是这些所谓的伦理，离此何谈教化？所以何休不满臣子专权，其论讥世卿云："礼，公卿大夫、士皆选贤而用之。卿大夫任重职大，不当世，为其秉政久，恩德广大。小人居之，必夺君之威权，故尹氏世，立王子朝；齐崔氏世，弑其君光，君子疾其末则正其本。"①此不仅从个人角度强调作为臣子当守君臣关系的重要性，同时强调作为君主，选贤任能，不仅可以避免非礼的发生，而且也是实现儒家教化的一个重要途径。

另外，结合何休的具体注释，可以更清楚地了解何休对礼义的重视。

如隐公二年经："九月，纪履緰来逆女。"传："婚礼不称主人。"何休云："为养廉远耻也。"②此处皆解释传文所云之礼义。隐公三年经："夏，四月，辛卯，尹氏卒。"传："世卿，非礼也。"何休云："礼，公卿大夫士皆选贤而用之。卿大夫任重职大，不当世，为其秉政久，恩德广大，小人居之，必夺君之威权。故尹氏世，立王子朝；齐崔氏世，弑其君光。君子疾其末则正其本。"③此即通过贤臣、小人道德的对比，说明不得世卿之原因。

如宣公六年传："灵公为无道，使诸大夫皆内朝。"何休云：

---

① 何休解诂，徐彦疏：《春秋公羊传注疏》，第 60 页。

② 何休解诂，徐彦疏：《春秋公羊传注疏》，第 52 页。

③ 何休解诂，徐彦疏：《春秋公羊传注疏》，第 60 页。

"礼,公族朝于内朝,亲亲也。虽有富贵者,以齿,明父子也。外朝以官,体异姓也。宗庙之中,以爵为位,崇德也。宗人授事以官,尊贤也。升馂受爵以上嗣,尊祖之道也。丧纪以服之精粗为序,不夺人之亲也。"①此为概括《礼记·文王世子》之文,我们把《礼记》之文列出,以见二者之异同,其云:"庶子之正于公族者,教之以孝弟、睦友、子爱,明父子之义,长幼之序。其朝于公,内朝则东面北上,臣有贵者以齿。其在外朝,则以官,司士为之。其在宗庙之中,则如外朝之位,宗人授事,以爵以官。其登馂、献、受爵,则以上嗣。……其公大事,则以其丧服之精粗为序,虽于公族之丧亦如之,以次主人。"②据此,我们可以发现,何休把《礼记》之文进行了浓缩,同时加入了《礼记》原文没有的部分,那就是对礼义的发挥。如"亲亲"、"明父子"、"崇德"、"尊贤"等,何休精简了原文礼制的部分,却加入这些礼义的方面,而这些所谓的礼义,与其《公羊传》的解释也是相互辉映。何休在注释中对"亲亲"、"明父子"、"崇德"、"尊贤"这些伦理观念都有涉及,可见他认为这些都是孔子《春秋》所宣扬的微言大义的一部分,所以不仅不矛盾,反而更加有助于解经,同时这种以经证经的方法,对经义的发挥也提供了有力的支持。

由以上分析,关于何休礼学思想可以窥见一斑。何休专守《公羊传》,释礼以解释经传微言大义为前提,对于《周礼》、《左传》为首的古文经学中的礼制,何休不予采纳,谨守今文经的界限,与郑玄走通经的路线不同。郑玄释礼以《周礼》为主,并贯通众经,经无明文者,郑氏亦根据经传归纳出礼制。相反,何休排

---

① 何休解诂,徐彦疏:《春秋公羊传注疏》,第 623 页。

② 朱彬:《礼记训纂》,第 323 页。

斥《周礼》，对礼制的阐释基本都有明显经文可查，也就是说何氏释礼简洁明了，不会从众经中提炼可能存在的礼制。因此，可以说何休对礼学的研究远没有郑玄深厚，但何休注重礼制背后的义理，这是郑玄所不及的。何休重视礼义的阐释，一方面是阐发儒家道德伦理，另一方面是为了阐释《春秋》微言大义，即以礼明义。礼涉及礼制、礼义，而礼义才是礼的根本，《论语》云"玉帛云乎哉"正是说的这个道理。何休的礼学基本遵循今文经学的阐释，由于古文经学者不专守一经，古文经学者之间对于礼制的解释也是不统一的，或用古文经礼，或吸收今文经礼。因此，何休之说与古文经学者说法有同、有不同，也就不奇怪了。同时，何休在解读《公羊传》时，其实具有明确的家法师说观念，所以我们会看到他与古文经学者在解读礼制上的异同，此异同多是由专主不同而导致的，这不仅是何休的个人看法，也是何休前的公羊师说，即"古已有之"。因此，我们既要看到今古文经说的一些共同处，也要看到其不同点，由这些相异处才能更清晰地理解何休的礼学观。

何休对礼制的阐释，多是建立在公羊学理念的基础上，其一方面以符合《公羊传》为准，另一方面对古文经学的礼制解释采取漠视的态度，这从其《公羊墨守》、《左氏膏肓》、《穀梁废疾》等材料中即可看出。可以说，何休的礼学有其可取处，但也有很大的片面性，这不仅与其所秉持的今文经学观有关，也与当时的今文经学渐趋没落的学术、政治环境有关。为加深对汉代礼学的理解，我们还可以将何休与其他学者的相关见解相比较，探究他们之间的异同，体会经学家们的思路与方法，以便更深刻地把握汉代经学的真实面貌，从微观之处探寻经学的内涵与历史，这些都有待日后继续探索。

第四章　何休灾异论

第一节　先秦思想与灾异观念的初步形成

一、先秦儒家天命观

先秦儒家的天命观在较早的文献《尚书》、《诗经》中已经有所反映。在这些典籍中天命多关乎人间治乱、王朝盛衰。《尚书》中记载周人的言语,他们把周代殷解释为天命或天之意,如:"天矜于民,民之所欲,天必从之。"(《泰誓上》)"天视自我民视,天听自我民听。"(《泰誓中》)"王敬作所,不可不敬德。"(《召诰》)"天道福善祸淫。"(《汤诰》)

《诗经》中亦云:"穆穆文王,于缉熙敬止。假哉天命……侯服于周,天命靡常。"(《大雅·文王》)"有命自天,命此文王。"(《大雅·大明》)"天命降监,下民有严。不僭不滥,不敢怠遑。命于下国,封建厥福。"(《商颂·殷武》)

《尚书》及《诗经》中把天命与王朝的更替紧密联系起来,这种天命观具有明显的宗教意味,把王朝权利的掌握归结为天命所授。但天命并非周人所专有，"天命靡常"所说的就是这个道理，上帝仅授其命于有德者，周得天命乃在其"德"。① 在对天命的敬畏中，人们已经意识到了顺应天命的重要性，而顺应的方式就是必须履行所谓的"德"观念，因此要顺应民心，自我约束，这从"天视自我民视，天听自我民听"，"不僭不滥，不敢怠遑。命于下国，封建厥福"中已经显露端倪，如此都是早期"德"观念对周王朝政治的影响。

虽然《论语》中并未说天命可知，但从《史记·周本纪》的记载仍可知早期人们已经通过某种方式来预知天命，其文云："武王渡河，中流，白鱼跃入王舟中，武王俯取以祭。既渡，有火自上复于下，至于王屋，流为乌，其色赤，其声魄云。是时，诸侯不期而会盟津者八百诸侯。诸侯皆曰：'纣可伐矣。'武王曰：'女未知天命，未可也。'乃还师归。"②此记载武王说众诸侯未知天命，很显然武王在此应该通过某种手段知道了此时天命还未属己。那么这种方式为何？我们认为其实就是所谓的观天象知人事。前文记载"火自上复于下，至于王屋，流为乌，其色赤，其声魄云"，然后诸侯据此认为商纣可伐。这种手段就是运用所谓的占星学去占验、预知未来。但很显然，此种方式只掌握在少数人的手中，所以武王才认为众诸侯未知天命。这说明天命在早期人们的理解中是神秘而重要的，尤其是在政治活动中，显得尤为突出。而人事与天命的吻合，则是政治权利归属的征验。因此，可以说先秦早期的天命观已经透露出人事与天命的密切关联，而对人之道德的重视也逐渐呈现端倪。

---

① 参见张光直：《中国青铜时代》，北京：生活·读书·新知三联书店，2013年，第429页。

② 司马迁：《史记·周本纪》，第120页。

在《论语》中，有关天命的论述焦点转移到了个人。孔子在提倡儒家仁、礼，强调自我德性的重要性时，也并未忽略对天命的探讨。《论语》中反映了天命的不可知，认为唯有圣人能够接近天命，其云："死生有命，富贵在天。"（《论语·颜渊》）"天生德于予，桓魋其如予何？"（《论语·述而》）"君子有三畏：畏天命，畏大人，畏圣人之言。小人不知天命而不畏也，狎大人，侮圣人之言。"（《论语·季氏》）

《论语》中的天命，仍有早期天命观的宗教性，所以说天命是神圣而又神秘不可知的。但此时人文理性精神的崛起[①]，让人对宗教性的天命观产生了怀疑，所以孔子主张"敬鬼神而远之"。相对于天命而言，孔子更加关注人事，故《论语》中反复宣扬儒家仁政，主张克己复礼。因为在孔子看来，天命与所谓的德性是一致的，所以说"天生德于予"，在人事间修养自己的德性其实就是奉行了天命。很显然，此时的天命观具有了人文理性的成分，并承认某种程度上天命是有意志的，但天命的复杂性仍然是孔子所无法解释的，所以他说："道之将行也与，命也。道之将废也与，命也。"（《论语·宪问》）孔子注重的是人事，他对宇宙论的问题并不感兴趣，所以天命并不是他关注的焦点。但孔子已经明确了德性在顺应天命中的重要性，这也是《尚书》等早期天命观的延续。

另外，我们观察《左传》，可以发现《左传》中的天命观要比《论语》中的复杂。《左传》中具有浓厚的天人感应观念，这点对于后世灾异观念以及灾异阐释理论的形成奠定了基础。其中对

---

① 参见陈来：《古代宗教与伦理：儒家思想的根源》，北京：生活·读书·新知三联书店，2009 年。

天象与人事的多方面解读，深刻突出了这一观念。比如昭公三十一年传："十二月，辛亥，朔，日有食之。是夜也，赵简子梦童子裸而转以歌。旦，占诸史墨，曰：'吾梦如是，今而日食，何也？'对曰：'六年及此月也，吴其入郢乎！终亦弗克。入郢必以庚辰。日月在辰尾，庚午之日，日始有谪。火胜金，故弗克。'"[①]这是通过占星学知识知晓天象，从而判断人事。

又如昭公八年记载石头会说话，晋侯问师旷为何如此，师旷说："作事不时，怨讟动于民，则有非言之物而言。今宫室崇侈，民力彫尽，怨讟并作，莫保其性。石言，不亦宜乎！"[②]此从道德伦理的角度阐释了灾异出现的缘由，这种方式已经与汉代的灾异阐释有很大的共通点。

《左传》记事丰富，从多个角度记录了当时人们对天命人事的探讨，其方式有占卜、梦象、占星、谶语等，这反映了人对天命的关注。天的神秘不可知，使人不仅敬畏天，也给人一种心理上的依赖，人们于人事间的所作所为仍旧希望得到天命的旨意。

由于《左传》资料的复杂性，其天命观也表现得较为复杂，一是主张天命的绝对性。宣公三年传云："商纣暴虐，鼎迁于周。德之休明，虽小，重也。其奸回昏乱，虽大，轻也。天祚明德，有所底止。成王定鼎于郏鄏，卜世三十，卜年七百，天所命也。周德虽衰，天命未改。鼎之轻重，未可问也。"[③]这里说明了天命并非随德性而转移，天命控制着人事。

另一方面，宣扬道德对于个人、社会、国家的重要。如襄公三十一年传："吴子使屈狐庸聘于晋，通路也。赵文子问焉，曰：

---

① 杜预注，孔颖达疏：《春秋左传正义》，第 930—931 页。

② 杜预注，孔颖达疏：《春秋左传正义》，第 768 页。

③ 杜预注，孔颖达疏：《春秋左传正义》，第 367 页。

'延州来季子,其果立乎?巢陨诸樊,阍戕戴吴,天似启之,何如?'对曰:'不立。是二王之命也,非启季子也。若天所启,其在今嗣君乎!甚德而度,德不失民,度不失事,民亲而事有序,其天所启也。有吴国者,必此君之子孙实终之。季子,守节者也。虽有国,不立。'"①又昭公四年传:"大雨雹。季武子问于申丰曰:'雹可御乎?'对曰:'圣人在上,无雹,虽有不为灾。'"②

《左传》中对天命的阐释,不仅表明了道德与天命的密切关联,也从具体方面展示了占验天象的方式,这些对汉代灾异理论的形成奠定了基础。秦朝时编纂的《吕氏春秋》中记载占星家子韦回答宋景公的话,也强调了"德"与天命的关系,其《制乐》篇云:"天之处高而听卑,君有至德之言三,天必三赏君。今昔荧惑其徙三舍,君延年二十一岁。"③

孟子作为孔学的继承者,其天命观仍是继承了孔子,而且孟子明确说出了天命的不可预知,他相信世运治乱、国家兴亡、穷通知遇等都有天命,不可强求。天是莫之为而为,命是莫之致而至,都是人所无能为力的。但孟子并非宣扬天命的绝对性,他看到了人在天命观支配下的重要性,认为人心具备天之性,人只要反求诸己,认识到自己的本心,就可以认识天。孟子认识到自我德性修养的重要,强调个体的内在追求,所以说"万物皆备于我也"(《孟子·尽心上》),"是故诚者,天之道;思诚者,人之道也"(《孟子·离娄上》)。如此才能"上下与天地同流"(《孟子·尽心上》)。孟子注重个人道德修养的磨炼,认为通过这种方式才能与天地合一,从而符合天的意志,故其说:"夫天未欲平治天下

---

① 杜预注,孔颖达疏:《春秋左传正义》,第688页。
② 杜预注,孔颖达疏:《春秋左传正义》,第728页。
③ 许维遹:《吕氏春秋集释》,北京:中华书局,2018年,第146页。

也,如欲平治天下,当今之世,舍我其谁也。"(《孟子·公孙丑下》)可以说孟子承认天命的神秘性,但他并非消极地面对不可知的天命,他认为作为人来说,自我主动地追求儒家德性伦理,就能够积极响应天命,符合真正的天命。因此,孟子的天命观具有很强的理性精神,而非盲目的迷信与崇拜。另外,我们从出土文献中亦可见类似孟子的观念。如上博简《鲁邦大旱》中,鲁哀公与孔子讨论如何解决鲁国大旱之事,孔子说:"邦大旱,毋乃失诸刑与德乎?""庶民知说之事鬼也,不知刑与德。"①这段文字以孔子的口吻讨论对自然现象的理解,从中我们可以看出,对于大旱,孔子说要正视刑德,也就是从君主自身找寻大旱产生的缘由,实际上正说明当时人意识到灾害的出现,固然与上天意志有关,但天过于遥远,现世中的人才是解决此问题的关键。同时,正刑德也意味着对社会秩序的重整,这也与君主自身有很大关系。因为君主承载天之命,自然灾害作为一种告诫,他需要积极主动做出回应。在孔子看来,民众需要通过祭祀鬼神以寻求解决,但作为浸染儒家思想的士人来说,核心不在鬼神,而在个体德行的完善。可见这种思路本质上还是《论语》中孔子轻鬼神重道德的延续。在这种理解中,并不排斥天的存在,而是强调通过人的理性认知,去应对上天的变化,以弱化宗教巫术的存在与影响。

战国后期的荀子更把灾异看成与人事无关的自然天象,他说:"夫日月之有蚀,风雨之不时,怪星之党见,是无世而不常有

---

① 侯乃峰:《上博楚简儒学文献校理》(上),上海:上海古籍出版社,2018年,第141页。这段文字据学者研究抄写于白起拔郢(前278)以前,参见陈侃理:《儒学、数术与政治:灾异的政治文化史》,北京:北京大学出版社,2015年,第25页。

之。"①这就是荀子所说的"天行有常,不为尧存,不为桀亡"②。他主张天人各有职分,天命与人事并没有必然的关联。因此,人世间应对灾异的各种举措,在他看来不过是一种礼仪层面的文饰,本质上解决不了实际问题。同样,他也理解民间的种种近乎巫术的仪式,只是作为士人,他更关切礼法而不是鬼神,《天论》云:"故君子以为文,而百姓以为神。以为文则吉,以为神则凶也。"③

先秦时期以儒家为主的天命观,对汉代人的天命观产生了重大的影响。儒家的天命观具有明显的人文理性精神,此种精神,促使人们认识到了个体自我的重要,而儒家思想强调自我德性的完善,则使人们认识到天命固然神秘,但是通过自我的不断修养,便可应对天命,吻合天之意志。当然其中的神秘性仍然存在,即使荀子提出了天人相分的思想,认为天命与人事无关,也仍未从根本上消灭这种神秘性。所以,到了汉代,人们对于天象中的灾异瑞应仍然怀有巨大的兴趣,这种兴趣证明天命的宗教意涵仍然在持续蔓延,而汉代的灾异理论也需要这种神秘性的存在。

二、阴阳五行说

阴阳与五行在早期的文献中并未发生联系。阴阳只是代表着自然界两种气,这在《左传》、《国语》中可以看出,二书中都提到了"六气",《左传·昭公元年》云:"天有六气,降生五味,发为五色,徵为五声,淫生六疾。六气曰阴、阳、风、雨、晦、明也。分

---

① 王先谦:《荀子集解》,北京:中华书局,1988年,第313页。
② 王先谦:《荀子集解》,第307页。
③ 王先谦:《荀子集解》,第316页。

为四时,序为五节,过则为菑。阴淫寒疾,阳淫热疾,风淫末疾,雨淫腹疾,晦淫惑疾,明淫心疾。"①

很显然阴阳在这里是与风雨晦明等自然现象并列的两种实物性的气而已。对此徐复观解释说:"在六气的观念中,不仅是比后来的阴阳观念多出了四个,而且这六气虽然发生许多作用,但并非形成万物的基本元素。它不是在万物的背后或内部,而系与万物并列于天地之间,所以都是人的耳目肌肤等感官可以接触得到的具体存在,不像后来阴阳二气的自身,完全是不能以耳目等感官得到的抽象的存在。"②《左传》此处以阴阳与其他四种表示自然现象的词语合称为六气,阴阳即为寒热之义,明显与秦汉间所说的以阴阳统领天地之气的认知不同,郭店楚简《太一生水》便清楚地反映了这点,其云:"天地复相辅也,是以成神明。神明复相辅也,是以成阴阳。阴阳复相辅也,是以成四时。四时复相辅也,是以成寒热。寒热复相辅也,是以成湿燥。湿燥复相辅也,成岁而止。"③

楚简中阴阳为抽象概念,所谓的寒热已经不可与阴阳等同,阴阳在这里上升到了更高的层次,四时、寒热、湿燥乃为其所产生。但我们仍然能够发现《左传》、《国语》中阴阳观念在六气之中受到格外的重视,此时开始显现"阴阳"在自然现象中的重要性,而且此时的阴、阳开始被运用到灾异现象的阐释中。《左传·昭公二十一年》云:"秋七月壬午朔,日有食之。公问于梓慎曰:'是何物也?祸福何为?'对曰:'二至二分,日有食之,不为灾。日月之行也,分,同道也;至,相过也。其他月则为灾,阳不

---

① 杜预注,孔颖达疏:《春秋左传正义》,第 709 页。
② 徐复观:《中国思想史论集续编》,北京:九州出版社,2014 年,第 6 页。
③ 李零:《中国方术续考》,北京:中华书局,2006 年,第 188 页。

克也，故常为水。'"①此文虽只提到阳，未说阴，但很显然以阴阳解释灾异的方式已经出现，这在《国语》中有所反映。《国语·周语上》："幽王二年，西周三川皆震。伯阳父曰：'周将亡矣。夫天地之气，不失其序；若过其序，民乱之也。阳伏而不能出，阴迫而不能烝，于是有地震。今三川实震，是阳失其所而镇阴也。阳失而在阴，川源必塞。源塞，国必亡。夫水，土演而民用也。土无所演，民乏财用，不亡何待？昔伊、洛竭而夏亡，河竭而商亡。今周德若二代之季矣，其川源又塞，塞必竭。夫国必依山川，山崩川竭，亡之徵也，川竭山必崩。若国亡，不过十年，数之纪也。夫天之所弃，不过其纪。'是岁也，三川竭，岐山崩。"②

《国语》中伯阳父以阴阳阐释灾异，把自然的变动解释为阴阳二气的变动，这里阴阳表示天地之气，所以阴阳的变动代表了天命的变化。很明显，此处对地震现象的阐释，已经与汉代的灾异阐释思维比较接近了。

五行在早期的文献中与后来表示金木水火土的五行概念完全不同，只是五种材质。《尚书·洪范》可以说是迄今所见最早记载有关五行的文献，其中就提到五行，云："五行，一曰水，二曰火，三曰木，四曰金，五曰土。水曰润下，火曰炎上，木曰曲直，金曰从革，土爰稼穑。润下作咸，炎上作苦，曲直作酸，从革作辛，稼穑作甘。"此处所云五行，即是社会生活所必须的五种实用资料。③

后来的儒家则借用了这五种元素，使之与儒家思想结合起来，表示儒家的五种道德理论。在今出土的战国间的儒家文献

---

① 杜预注，孔颖达疏：《春秋左传正义》，第 869 页。

② 徐元诰：《国语集解》，北京：中华书局，2002 年，第 26—27 页。

③ 徐复观：《中国思想史论集续编》，第 42 页。

中,就清晰地阐释了儒家的五行。郭店楚简《五行》篇即把仁义礼智圣定义为五行①,很明显与《洪范》之五行具有本质的不同。《洪范》五行为具体的,楚简五行则为抽象的,而且楚简《五行》篇中并未出现金木水火土,所以究竟这简帛中的"五行"与《洪范》的"五行"有无关系,我们并不能够判断。但郭店简"五行"与后来《荀子》中对五行的理解应有很大的关系。《荀子·非十二子》云:"略法先王而不知其统,犹然而材剧志大,闻见杂博。案往旧造说,谓之五行,甚僻违而无类,幽隐而无说,闭约而无解。案饰其辞而祇敬之曰:此真先君子之言也。子思唱之,孟轲和之。"②可见早期儒家对五行的理解与后来齐学者所倡导的五行概念的意义完全不同。

在先秦阴阳、五行观念的漫长演变中,齐地的邹衍在前人对阴阳五行的理解之上,提出了对后世影响甚大的阴阳五行学说。邹衍对阴阳五行的理解,主要集中在两个方面,一方面是提出"五德转移,治各有宜"③。邹衍对五行的理解颠覆了早期五行作为五种材质的解释,他认为金木水火土乃是五种抽象的元素,这五种元素代表了五德,每一朝代的转移即与某一德相应。这种转移是以五行相胜的方式来阐释朝代的更替。另一方面即开始以阴阳与五行相傅会,《史记》云:"乃深观阴阳消息而作迂怪之变,《终始》、《大圣》之篇十余万言。"④邹衍的阴阳五行学说,不仅融合阴阳五行为一体,还把此学说与现实社会政治紧密结合起

---

① 李零:《郭店楚简校读记》,北京:生活·读书·新知三联书店,2007 年,第 100 页。

② 王先谦:《荀子集解》,第 94 页。

③ 司马迁:《史记·孟子荀卿列传》,第 2344 页。

④ 司马迁:《史记·孟子荀卿列传》,第 2344 页。

来,即解释了朝代更替,又涉及灾异祥瑞。《史记》记载他的学说,言其"称引天地剖判以来,五德转移,治各有宜,而符应若兹"。此符应与五德的关系,正是周以来天命观的深化。邹衍吸收了齐学的神秘主义特性,强调了天命的重要性,他以五德终始的理论把神秘的天命观念具象化。这种具象化,是一种趋向阴阳数术的解读,是以更明确的形态复活了较为原始的具有宗教意涵的天命观,所以徐复观称之为"政治中的新宗教"①。

邹衍等人的阴阳五行学说,也影响了战国后期的儒家思想。我们知道孔子七十子以及后来的儒家传授者,扩充了孔子的思想,但不管是"内圣"的深入还是"外王"的拓展,都十分注重儒家的道德伦理,认为儒家的仁、义、礼、智、信是个人乃至社会所必须具备的内容。而阴阳五行说的流行,影响了当时的儒学。儒者把儒家德性伦理与阴阳五行学说相结合,从而把天命与人事关联,以儒家人文精神与神秘主义的学说融合,强调人在天地间自我修养的重要性②。其实就连提出五德终始的邹衍,也未曾脱离儒家思想的影响,故司马迁说:"然要其归,必止乎仁义节俭,君臣上下六亲之施始也滥耳。"③《盐铁论·论儒》亦云:"邹子以儒术干世主,不用,即以变化始终之论,卒以显名。"④此即邹衍治儒学之徵。而阴阳五行学说作为一种阐释方式,把儒家德性伦

---

① 徐复观:《中国思想史论集续编》,第 62 页。

② 如《礼记·礼运》云:"故人者,其天地之德,阴阳之交,鬼神之会,五行之秀气也。"很明显战国时期已经流传的《礼记》文本中就不乏阴阳五行学说的影子。《中庸》云:"至诚之道,可以前知。国家将兴,必有祯祥。国家将亡,必有妖孽。见乎蓍龟,动乎四体,祸福将至,善必先知之,不善必先知之,故至诚如神。"这些论述都为董仲舒学术体系的形成奠定了理论基础。

③ 司马迁:《史记·孟子荀卿列传》,第 2344 页。

④ 王利器:《盐铁论校注》,北京:中华书局,2015 年,第 156 页。

理与天道贯通,确立了天人感应的思维模式,构建了不同于早期儒家的新式的天人关系。这种思维模式后来在董仲舒的进一步深化之下,成为汉代灾异论的基本模式。

可以说邹衍的阴阳五行学说,确立了齐学的核心观念,这种观念在汉代产生了巨大的影响,导致汉代儒学多浸染齐学之风气。在此学说影响之下,对灾异的阐释具备了基本的理论依据,而且灾异阐释与现实政治的统一,也使灾异理论具有了很强的目的性。

除了战国诸子善于运用阴阳五行,以呈现独特理论外,学者李零认为抛却诸子的影响,阴阳五行说的起源与数术有密切的关系。他认为阴阳五行说是"沿着古代数术的内在逻辑发展而来"[1]。此数术包括三个方面,占术、相术、巫术,这三类中,以占卜之术为主。占卜则审计数、象的分析,由数以明象,进而由象以明道。李零的分析揭示阴阳五行说与早期社会人们的经验认知有很大关系,这种认知中蕴含着数理逻辑,通过这种逻辑逐渐由具象而变得抽象,从而推导出对宇宙本体的理解。[2] 李零的分析指出汉代阴阳五行说的复杂源头,也为我们理解汉代天人关系、揭示灾异论,提供了更多的视角。

为了更好地讨论汉代的灾异,我们考察先秦思想与汉代灾异的关联。可以说早期的具有宗教意涵的天命观,强调天命的重要以及不可知性,为后来的灾异观念奠定了基础。其后不管是儒家、墨家还是阴阳家等派别,他们都把天命放在重要且突出

---

[1]　李零:《从占卜方法的数字化看阴阳五行说的起源》,《中国方术续考》,北京:东方出版社,2000年,第96页。

[2]　李零:《从占卜方法的数字化看阴阳五行说的起源》,《中国方术续考》,第83—96页。

的位置,且无论他们从何种角度来阐释天命,都无法摆脱对天的探讨。而儒家的人文主义精神则强调了人在天地间的重要性,注重人之德性与天道的贯通,由此对天人关系的关注成为后来儒家的关注点之一。其后阴阳五行学说的兴盛,则以一种机械、程式化的方式阐释了天人之间的关系,这种天人关系不仅涉及个人,也蔓延到了社会政治。对灾异的重视及解读,正是对天命的崇拜,也是为了更好地解决天人关系。因此,灾异作为具体的自然现象,在古人的理解中,并非单纯的自然异象,而是天人关系并未调和的反映,它是天地对人事的一种神秘主义式的信号。①

第二节　董仲舒与汉代灾异理论的具体建构

一、董仲舒与《春秋》灾异的阐释

(一)灾异概念的界定

古人对灾异现象的关注,在先秦就已经出现,就连文字简洁的《春秋经》中也不乏天地灾异的记录,而成书于战国时期的《左传》中不仅记录了灾异,更详细记录了时人对各种灾异现象的分析与研究,灾异的阐释方式很多已经与汉人相似。比如占星学的运用,灾异阐释的思维,与汉人有很多相似处,而且在诸多方面都体现出对灾异的重视,这些在前文已经提到。

---

① 《汉书·五行志上》载汉人对《春秋》定公四年亳社灾的解释:“盖失礼不明,火灾应之,自然象也。”可见他们所理解的自然乃是建立在人事失序的前提之下,是天人关系失衡的一种呈现,并非我们现代人所理解的自然现象。(《汉书·五行志上》,第1330页。)

人们重视灾异现象的情况出现很早，但对"灾异"概念进行理性界定则相对较晚。应该说《穀梁传》、《公羊传》是较早对灾异概念有所关注的。《穀梁传》、《公羊传》中重视对《春秋》经灾异记录的阐释，这已经说明了传习者受到当时观念意识的影响，觉察到了灾异的重要，而且对灾异的探讨也具有了一定的抽象性。如《穀梁传》：

> 成公十六年经："春，王正月。雨木冰。"传："雨而木冰也，志异也。传曰：根枝折。"
>
> 宣公十五年经："冬，蝝生。"传："蝝，非灾也。其曰蝝，非税亩之灾也。"
>
> 昭公九年经："夏，四月，陈火。"传："国曰灾，邑曰火。火不志，此何以志？闵陈而存之也。"
>
> 庄公十一年经："秋，宋大水。"传："外灾不书，此何以书？王者之后也。高下有水灾，曰大水。"

《穀梁传》中对"灾异"概念的界定比较模糊，"灾"、"异"之间没有明确的区别，当然很可能当时已经意识到灾异的不同，或由于语言的简洁导致文本中并未明确出现。但我们仍然可以看到此时出现了对"灾"的概念性质的界定。昭公九年"国曰灾，邑曰火"，庄公十一年"外灾不书"，这是从概念范围的大小来讨论的。

相对于《穀梁传》的简洁，《公羊传》的解释则比较清晰。《公羊传》对"灾异"的概念进行了明确的界定，如定公元年经："冬。十月。陨霜杀菽。"传："何以书？记异也。此灾菽也，曷为以异书？异大乎灾也。"

这里明确了"灾"、"异"间的区别，即在文本的描述中，"异"所承载的意义要重于"灾"。这种理解在传文他处有所运用，如文公二年经："自十有二月不雨，至于秋七月。"传："何以书？记异也。大旱以灾书，此亦旱也，曷为以异书？大旱之日短而云灾，故以灾书。此不雨之日长而无灾，故以异书也。"

据此可知，《公羊传》中对"灾异"概念的理解上升到了抽象性高度，但其在具体的文本叙述中，并未能真正贯彻这种理解。因此，"灾"、"异"概念混用的情况非常多，如：

> 庄公十八年经："秋，有蜮。"传："何以书？记异也。"

> 僖公二十年经："五月，乙巳，西宫灾。"传："西宫者何？小寝也。小寝则曷为谓之西宫？有西宫则有东宫矣。鲁子曰：'以有西宫，亦知诸侯之有三宫也。'西宫灾？何以书。记异也。"

> 哀公三年经："五月，辛卯，桓宫僖宫灾。"传："此皆毁庙也，其言灾何？复立也。曷为不言其复立？《春秋》见者不复见也。何以不言及？敌也。何以书？记灾也。"

> 桓公元年经："秋，大水。"传："何以书，记灾也。"

另外，我们从《穀梁传》及《公羊传》中能够得知"灾"、"异"概念所蕴含的天地现象并不单一，凡风、雨、彗星、雷电、动物、昆虫、大水、旱、火灾等天地间的各种现象都有可能成为"灾异"体现的载体。

其后董仲舒承续《公羊传》的理解，结合阴阳五行学说，阐述以儒家思想为主的一套学术体系，其中对灾异概念的把握也远比《公羊传》、《穀梁传》深刻。他在上武帝的对策中便对灾异产生的先后顺序作了简单区分，他说："臣谨案《春秋》之中，视前世已行之事，以观天人相与之际，甚可畏也。国家将有失道之败，而天乃先出灾害以谴告之，不知自省，又出怪异以警惧之，尚不知变,而伤败乃至。"①

又在《春秋繁露》中对灾异概念作了细致的分析,其云:"其大略之类,天地之物有不常之变者,谓之异,小者谓之灾。灾常先至而异乃随之。灾者,天之谴也;异者,天之威也。谴之而不知,乃畏之以威。《诗》云:'畏天之威。'殆此谓也。凡灾异之本,尽生于国家之失。国家之失乃始萌芽,而天出灾害以谴告之;谴告之而不知变,乃见怪异以惊骇之,惊骇之尚不知畏恐,其殃咎乃至。以此见天意之仁而不欲陷人也。"②

按此段文字是董氏灾异理论的精华,此处董氏详细界定了"灾异"的概念。灾异根属于天地之物,其出现是为了体现天意之仁。很显然,董氏认为灾异是连接天人关系的一种方式,只不过这种方式并不惹人喜爱,它的出现让人敬畏。由此我们就会明白凡天地之物皆可与灾异产生关系。当然,"灾"、"异"的区别,董氏沿袭了《公羊传》的解释,即"异"大于"灾",但同时董氏把"灾"、"异"阐释成是天的意志,故在天人感应的思维模式下,"灾异"被赋予了神秘性,让人敬畏。同样,灾异代表了天的意志,而天之意志的表现被阐释成为儒家的仁义,所以"灾异"又与人事间的道德伦理有密切关系,人们只有遵守这套道德标准,才不会招致灾异的谴告。

当然,除却董氏的理解,我们还会看到与董氏不同的说法。比如《洪范五行传》云:"凡有所害谓之灾,无所害而异于常谓之异。"③《公羊传·襄公九年》疏引《五行书》云:"害物为灾,不害物

---

①　班固:《汉书·董仲舒传》,第 2498 页。

②　苏舆:《春秋繁露义证》,第 259 页。

③　李昉等:《太平御览·咎徵部一》,《四部丛刊》三编本。

为异。"①此与董氏的理解完全不同,着重以"害物"作为区别灾、异的标准。另外,《白虎通·灾变》引谶纬曰:"灾之为言伤也,随事而诛。异之为言怪也,先发感动之也。"②都与董氏的理解角度不同。相较来说,这些只言片语仍旧无法与董氏的阐释相提并论。

因此,我们认为董氏对"灾异"概念的阐释,不仅有了一定的逻辑抽象性,而且还把对灾异的阐释上升到了伦理学及哲学的高度。可以说,汉人对"灾异"的理解并未逃脱出董氏的思想范畴。如:"臣闻师曰,天左与王者,故灾异数见,以谴告之,欲其改更。若不畏惧,有以塞除,而轻忽简诬,则凶罚加焉,其至可必。"③"臣伏思诸异,皆亡国之怪也。天于大汉,殷勤不已,故屡出祅变,以当谴责,欲令人君感悟,改危即安。"④

根据《汉书》与《后汉书》等史料,可以判断出,汉人眼中的"灾异"涵括的内容十分多样化,不仅有日月星辰等天文星象,还有所谓的大气现象,比如云、气、虹、风、雷、雾、雪、霜、雹、霰、露等,这些都可以说是古代占星学的内容。另外,还有自然现象,比如草、木、石、山、飞禽走兽等。总之,凡天文地理皆可与灾异有关,这与《春秋》经中的灾异种类既有雷同,也有所增加。而且在汉人看来这些天地间的现象与人事具有密切的关系,所以他们格外重视日常生活中出现的一些异象。他们对灾异的理解并未脱离董氏的思维模式,皆注重灾异与人事的关联。以谶纬为例,如:"凡异所生,灾所起,各以其政,变之则除,其不可变则施

① 何休解诂,徐彦疏:《春秋公羊传注疏》,第 809 页。
② 陈立:《白虎通疏证》,第 268 页。
③ 班固:《汉书·孔光传》,第 3359 页。
④ 范晔:《后汉书·蔡邕列传》,第 1999 页。

之亦除。"(《易纬稽览图》)①"凡天象之变异,皆本于人事之所感。故逆气成象,而妖星生焉。"(《春秋元命苞》)②"人合天气五行阴阳,极阴反阳,极阳生阴。故应人行以灾不祥,在所以感之。"(《春秋考邮异》)③

(二)灾异与天人关系

就公羊学来说,最早对灾异阐释的是《公羊传》,由此开启了公羊学阐释灾异的历史。具体来说,《公羊传》在理解灾异时,已经有很明显的天人感应观念在里面。我们可以举例说明。如僖公十五年经:"己卯,晦,震夷伯之庙。"传:"震之者何? 雷电击夷伯之庙者也。夷伯者,曷为者也? 季氏之孚也。季氏之孚,则微者,其称夷伯何? 大之也。曷为大之? 天戒之,故大之也。"此处意在说季氏专权,卑公室,故天降灾异以警戒季氏。如昭公二十五年经:"秋,七月,上辛,大雩。季辛,又雩。"传:"又雩者何? 又雩者,非雩也,聚众以逐季氏也。"此即云以灾异与现实政治相傅会。

因此,可以说《公羊传》已经突显了天人感应的观念,所以对灾异的理解要么说成是天之告诫,要么说成是天对人事政治的反应,天人之间的关系通过灾异得以展现。只是《公羊传》并未明确灾异背后的思想与理论,也没有形成所谓的系统。

这种天人关系支配下的灾异观念,很明显战国后期已经出现,比如《墨子·尚同中》说:"天下既尚同乎天子,而未尚同乎天者,则天灾将犹未止也。故当若天降寒热不节,雪霜雨露不时,

---

① 安居香山、中村璋八辑:《纬书集成》,第143页。
② 安居香山、中村璋八辑:《纬书集成》,第654页。
③ 安居香山、中村璋八辑:《纬书集成》,第787页。

五谷不孰,六畜不遂,疾灾戾疫,飘风苦雨,荐臻而至者,此天之降罚也,将以罚下人之不尚同乎天者也。"①

《墨子》中认为人当敬畏天命,否则会降下灾异。很明显《墨子》中的天人关系十分密切,而且与《公羊传》对天人关系的理解基本上是一致的。另外,《吕氏春秋·十二纪》、《礼记·月令》中有关时令的讨论,也是这种天人关系的体现。"这种思想认为,天子的政令应该配合自然界的四季运行,如果违反这种规则,就会导致灾异的发生。"②

这种天人相关论已经对灾异的阐释作出了理论上的指导,此指导意味着灾异这种所谓的自然天象在天、人产生关联后的产物,是人对自我所处社会的秩序性理解。

另外,前面提到了儒家的天命观,这种天命观注重人的主体性及能动性,也就是作为人必须主动地追求善,追求儒家道德伦理,从而合乎天命,顺应天命。到了汉代,董仲舒在整合前人天人理论的基础上,重新阐释了天人关系。首先概括起来董氏对天人关系的理解即是所谓的天人感应论,这种天人感应的理论,所探讨的仍不外乎是天道与人事的关系。在讨论天、人关系时,董仲舒确立天在这种关系中的神圣性与主导性,所谓神圣性是一种具有神秘主义倾向的天道观念,具有宗教的意味,这应是先秦早期天命观的遗存。

董仲舒在上武帝的对策中云:"臣闻天之所大奉使之王者,必有非人力所能致而自至者,此受命之符也。天下之人同心归之,若归父母,故天瑞应诚而至。《书》曰:'白鱼入于王舟,有火

---

① 吴毓江:《墨子校注》,北京:中华书局,1993年,第118页。

② 沟口雄三、小岛毅主编:《中国的思维世界》,南京:江苏人民出版社,2006年,第58页。

复于王屋，流为乌'，此盖受命之符也。"①

此文中所谓的自然现象并非机械的存在，乃是天命之所使，即在天的命令之下而出现的符应。这些受命之符，代表了具有意志且神圣的天。另外，对策又云"天令之谓命，命非圣人不行"②，这种惟有圣人可行天命的口吻，正是维持了天之神圣性的形象与观念。

而天的主动性在于这种意志的天对于人事之变化会作出相应的指示。这种指示，可以说就是天命的传递。所以董氏说："臣谨案《春秋》之中，视前世已行之事，以观天人相与之际，甚可畏也。国家将有失道之败，而天乃先出灾害以谴告之，不知自省，又出怪异以警惧之，尚不知变，而伤败乃至。以此见天心之仁爱人君而欲止其乱也。自非大亡道之世者，天尽欲扶持而全安之，事在强勉而已矣。"③

这里即是说天具有仁爱之心，即承认天包涵了人世间的道德伦理，如果人君不能遵循这种天道，就会遭到天的惩戒。当然，这种主动性的惩戒就是灾异的出现。这里董仲舒并未简单化灾异，而是进一步深入阐释了天道与灾异的密切关系。前面探讨了灾异概念的定义，即是这种性质的讨论。他说："凡灾异之本，尽生于国家之失，国家之失乃始萌芽，而天出灾害以谴告之；谴告之，而不知变，乃见怪异以惊骇之；惊骇之，尚不知畏恐，其殃咎乃至。以此见天意之仁，而不欲陷人也。"④

据此可知灾异的发生不仅是对人事的反映，还具有一种动

---

① 班固：《汉书·董仲舒传》，第 2500 页。
② 班固：《汉书·董仲舒传》，第 2515 页。
③ 班固：《汉书·董仲舒传》，第 2498 页。
④ 苏舆：《春秋繁露义证》，第 254 页。

态的过程,即灾异会随着人事的变化而变化。对于人君来说,行为越严重、越恶劣,那么灾异的惩罚程度也会加深。此体现天的意志以及在此意志下对人事不满的主动性的反映。

董氏从这两方面奠定了天人关系中天的神圣地位,这种观念稳固了天的地位,确立了天的权威性,让人产生敬畏。董仲舒云:

> 臣闻天者群物之祖也,故遍覆包函而无所殊,建日月风雨以和之,经阴阳寒暑以成之。故圣人法天而立道,亦溥爱而亡私,布德施仁以厚之,设谊立礼以导之。春者天之所以生也,仁者君之所以爱也;夏者天之所以长也,德者君之所以养也;霜者天之所以杀也,刑者君之所以罚也。繇此言之,天人之徵,古今之道也。[①]

> 臣谨案《春秋》之文,求王道之端,得之于正。……正者,王之所为也。其意曰,上承天之所为,而下以正其所为,正王道之端云尔。然则王者欲有所为,宜求其端于天。天道之大者在阴阳。阳为德,阴为刑;刑主杀而德主生。是故阳常居大夏,而以生育养长为事;阴常居大冬,而积于空虚不用之处。以此见天之任德不任刑也……此天意也。王者承天意以从事,故任德教而不任刑。[②]

天人关系中,人处在次于天的等级的地位,所以人必须敬畏且遵守天的旨意。在董仲舒看来,人并非指所有人,而是特指帝王。帝王作为国家的统治者,必须遵循上天的意志,而上天的意志反映到帝王的身上,就是对帝王道德伦理、政治行为的关注。

---

① 班固:《汉书·董仲舒传》,第 2515 页。
② 班固:《汉书·董仲舒传》,第 2501—2502 页。

由此,董仲舒强调了天有教化人间的作用,他说:"性之名,非生与？如其生之自然之资,谓之性。性者,质也,诘性之质于善之名,能中之与？既不能中矣,而尚谓之质善,何哉？……性如茧、如卵,卵待覆而成雏,茧待缫而为丝,性待教而为善,此之谓真天。天生民性有善质而未能善,于是为之立王以善之,此天意也。"①

在此董仲舒认为人性本非善,而为使民向善就必须依照天的旨意进行教化,为了实施这种教化,董氏便把帝王拉出来作为天意的授权者,这时的帝王便是神圣权威以及道德伦理的代表,他的出现是为了教化人民,引导人民向善。帝王被赋予执行人间教化的职责,因而帝王也就必须自己首先遵循天意,也就是说人君必须在道德和政治上做好人民的榜样,这样人民才能在人君领导之下向善。

总之在董仲舒天人关系的理论下,人君处在关键的环节,因此董仲舒针对帝王的行为进行了相关的探讨。正如《隋书·经籍志》所说:"然则圣人之受命也,必因积德累业,丰功厚利,诚著天地,泽被生人,万物之所归往,神明之所福享,则有天命之应。"②

人君之受命,必须积德累业,如此才能上顺天道,下应民生。此点在《尚书大传》中也有很好的体现。③ 而如果人君做不到受命所应具备的要求,也就不能够遵守天意,那么灾异就成了制约

---

①　苏舆:《春秋繁露义证》,第291、300页。

②　曾贻芬:《隋书经籍志校注》,第201页。

③　参见皮锡瑞:《尚书大传疏证》卷三。《尚书大传》记载武丁时有飞雉升鼎而鸣。"武丁问祖己,祖己曰:'雉者,野鸟也。不当升鼎,今升鼎者,欲为用也,远方将有来朝者乎?'故武丁内反求诸己,以思先王之道,三年,编发重译来朝者六国。"此即强调于政治上修德便可应对灾异的出现。

人君的手段,通过灾异来劝谏和警告君主,天意不可违。故董氏说:"臣谨案《春秋》之中,视前世已行之事,以观天人相与之际,甚可畏也。国家将有失道之败,而天乃先出灾害以谴告之,不知自省,又出怪异以警惧之,尚不知变,而伤败乃至。以此见天心之仁爱人君而欲止其乱也。自非大亡道之世者,天尽欲扶持而全安之,事在强勉而已矣。"①

董氏以灾异作为劝告人君向善的方式,但灾异对人君的谴告是有一个过程的。就是当帝王违背天意时,意识到了灾异的警告,如果及时悔改,那么帝王将会继续享受天赋予的权利,继续统治国家。如果灾异降下后,帝王并未自我约束、自我改造,那么天将继续对帝王发出警告。最后,如果人君一意孤行,"亡大道",则将在天的意志下丧失手中的权利。董氏反复向帝王诉说灾异,意在"见天意之仁,而不欲陷人",所以董氏并非借助灾异来恐吓人君,而是为了维护君王在人间的绝对权利。灾异的存在只是一种谴告,实质上对帝王的权利并没有本质的伤害。董氏在上武帝策中提到了灾异,意并不在灾异,而是在说人君被赋予天之仁心,帝王作为万民的统治者,不仅承担教化,更是民心之体现:"传曰:天生之,地载之,圣人教之。君者,民之心也,民者,君之体也;心之所好,体必安;君之所好,民必从之。故君民者,贵孝弟而好礼义,重仁廉而轻财利,躬亲职此于上,而万民听,生善于下矣。"②

人君的权利乃是上天的意志,面对天的提醒——灾异,君王必须清醒认识到要时刻谨慎行事,以维护权利、稳定统治。然而

---

① 班固:《汉书·董仲舒传》,第 2498 页。
② 苏舆:《春秋繁露义证》,第 320 页。

董氏的灾异理论并非顽固不化，灾异出现的层级性，不仅在明天之仁心，更是间接说明帝王在面对天意时，自身的主动性非常重要，只要意识到自己行为的不当，自我悔改，即是这种主动性的体现。"政失于此，则变见于彼，犹景之象形，响之应声。是以明君睹之而寤，饬身正事，思其咎谢，则祸除而福至，自然之符也。"①对于人君"饬身正事"的主动性结果，上天便会出现"自然之符"，那就是灾异的反面——祥瑞。故董氏云：

> 故为人君者，正心以正朝廷，正朝廷以正百官，正百官以正万民，正万民以正四方。四方正，远近莫敢不壹于正，而亡有邪气奸其间者。是以阴阳调而风雨时，群生和而万民殖，五谷孰而中木茂，天地之间被润泽而大丰美，四海之内闻盛德而皆徕臣，诸福之物，可致之祥，莫不毕至，而王道终矣。②

> 夫周道衰于幽厉，非道亡也，幽厉不繇也。至于宣王，思昔先王之德，兴滞补弊，明文武之功业，周道粲然复兴，诗人美之而作，上天祐之，为生贤佐，后世称诵，至今不绝。此夙夜不解行善之所致也。孔子曰"人能弘道，非道弘人"也。故治乱废兴在于己，非天降命不可得反，其所操持悖谬失其统也。③

灾异在董氏天人理论的支配之下，既是为了让人君意识到"天之不可不畏敬"④，又是人君政治权利乃天授的显现。所以有

---

① 班固：《汉书·天文志》，第 1273 页。
② 班固：《汉书·董仲舒传》，第 2502—2503 页。
③ 班固：《汉书·董仲舒传》，第 2499—2500 页。
④ 苏舆：《春秋繁露义证》，第 396 页。

学者说:"天道的作用完全没有抑制君主的权力,而是倾向于处于世界之外的作为思想家的分身的君主对万民的统治。"[①]

(三)灾异与阴阳

董氏在构建天人理论时,融入了所谓的阴阳五行学说,以阴阳五行作为天的构成,与王道政治相一致而彼此影响。然天人感应的理论即是二者的理论核心,所以探讨二者须依据此理论展开。前面讲到了灾异是天的意志的体现,那么董氏把阴阳五行的概念引入天道的建构中,从而体现天的意志,也就是说所谓的"人格的天(天志、天意)是依赖自然的天(阴阳、四时、五行)来呈现自己的"[②],董氏通过这种建构,便把自然现象与天的意志结合起来,自然的客观规律成为了天意的隶属,而对于人来说,道德伦理、政治制度乃至人的形体都是天通过阴阳五行的手段在人间实施的。如此一来,人事与自然相关联且相互影响,构成一个在天的意志下相互平衡、和谐的整体。这点在《淮南子》中也有所反映,其《要略》云:"天文者,所以和阴阳之气,理日月之光,节开塞之时,列星辰之行,知逆顺之变,避忌讳之殃,顺时运之应,法五神之常,使人有以仰天承顺而不乱其常者也。""时则者,所以上因天时,下尽地力,据度行当,合诸人则,形十二节,以为法式,终而复始,转于无极,因循仿依,以知祸福,操舍开塞,各有龙忌,发号施令,以时教期,使君人者知所以从事。"[③]

灾异作为自然现象,在这种理论下,就成了代表天意的阴阳五行与人事不和谐的产物,这种产物虽然仍是天的意志,但却是

---

① 沟口雄三、小岛毅主编:《中国的思维世界》,第80页。

② 李泽厚:《中国古代思想史论》,北京:生活·读书·新知三联书店,2008年,第150页。

③ 何宁:《淮南子集释》,第1442—1443页。

通过阴阳五行学说加以推演的。因此，我们便看到了汉人阐释灾异的一种独特现象，那就是以阴阳五行学说去阐释灾异现象，其中运用阴阳理论的现象尤为突出。可以说董氏运用阴阳五行理论构建的天人关系，突出了自然现象的重要性。而灾异作为特殊的自然现象，在儒家思想与阴阳五行论结合之后的天人感应观念之影响下，让人了解到灾异对人事的警告，因为此时的灾异不再是简单的违背自然客观规律的异象，而是天的意志对人的不满。正如学者李泽厚所说，董氏的特点在于"相当自觉地用儒家精神改造了、利用了阴阳家的宇宙系统"①。阴阳家本来就重视时令与人事的关系，这点《史记·太史公自序》已经说到："夫阴阳四时、八位、十二度、二十四节各有教令，顺之者昌，逆之者不死则亡。未必然也，故曰'使人拘而多畏'。夫春生夏长，秋收冬藏，此天道之大经也，弗顺则无以为天下纲纪，故曰'四时之大顺，不可失也'。"

　　这里司马迁总结了阴阳家利用自然规律，使人拘而多畏，可知此说在当时对人来说是有一定的约束效力的，而灾异可以说是所谓的"逆之者不死则亡"的自然异象。董氏以儒家思想为基础，吸收了阴阳家的学说，正是借鉴了阴阳家对时令的强调。在董氏的天人理论下，"四时之大顺，不可失也"变得更加重要。一旦失去，轻者有灾异的出现，重者便会亡国。《春秋繁露》云："天亦有喜怒之气，哀乐之心，与人相副，以类合之，天人一也。春，喜气也，故生；秋，怒气也，故杀；夏，乐气也，故养；冬，哀气也，故藏；四者，天人同有之，有其理而一用之，与天同者大治，与天异者大乱，故为人主之道，莫明于在身之与天同者而用之，使喜怒

---

① 李泽厚：《中国古代思想史论》，第161页。

必当义而出,如寒暑之必当其时乃发也。"①因此,对人君来说,灾异成为他们不可忽视的异象,而对于其统治下的士大夫来说,灾异不仅是评判人君统治的"晴雨表",更是自我抱负展现的一种手段,他们借灾异以评判时政,袒露自己对帝王乃至国家、社会的见解。

二、灾异观念的紧张性

虽然按照董氏的理论,人君"善治则灾害日去,福禄日来"②,但有时一些灾异现象并不能按照此理论来阐释。董仲舒针对此问题作了解答,他说:

> 故圣主在上位,天覆地载,风令雨施。雨施者,布德均也;风令者,言令直也。……禹水汤旱,非常经也,适遭世气之变,而阴阳失平。尧视民如子,民视尧如父母。《尚书》曰:"二十有八载,放勋乃殂落,百姓如丧考妣。四海之内,阏密八音三年。"三年阳气厌于阴,阴气大兴,此禹所以有水名也。桀,天下之残贼也;汤,天下之盛德也。天下除残贼而得盛德大善者再,是重阳也,故汤有旱之名。皆适遭之变,非禹汤之过。毋以适遭之变疑平生之常,则所守不失,则正道益明。③

《白虎通》沿袭了董仲舒的理解:"尧遭洪水,汤遭大旱,亦有谴告乎?尧遭洪水,汤遭大旱,命运时然。"④

---

① 苏舆:《春秋繁露义证》,第 341 页。
② 班固:《汉书·董仲舒传》,第 2505 页。
③ 苏舆:《春秋繁露义证》,第 348—349 页。
④ 陈立:《白虎通疏证》,第 270 页。

后来王充在其《论衡》中便把灾异分为政治之灾与无妄之灾。《论衡·明雩》云："问：政治之灾，无妄之变，何以别之？曰：德酆政得，灾犹至者，无妄也；德衰政失，变应来者，政治也。夫政治，则外雩而内改，以复其亏；无妄，则内守旧政，外修雩礼，以慰民心。故夫无妄之气，历世时至，当固自一，不宜改政。"①

所谓政治之灾即董氏所强调的灾异，而无妄之灾即董氏所说的偶然性的灾异。《孔丛子》也有此论："建初元年大旱，天子忧之，侍御史孔子丰乃上疏曰：'臣闻为不善而灾报，得其应也；为善而灾至，遭时运也。陛下即位日浅，视民如伤，而不幸耗旱，时运之会耳，非政教所致也。昔成汤遭旱，因自责，省畋散积，减御损食，而大有年。意者陛下未为成汤之事焉。'天子纳其言而从之，三日雨即降。转拜黄门郎，典东观事。"②严遵《老子指归》也涉及了此论："遭遇君父，天地之动，逆顺昌衰，存亡及我，谓之遭命。"③

可见汉人虽然注重灾异的出现，但他们在灾异的理解上并非顽固不化，这里面很明显也有一定的变通性。当然变通性理解是在违背常规思路的基础上展开的。一旦在向善的情况之下，灾异还会出现，这就违背了灾异出现的正常模式，此时人便会产生疑虑。《后汉书》曾记载一事，云：

> 时县连年火灾，昆辄向火叩头，多能降雨止风。徵拜议郎，稍迁侍中、弘农太守。先是崤、黾驿道多虎灾，行旅不通。昆为政三年，仁化大行，虎皆负子度河。帝闻而异之。

---

① 黄晖：《论衡校释》，北京：中华书局，1992年，第671—672页。

② 范晔：《后汉书·五行志》刘昭补注引，第3278页。

③ 樊波成：《老子指归校笺》，第90页。

二十二年,徵代杜林为光禄勋。诏问昆曰:"前在江陵,反风灭火,后守弘农,虎北度河,行何德政而致是事?"昆对曰:"偶然耳。"左右皆笑其质讷。帝叹曰:"此乃长者之言也。"顾命书诸策。乃令入授皇太子及诸王小侯五十余人。①

这种所谓的偶然性,是建立在以道德伦理作为评判标准的基础上的。而董仲舒等汉代知识分子接受了流行的灾异观念,这种观念强调道德伦理的重要,所以一旦所谓的异象发生在现实中具有仁善德行的人身上时,正常的灾异观念便失去了阐释的效力,因为这与世人的灾异观念发生了冲突。而在当时的思维状态下,人们不会运用科学的思维去解释,但仍然会寻求一个答案,而解答的方式仍是转移到天命上来,也就是先秦儒家所强调的天命,面对天命的不可知,惟有敬畏,后来儒家强调的穷达以时,亦是如此。因此,对于无妄之灾,也是命运之使然,与现实无关。所以,在汉人的理解中,这种偶然性的解读,并非我们今天所理解的纯粹的自然现象,而是一种神秘主义的解读。通过这种解读,方可缓解这种观念的紧张性。所以王符说:"凡人吉凶,以行为主,以命为决。行者,己之质也;命者,天之制也。在于己者,固可为也;在于天者,不可知也。"②

《史记·太史公自序》云:"夫阴阳四时、八位、十二度、二十四节各有教令,顺之者昌,逆之者不死则亡。未必然也,故曰'使人拘而多畏'。夫春生夏长,秋收冬藏,此天道之大经也,弗顺则无以为天下纲纪,故曰'四时之大顺,不可失也'。"太史公以一种较为理性的思维来评判各家学说,即他看到了这种学说背后的

---

① 范晔:《后汉书·儒林列传》,第 2550 页。
② 彭铎:《潜夫论笺校正》,第 301 页。

不合理性。这种不合理性即包括阴阳学说的局限性，这种局限性就是过分夸大了违背自然后的惩罚的严重性，所以说"未必然也"。可以说正是在阴阳学说的影响之下，汉人普遍接受了"逆之则亡"的灾异观念。在此观念支配下，对于自然现象，总要关联到人事上。如此一来，灾异的出现便会让人"拘而多畏"。而士人所谈到的灾异现象的偶然性，其实正是太史公所强调的"未必然也"。在太史公看来，所谓的自然时令，不过是天道之大经，也就是说顺应自然乃合乎天道，而天道便是人所应当效法的，是治理天下的纲纪。在此，太史公以臣子的口吻，宣扬了一种政治理念，那就是人君当遵守天道，遵守天道也就会成为天下之人效法的准则，而所谓的自然时令不过是天道的某种体现而已。太史公对于阴阳学说逻辑下的惩罚性后果，给出了很好的解释。而灾异观念有时让人产生了过度的敬畏，从而导致人们对于所谓的自然现象产生了过度的敏感。在司马迁看来，他认为我们应该关注"天下之纲纪"，遵守天道，对于那些所谓的异象，不要过分关注，但这并不能代表他不重视自然异象。其实司马迁与后来的士大夫们一样，并未能直接解答灾异的偶然性这个问题，因为他们对于自然的理解有一个思维定式，那就是天人关系的发生是靠自然现象来传达的。在此思维定式之下，这种灾异观念的矛盾与冲突也就不可避免。但他们不会如同今人一样说这是纯粹的自然现象，他们总要把这种矛盾溯源到天命的高度，如此一来就会得到所有人的赞同，因为毕竟天是神圣而令人敬畏的。所以在汉人对天人关系的无比重视下，他们给出的答案总是如此的一致，我们也就不必奇怪了。

王充虽然把灾异区分为政治之灾与无妄之灾，但他对无妄之灾的理解却不同于当时的主流观念。《论衡·自然》云："浩誓不及五常，要盟不及三王，交质子不及五伯，德弥薄者信弥衰。心险而行诐，则犯约而负教。教约不行，则相谴告。谴告不改、举兵相灭。由此言之，谴告之言，衰乱之语也，而谓之上天为之，斯盖所以疑也。"①王充把人们所认为的谴告观念，说成是衰乱之言，也就是说谴告只是时人争斗利用的工具，而与所谓的天道无关。据此思路可知，所谓的灾异观念支配下的对人事的谴告，也有这种功利性的倾向。可见王充以辩证理性的角度，看到了灾异观念的盲目性，这种盲目不仅出自人对天的敬畏，更是利益驱使下，以神道设教的手段去蛊惑人心。

然而汉代出现的道教典籍《太平经》却给出了一个较为圆融的解答，其云："凡人之行，或有力行善，反常得恶，或有力行恶，反得善……力行善反得恶者，是承负先人之过，流灾前后积来害此人也。其行恶反得善者，是先人深有积蓄大功，来流及此人也。能行大功万万倍之，先人虽有余殃，不能及此人也。"②道教以承负说劝人行善德，从而免除灾异，以求福报。而对于现世中人行善而反得恶报者，归因于先人之过错大于现世中人所行之善，只有当现世中人所行之善超过先人之过时，才会有所谓的福报。反之，现世所行之恶未能超过先人之行善大功，也不会遭来灾害报复。总之，《太平经》作为道教的典籍，以一种宗教的方式，劝人在现实中行善违恶，以求得现世中能够有所福报，而对于儒家探讨的无妄之灾，也没有逃避不加阐释，而是把这种偶然性解释为过去与当下善恶的不对等，这样就让活在当下的人们相信，只要"行大功万万倍之"，即可无此灾祸。

---

① 黄晖：《论衡校释》，第784页。
② 王明：《太平经合校》，第22—23页。

儒家虽无此说，但仍旧会把灾异的探讨聚焦在人的善恶德性上来。比如东汉的王符认为若要求福，人之自身的德义才是最重要的："巫觋祝请，亦其助也，然非德不行。巫史祝祈者，盖所以交鬼神而救细微尔，至于大命，末如之何。……不若修己，小心畏慎，无犯上之必令也。故孔子不听子路，而云'丘之祷久矣'。《孝经》云：'夫然，故生则亲安之，祭则鬼享之。'由此观之，德义无违，鬼神乃享；鬼神受享，福祚乃隆。故《诗》云：'降福穰穰，降福简简，威仪板板。既醉既饱，福禄来反。'此言人德义美茂，神歆享醉饱，乃反报之以福也。"①

总之，一旦出现不同于常规灾异思维的现象，人们都会采取各种方式去弥补这种矛盾的观念，但并不能够给出较为理性的解释，因为他们理解灾异的出发点本身具有神秘性而缺乏理性，所以汉人无论怎样解释，都无法摆脱这种矛盾的困境。

第三节　刘向、刘歆与汉代灾异的阐释

《汉书·五行志》云："汉兴，承秦灭学之后，景、武之世，董仲舒治《公羊春秋》，始推阴阳，为儒者宗。宣、元之后，刘向治《穀梁春秋》，数其祸福，传以《洪范》，与仲舒错。至向子歆治《左氏传》，其《春秋》意亦已乖矣；言《五行传》，又颇不同。是以揽仲舒，别向、歆，传载眭孟、夏侯胜、京房、谷永、李寻之徒所陈行事，讫于王莽，举十二世，以傅《春秋》，著于篇。"②据此，我们知道汉代探讨灾异的学者涉及多个学派。而《春秋》学派，当然首推董

---

① 彭铎：《潜夫论笺校正》，第301—302页。
② 班固：《汉书·五行志上》，第1317页。

仲舒。在董仲舒奠定了以阴阳释灾异的方式后,其后的学者无不沿此路线。刘向、歆父子在继承董氏学说的基础上,又把灾异理论推进了一步。

首先,刘向、歆吸收了《洪范五行传》的理论,把《洪范》五行观点与灾异现象结合,在阴阳观念的支配下,扩充了对灾异现象的阐释。刘向虽然未能脱离汉代以阴阳说灾异的大传统,但是正如《汉书·五行志》所说,刘向以《洪范五行传》作为阐释灾异的文本依据,也就是说他对于灾异的阐释并不局限于《春秋》经文。董仲舒公羊学灾异理论以《春秋公羊传》为依据,其讨论现实灾异也是依据《春秋》(观其论高庙灾可知),而且其对灾、异概念的理解具有明显的区别。而刘向以《洪范五行传》为理论依据,以之阐释上古至汉代的灾异现象,并没有固守《春秋》经文,也没有灾、异项目的对立。刘向在《洪范五行传》的体系下,容纳了各式各样的灾异现象。这些灾异现象被刘向通过自我的知识结构加以融会贯通。当然,如果仔细比较起来,董、刘之间具体的差异主要在三个方面[①]。

第一是二人有关《春秋》三传的理解不同,董仲舒主公羊学,而刘向主穀梁学。很明显,公羊学与穀梁学对于《春秋》经的阐释有所不同,因此就导致了二者在对灾异现象的理解上出现了差异。

第二方面就是阐释灾异现象的理论依据的差别。前面我们说了,董仲舒以阴阳感应原则来阐释灾异,而刘向则以《洪范五行传》来解释灾异。所以,我们会看到在具体的操作层面,二者

[①] 黄启书:《试论刘向刘歆洪范五行传论之异同》,《台大中文学报》2007 年第 12 期。

会有各自的倾向。

第三方面就是个人主观理解上的差异。比如针对《春秋》经中的某一灾异现象，二人的具体解释不同。如庄公二十六年癸亥朔日食，"董仲舒以为宿在心，心为明堂，文武之道废，中国不绝若线之象也"，"刘向以为时戎侵曹，鲁夫人淫于庆父、叔牙，将以弑君，故比年再蚀以见戒"①。

刘向丰富了汉代的灾异观念，而且在阐释灾异时吸收了众家之长。非常明显的一点就是对《易》学的借鉴与融合，这一点，可谓是刘向的巨大创新。所谓创新就在于刘向把《易经》作为构建的知识基础，借用《易经》的"一阴一阳之谓道"，以《易经》中的道作为阴阳之来源，把阴阳、五行归入道德范围之下，从而形成了以《易经》为五经之首的经学观。在这种观念下，对灾异也就有了更深层次的理解，即灾异的发生是对于道德伦理的违背，因此在阐释灾异中必然会掺入《易》学知识，这点从刘向、歆父子的相关文本中能够看出来。②

刘歆虽然承继了其父刘向以五行说灾异的方式，但具体来看，刘歆与其父还是有很大的差异。首先最明显的就是其父曾习公羊学，并主穀梁学（见《汉书·楚元王传》），而刘歆却是《左氏》学的代表，因此在对《春秋》中具体的灾异项目的理解上，就会因为二人的知识结构以及学术倾向的不同而产生阐释上的差异。所以我们通过《汉书·五行志》就会看到，刘向对《春秋》灾异的解释较为接近董仲舒，而刘歆的理解则与众人差异很大。

另外，对于《洪范五行传》文本的处理，二人理解也有不同。

①　班固：《汉书·五行志下》，第 1484 页。

②　参见丁四新：《刘向刘歆父子的五行灾异说和新德运观》，《湖南师范大学学报》2013 年第 6 期。

刘歆把《洪范五行传》作了一定的结构性调整,并分别命名为貌传、言传、视传、听传、思心传、皇极传。而且对传文作了一定的改动,通过比较就可看出,例如,《五行传》本作"时则有龟孽,时则有鸡祸,时则有下体生上之痾",刘歆改作"有鳞虫之孽,羊祸,鼻痾"。又如《五行传》本作"时则有介虫之孽",刘歆作"时则有毛虫之孽"。①

刘向、歆父子的灾异理论,不仅丰富了灾异的阐释,而且对后来的士大夫产生了很大的影响。后汉的士大夫在阐释灾异时,时不时会运用《洪范五行传》的知识,而且就连坚守公羊学家法的何休,也深受刘氏父子灾异理论的影响。何休的《解诂》中虽因袭董仲舒之说很多,但也有与刘向之说相吻合者,例如:"石者,阴德之专者","山者,阳精,德泽所由生","木者少阳,幼君大臣之象",等等。另外,何休偶尔也会引用《洪范》之文,成公年间无冰之事,何休就引用了"舒,恒燠若"之言。②所以我们通过对刘氏父子灾异理论的讨论,可知虽然董仲舒开创了以阴阳说灾异的范式,但由董仲舒到何休的这段时期里,灾异理论是在发展变化的,刘氏父子的理解便是对这种发展变化的最好解释。当然,还有京氏《易》学、齐《诗》等对灾异的理解,都是这期间灾异理论的多种形式,虽然他们都离不开"阴阳"观念,但具体的操作方式还是各有不同。这种形式的多样性,也导致了后来的学者在阐释灾异时亦会汲取众家,汉末的何休就是这种治学特点的人物之一。

---

① 参见丁四新:《刘向刘歆父子的五行灾异说和新德运观》。
② 参见黄启书:《试论刘向刘歆洪范五行传论之异同》。另可参见程苏东:《汉代〈洪范〉五行学:一种异质性知识的经学化》,北京:北京大学出版社,2023 年。

第四节 何休与《公羊传》灾异的具体阐释

一、何休与公羊学灾异阐释的传统

何休作为东汉末年公羊学的代表人物,其《解诂》一书不仅反映了何氏公羊学的成就,更能够见识到其公羊学知识来源的多样化。但是在知识多样化的背后,仍然遵循着一个不变的东西,那就是汉代公羊学的传统,也就是我们以历时的角度来看公羊学的发展,会发现虽然在不同的时间段上会出现一些差异,但他们仍然具有一些共性。这种传统,既有知识、观念或思想上的,也有具体操作层面上的。而灾异这一方面,可以说也遵循着这个传统。那么,这个传统具体为何呢?笔者以为若要讨论这个传统,就必须首先明确汉代公羊学的发展历史,而观察这种历史,尤其重要的是考察公羊学师法家法的演变。因为汉代经学的研习与传承是依靠学者相传的,而这种传承就是对师说的记忆与发挥。虽然经过不断的传承,学者间逐渐有所发挥,形成了不同的分支,但这并不能够否认学派之间的联系,这种联系就是他们之间所共有的传统之一。

比如,据汉代的史料,汉初公羊的传授者有胡毋子都与董仲舒。当然,在此必须清楚我们是据汉代史料而作出的讨论,史料的记载有疏漏和偏见,因为据史料我们能够判断出早期公羊学的传授者不止此二人[①],这就犹如今出土的阜阳汉简《诗经》,就

---

① 如辕固生为《齐诗》之祖,其先有园公治《公羊春秋》,为秦博士。(泷川资言:《史记会注考证·留侯世家》,上海:上海古籍出版社,2015年,第2617页)

与史书记载的《诗经》学派都不同,这说明当时民间还有很多学派或者文本在流传。胡毋子都传授给公孙弘,其后传授不详。《汉书·儒林传》记载他为景帝博士,与董仲舒同业,后来年老便回齐国老家继续教授公羊学。据此可知,当时胡毋子都的弟子不仅于朝廷中存在(比如公孙弘就算一个),齐地肯定也有很多,只是史书未曾记录而已。而通观史书的载记,很明显董仲舒公羊学的影响力远大于胡毋子都,董仲舒不仅有《春秋繁露》流传,更在武帝时期受到帝王的恩宠。因此董仲舒的公羊学更具有时代性,与当时的政治结合得也比较紧密。相较来讲,胡毋子都的公羊学可能较为保守、传统,不易被时人所接受,只有《公羊条例》流传于汉世。董仲舒传授弟子见于记载者较多,有睢孟、褚大、吾丘寿王等。睢孟当时弟子百余人,然成大器者惟有严彭祖、颜安乐,在此二人的努力之下,公羊学后来形成了严、颜学派,而且东汉习公羊学者基本不离此二派。但在此二派之下又发展出了诸多分支,比如颜氏又有筦(路)、冥(都)之学。何休师承博士羊弼,而东汉公羊学立博士者只能是严、颜学派,因此,何休必定是严、颜学派的传习者。但汉末对学派的要求并无东汉初年严格,因此,学派的概念在何休眼中并非十分重要,这从其采用胡毋生的《公羊条例》即可看出。由于史料有限,我们无法判定何休究竟属于哪一派,但我们根据学派的传授以及何、董之间的密切关联,可以肯定董仲舒的公羊学也必然与何休的公羊学有着一些共同点。

前文说到董仲舒以天人感应学说奠定了汉代灾异阐释的理论基础,在这种理论的指导下,后来的公羊学者无不是在这种基础上去阐释《春秋》灾异的,这种灾异与天道、人事的密切关联,不仅成为汉代公羊学者的共识,更成为经生、士大夫效仿的思维模式。因此可以说这种思维模式便是公羊学灾异阐释传统的体现。而何休作为董仲舒公羊学的继承者,仍然未能脱离这种灾异阐释的思维模式。在这种思维模式的影响之下,久而久之,公羊学者对灾异的阐释就成为一种自发性的经典阐释活动,成为一种随时都会显露出来的潜意识。而在这种模式的影响之下,我们再由文本为基础,考察学者们如何从具体层面去操作和组织语言以表现这种思维模式。为说明这种情况,我们以董仲舒、何休阐释灾异的文字为例。

1. 桓公十四年经:"八月,壬申,御廪灾。"《汉书·五行志》云:"董仲舒以为先是四国共伐鲁,大破之于龙门。百姓伤者未瘳,怨咎未复,而君臣俱惰,内怠政事,外侮四邻,非能保守宗庙终其天年者也,故天灾御廪以戒之。刘向以为御廪,夫人八妾所舂米之臧以奉宗庙者也。时夫人有淫行,挟逆心,天戒若曰夫人不可以奉宗庙。桓不寤,与夫人俱会齐,夫人谮桓公于齐侯,齐侯杀桓公。"①何休云:"先是龙门之战,死伤者众,桓无恻痛于民之心,不重宗庙之尊,逆天危先祖,鬼神不飨,故天应以灾御廪。"②

2. 文公十四年经:"七月,有星孛入于北斗。"《汉书·五行志》云:"董仲舒以为孛者恶气之所生也。谓之孛者,言其孛孛有所防蔽,闇乱不明之貌也。北斗,大国象。后齐、宋、鲁、莒、晋皆弑君。"③何休云:"孛者,邪乱之气。彗者,扫故置新之象也。北斗,天之枢机玉衡,七政所出。是时桓文迹息,王者不能统政。自是之后,齐、晋并争,吴、楚更谋,竞行天子之事,齐、宋、莒、鲁

---

① 班固:《汉书·五行志上》,第 1321 页。

② 何休解诂,徐彦疏:《春秋公羊传注疏》,第 182 页。

③ 班固:《汉书·五行志上》,第 1511 页。

弑其君而立之应。"①

3.昭公十八年经:"五月,壬午,宋、卫、陈、郑灾。"董仲舒云:"董仲舒以为象王室将乱,天下莫救,故灾四国,言亡四方也。又宋、卫、陈、郑之君皆荒淫于乐,不恤国政,与周室同行。阳失节则火灾出,是以同日灾也。"②

从上面董仲舒与何休阐释灾异的文字中我们可以看出,董、何都有一个固定的模式,这个模式可以说是思维模式的影响,也是公羊学传统的体现,这个传统落实到具体的文本操作层面。概括起来,这个灾异文本阐释的模式有三种。一是溯源灾异出现的原因,这是注重过往史事与灾异的关系,第 1 例即是这种模式。二是灾异的预测效应,即灾异与未来史事具有某种联系,第 2 例即是。三是灾异与阴阳理论的结合,同时结合史事,第 3 例即是。

何休阐释灾异的模式很明显并非其首创,他继承了董仲舒对灾异文本的解读模式,这种模式并未局限在《春秋》文本上,也被运用到现实政治中。《汉书·五行志》云:"孝昭元凤三年正月,泰山莱芜山南匈匈有数千人声。民视之,有大石自立,高丈五尺,大四十八围,入地深八尺,三石为足。石立处,有白乌数千集其旁。眭孟以为石阴类,下民象,泰山岱宗之岳,王者易姓告代之处,当有庶人为天子者。"③

据此可知,眭孟作为公羊学者,他在解释当代的灾异时,已经把阐释经典文本的模式运用到了现实政治中。另外这种模式并未局限于公羊学派,在刘向、刘歆等其他学者的身上也有所体

---

① 何休解诂,徐彦疏:《春秋公羊传注疏》,第 574 页。

② 班固:《汉书·五行志上》,第 1329 页。

③ 班固:《汉书·五行志中》,第 1400 页。

现，我们从《汉书·五行志》中有关刘向、歆的记载即可得知。

以上通过简单的分析，可以看出这种灾异阐释的传统，不仅指董氏为首的公羊学思想影响下的思维模式，具体层面则是阐释灾异文本时所运用的操作方式，也就是上文总结的三种类型。但我们不能否认，在这种传统之下，还不能忽略学者个人的理解，毕竟他们是有自我的知识体系与学术思想的人，他们在文本的理解上有自己的理解与选择，所以我们探讨这种传统时，还必须清楚他们之间仍然存在着差异，这种差异更有助于我们理解何休的灾异观念。

二、何休灾异论的突破与创新

为说明何休与董仲舒、刘向等学者有关灾异阐释的异同，我们依据《汉书·五行志》所载，与何休《解诂》中涉及灾异的注释作一比较，即可看出，在具体到每一条灾异的经文时，对于灾异产生的缘由，董仲舒与何休有理解一致的地方，也有不一致的地方。而且我们还会看到即使是早于何休很多年的刘向，虽然很多阐释与董仲舒一致，但也不排除与董仲舒相异的解释。甚至何休有些理解与刘向或刘歆相同，反而不同于董仲舒。这说明虽然阐释灾异的传统大家都在遵守，但就学者个人来讲，他们针对经书并非人云亦云，而是有自我主动的思考，这样一来，随着时间的不断变化，不同学者对《春秋》灾异的理解自然会出现差异。

具体到何休来说，我们从他的《解诂》序中就可以体会到他自我意识的强烈。此序文中他不满之前公羊学者对经典的解读，认为是"至有倍经、任意、反传违戾者"。"是以讲诵师言至于百万犹有不解,时加让嘲辞,援引他经失其句读,以无为有。"①何休认识到了当时公羊学的诸多弊端,所以他认为必须通过自己的努力,改变这种局面,从而抗衡古文经学,故他在文末说:"往者略依胡毋生条例,多得其正,故遂隐括使就绳墨焉。"②何休这种强烈的自我意识,其目的不只是为公羊学赢得一席之地,更重要的在于他认为公羊学承载的是"圣人之极致,治世之要务"③,可以说在何休看来公羊学不只是一种经书,更是一种信仰的载体。因此,何休为实现他所认可的"圣人之极致",就必须主动地去阐释《公羊传》。而就灾异方面来看,差异的出现正是他为了改变公羊学不堪局面的努力,也是为了实现"圣人之极致"④。

首先我们需要说的一点是,何休对于灾异概念的阐释与董仲舒是不同的。这种对传文灾异概念的不同理解也影响了他们各自的灾异阐释。前文中在讨论到汉代灾异时,提到了董仲舒对灾异概念的明确界定,董仲舒认为异大于灾,灾先异后,"灾者,天之谴","异者,天之威"。然而到了何休这里,他并未采取董仲舒的这种理解,而是采取了另一种阐释,他说:"异者,非常可怪,先事而至者。"(隐公三年)"异者,所以为人戒也。重异不重灾,君子所以贵教化而贱刑罚也。"(定公元年)"灾者,有害于人物,随事而至者。"(隐公五年)何休认为异的危害程度小于灾,而董仲舒明显相反。而且,何休所理解的灾异更重视受害方"人",董仲舒在阐释灾异的概念时,是以天为出发点的,因此二

① 何休解诂,徐彦疏:《春秋公羊传注疏序》,第5—6页。
② 何休解诂,徐彦疏:《春秋公羊传注疏序》,第9页。
③ 何休解诂,徐彦疏:《春秋公羊传注疏序》,第2页。
④ 何休在《春秋公羊经传解诂》中说:"孔子畏时远害,又知秦将燔《诗》、《书》,其说口授相传,至汉公羊氏及弟子胡毋子都等。"可知何休用胡毋生《公羊条例》目的可能在于借此以接近圣人作《春秋》的真谛。

人差异的出现是必然的。何休的灾异观念侧重说明"教化",教化的有效施行便可避免"灾"的发生,因为"灾"一旦发生,便会有害于人物,这时再去弥补也就晚了。此可见何休作为一个为实现"圣人之极致"的儒者的坚定信仰。而董仲舒作为汉代儒学复兴的一个代表人物,未能避免阴阳五行等神秘学说的巨大影响,因此对灾异概念的理解仍然具有一种神秘的意味。何休处东汉末年,此时的儒学已经相当成熟,虽然谶纬、数术之学仍旧十分兴盛,但何休关注的焦点并不在此。他深处汉末乱世,希冀"圣人之极致",也就是太平世的出现,而这种盛世离不开儒家道德伦理的弘扬,离不开儒家的礼乐。因此,在他的灾异文字中,儒家思想表露无遗。

也正是因为何休关注儒家的道德伦理,所以他对灾异格外重视,他在《春秋公羊谥例》中将"灾异"与"人事"归为二类,可见他对灾异的重视。而在具体的行文中,他以"先是……"、"是后……"的形式来阐释灾异,所秉承的正是"重异不重灾"的观念。从中我们可以感受到何休重教化轻刑罚的儒家思想。比如桓公十四年经:"秋,八月,壬申,御廪灾。"何休云:"先是龙门之战,死伤者众,桓无恻痛于民之心,不重宗庙之尊,逆天危先祖,鬼神不飨,故天应以灾御廪。"

此处何休以"先是龙门之战,死伤者众,桓无恻痛于民之心,不重宗庙之尊"解释了一番,便是依据重异不重灾的模式,但很显然何休认为桓公并未能理解"异"的警示,反而变本加厉,"逆天危先祖,鬼神不飨",最后导致"御廪灾",也正是"灾随人事而至者"的体现。何休以这种模式,目的在劝诫为王者践行儒家仁义,行教化而少刑罚。

定公七年经:"大雩。"何休云:"先是公侵郑,城中城,季孙斯、仲孙忌如晋,围运,费重不恤民之应。"①这便是说"大雩"乃是随人事之应,可见是灾而非异。

定公五年经:"春,王正月,辛亥,朔,日有食之。"何休云:"是后臣恣日甚,鲁失国宝,宋五大夫叛。"②此即云"先事而至者",正是"异"的表述。

通过何休对灾异概念的界定,可看出何休针对具体经文的灾异会作出自己的理解,这种理解会有灾异程度上的差别,而此种差别的背后所反映的正是何休深切的儒家关怀。当然,我们也不能够把这种概念绝对化地运用到何休的每条灾异阐释中,毕竟何休在注释《公羊传》时并未完全地程式化和规范化。

另外,何休对灾异的阐释具有明显的时代性。何休身处东汉末年,而谶纬在东汉十分流行,何休也深受此影响。但何休在引用谶纬时,并非简单的不加分别,这点我们从《左氏膏肓》、《穀梁废疾》中引用谶纬以批评《左氏》、《穀梁》,就能看出何休认为谶纬乃圣人之真谛。另外,郑玄也认为纬书乃圣人之言。③所以何休的《解诂》中引用谶纬也就不足为奇了。由于何休把谶纬看成是圣人之言,所以阐释灾异的文字中涉及谶纬,正是为了更好地阐释圣人的微言大义,以求得"圣人之极致"。④如桓公三年

---

① 何休解诂,徐彦疏:《春秋公羊传注疏》,第 1089 页。

② 何休解诂,徐彦疏:《春秋公羊传注疏》,第 1076 页。

③ 郑玄《释穀梁废疾》云:"孔子虽有圣德,不敢显然改先王之法以教授于世,若其所欲改,具阴书于纬,藏之以传后王。"(《礼记正义》卷十七,第 506 页)

④ 按此观念乃当时学者的共识。《春秋公羊经传解诂》隐公元年疏引闵因序云:"昔孔子受端门之命,制《春秋》之义,使子夏等十四人求周史记,得百二十国宝书,九月经立。《感精符》、《考异邮》、《说题辞》具有其文。"《孝经钩命决》云:"孔子在庶,德无所施,功无所就,志在《春秋》,行在《孝经》。"(《春秋公羊传注疏序》,第 2 页)可知谶纬是代表圣人之言。

经:"秋,七月,壬辰,朔,日有食之,既。"何休云:"是后楚灭邓、谷,上僭称王,故尤甚也。"①按据贾公彦疏此注乃依据《春秋说》。

僖公三十三年经:"陨霜不杀草,李梅实。"何休云:"《易中孚记》曰:'阴假阳威之应也。早陨霜而不杀万物,至当陨霜之时,根生之物复荣不死,斯阳假与阴威,阴威列索,故阳自陨霜而反不能杀也。'"②此即据《易纬》论灾异。

除引用谶纬外,还引用《京房易传》,遍检何休《解诂》,其解释灾异时共有三次引用《京房易传》。

成公元年经:"二月,无冰。"何休云:"《易京房传》曰'当寒而温,倒赏也。'是时成公幼少,季孙行父专权而委任之所致。"③此条何休与董、刘说不同,其引用《京房易传》实为补充自己的见解。此为京氏《易》以寒温说来阐释灾异,何休予以采纳。

成公七年经:"春,王正月,鼷鼠食郊牛角。改卜牛,鼷鼠又食其角,乃免牛。"何休云:"鼷鼠者,鼠中之微者,角生上指,逆之象。《易京房传》曰:祭天不慎,鼷鼠食郊牛角。"④按《汉书·五行志》云:"《京房易传》曰:'祭天不慎,厥妖鼷鼠啮郊牛角。'"⑤据哀公元年经"鼷鼠食郊牛",何休云:"灾不敬故。"⑥此与《京房易传》云"祭天不慎"之义同。

庄公三十一年经:"冬,不雨。"传:"何以书?记异也。"何休云:"《京房易传》曰:'旱异者,旱久而不害物也。斯禄去公室,福

---

①　何休解诂,徐彦疏:《春秋公羊传注疏》,第133页。
②　何休解诂,徐彦疏:《春秋公羊传注疏》,第504页。
③　何休解诂,徐彦疏:《春秋公羊传注疏》,第697页。
④　何休解诂,徐彦疏:《春秋公羊传注疏》,第722页。
⑤　班固:《汉书·五行志》,第1372页。
⑥　何休解诂,徐彦疏:《春秋公羊传注疏》,第1136页。

由下作,故阳虽不施,而阴道独行,以成万物也。'"①此条据《京房易传》以阴阳说阐释灾异。

以上三条皆是引用《京房易传》来解释灾异出现的原因,而这三条亦足可以说明何休对《京氏易》灾异观念的推崇。关于何休引用《京房易传》如此之少,这并非何休有意为之,一方面是受限于《公羊传》文本,由于《春秋》经对灾异的记载是以时间为顺序的,而每条灾异记录之后,传文通常会针对经文有所阐释,所以何休对《公羊传》作注释时不仅要考虑到经文,还要照顾到传文的解释。另一方面,受限于《春秋》灾异阐释传统的影响,即对《春秋》经灾异阐释时,每一灾异的发生必须与该时段下的物事相联系,指出因某种情况而导致灾异或因灾异而导致某种未来情况的发生,也是汉代灾异阐释的一种固定模式。

可以说《公羊传》文本以及公羊学阐释传统影响了何休对《春秋》灾异的阐释,其沿袭了董仲舒、刘向等人以阴阳论灾异的方式,而其本质仍是天人感应论支配下的思维模式。在这种思维模式下,灾异的指向是人事,或者具体地说是针对与国家政治

---

① 何休解诂,徐彦疏:《春秋公羊传注疏》,第336页。

密切相关的人君。① 这不仅是汉人灾异观念的共性，更是汉代社会灾异观念在经典中的折射与体现。因此在这种观念支配下，何休对于灾异的探讨仍旧遵循着汉人的灾异观念，他虽然努力区别于董仲舒等学人的阐释，但他并未能逃离出汉人有关灾异的思维模式。我们看到了何休与前人的不同，但这种不同只能说是具体阐释文本时的带有主观性的解读，他的解读汇入了诸如谶纬、易学以及术数等时代显明的东西，而这较之董仲舒的阐释明显丰富了许多。虽然这种解读必然会出现差异，但核心的东西（前文说到的公羊学的传统）并未被颠覆。总之，我们看待何休的灾异观念，必须要考虑到之前董、刘等人的学说或理论，从学术思想演变角度观察两汉灾异学说的演变与更替，如此方可见何休灾异论的真面目。

---

① 这点我们可以举出几个相关的例子，如僖公三年经："夏，四月，不雨。"何休云："太平一月不雨即书，《春秋》乱世，一月不雨，未害物，未足为异，当满一时乃书。一月书者，时僖公得立，欣喜，不恤庶众，比致三旱，即能退辟正殿，恸过求己，循省百官，放佞臣郭都等，理冤狱四百余人，精诚感天，不零而得澍雨，故一月即书，善其应变改政。"（《春秋公羊传注疏》，第384页）定公元年传："异大乎灾也。"何休云："异者，所以为人戒也。重异不重灾，君子所以贵教化而贱刑罚也。"（《春秋公羊传注疏》，第1058页）昭公五年经："戊辰，叔弓帅师败莒师于濆泉。"何休云："此象公在晋，臣下专受莒叛臣地，以兴兵战斗，百姓悲怨叹息，气逆之所致，故因以著战处，欲明天之与人相报应之义。"（《春秋公羊传注疏》，第924页）僖公十有六年传："为王者之后记异也。"何休云："王者之后有亡徵，非亲王安存之象，故重录为戒，记灾异也。"（《春秋公羊传注疏》，第434页）

第五章　何休与穀梁学关系考论

第一节　《公羊传》与《穀梁传》之比较

一

何休作为东汉末年遭受党锢之祸的士人,我们脑中的第一印象便是他为汉代公羊学的传承者,所以理所当然认为他在汉代公羊学的谱系中占有很重要的地位。不可否认,他的《解诂》中所反映的公羊学说以及一些思想与汉代的公羊学谱系有着紧密的关系,即明显的齐学色彩,但何休并非拘守师说家法,他在注释《公羊传》时,所反映的学术风格以及思想,并非单纯的齐学,其中也有明显的鲁学特点。

蒙文通曾在《经史抉原》中总结齐鲁之学的特点,言齐学恢宏,鲁学谨笃。鲁学言六艺,笃守师传;齐学尊百家,杂取异义。① 然就何休来讲,他的思想中不仅有齐学的影子,还有鲁学的特

---

① 蒙文通:《蒙文通文集》(第 3 卷),成都:巴蜀书社,1995 年,第 88—92 页。

点。作为汉代经学中的公羊学、穀梁学,是齐鲁之学的代表。汉朝伊始,齐鲁之学便在安定的政治局面下,得以发展起来(如陆贾引《穀梁传》,瑕丘江公传穀梁学、胡毋生传公羊学)。此后武帝立博士官,经学渐趋繁盛,而齐鲁学之间也相互影响,相互较量。到宣帝时期,平议《公羊》、《穀梁》,则是齐鲁之学的正面较量。其中支持穀梁学的鲁地学者韦贤、夏侯胜、史高,他们都认为"《穀梁》本鲁学,公羊氏乃齐学,宜兴《穀梁》"。后宣帝召见穀梁学者蔡千秋"与《公羊》家并说,上善《穀梁》说"。其后:

> 擢千秋为谏大夫给事中,后有过,左迁平陵令。复求能为《穀梁》者,莫及千秋,上悯其学且绝,乃以千秋为郎中户将,选郎十人从受。汝南尹更始翁君本自事千秋,能说矣。会千秋病死,征江公孙为博士。刘向以故谏大夫通达待诏,受《穀梁》,欲令助之。江博士复死,乃征周庆、丁姓待诏保宫,使卒授十人。自元康中始讲,至甘露元年,积十余岁,皆明习。乃召五经名儒太子太傅萧望之等大议殿中,平《公羊》、《穀梁》同异,各以经处是非。时《公羊》博士严彭祖、侍郎申挽、伊推、宋显,《穀梁》议郎尹更始、待诏刘向、周庆、丁姓并论。《公羊》家多不见从,愿请内侍郎许广,使者亦并内《穀梁》家中郎王亥,各五人,议三十余事。望之等十一人各以经谊对,多从《穀梁》。由是《穀梁》之学大盛。庆、姓皆为博士。姓至中山傅,授楚申章昌曼君,为博士,至长沙太傅,徒众尤盛。尹更始为谏大夫、长乐户将,又受《左氏传》,取其变理合者以为章句,传子咸及翟方进、琅邪房凤。咸至大司农,方进丞相,自有传。[①]

---

① 　班固:《汉书·儒林传》,第3618页。

我们从班固的记载中能够看出宣帝时期穀梁学的大盛。但实际上这种兴盛不仅是由于宣帝的政治需求,更是因为鲁学的思想符合了时代的需求。我们通过下面分析便可知晓。

武帝到宣帝时期,虽然在博士官等制度的推动下,经学逐渐兴盛,儒学思想逐渐地占据主流思想,但就国家政治来讲,仍采取霸王之道,阳儒阴法,统治者更乐于以法家思想来治理国家,同时辅以儒家怀柔之策。如武帝时期以公羊决狱,此正是经学与政治的结合[①]。而经学不过是实施所谓霸王之道的合理借口,这也正是作为齐学的公羊学能够盛行的重要原因。齐学与霸王政治的结合,虽然助长了公羊学的发展,但也显现出了政治的弊端。史书记载武帝时期"外事四夷之功,内盛耳目之好,征发烦数,百姓贫耗,穷民犯法,酷吏击断,奸轨不胜"[②],武帝重刑罚而轻德教,导致吏治苛酷,流民众多,盗贼不断,社会矛盾不断激化。昭帝时期的盐铁论会议,更是一次儒生与法吏之间的争辩,由此辩论中我们可以探知西汉王朝积弊已久,而臣子们则从不同思想角度阐释了自己对国家未来的发展构想。

宣帝末年平议《公》、《穀》之轩轾,继而于石渠阁讨论五经,统一五经之异义,这些举动不仅是对经学的一种意识形态的控制,其实也是帝王政治倾向的转变。武帝以来的积弊,宣帝时期并未解决,且宣帝沿用武帝的政策,霸王道杂之,"所用多文法吏,以刑名绳下"[③]。此后,元帝选择了与其父不同的政治策略,

---

① 俞正燮《癸巳存稿·公羊传及注论》云:"《公羊》集酷吏、佞臣之言附之经义,汉人便之,谓之通经致用。"(《癸巳存稿》,沈阳:辽宁教育出版社,2003年,第37页)此可见公羊学与武帝法治之紧密关系。具体可参看陈苏镇:《春秋与"汉道":两汉政治与政治文化研究》第三章。
② 班固:《汉书·刑法志》,第1101页。
③ 班固:《汉书·元帝纪》,第277页。

摒弃霸王之道,行儒家怀柔之策。钱穆认为元、成时期是以礼学为主要形式的儒学复古运动①,此运动倡导用德教,用周政,行儒家仁义而辅以刑罚②。而鲁学则正好符合了这种意识形态,在这种政治、学术潮流之下,以穀梁学为首的鲁学产生了巨大的影响。宣帝末年穀梁学立博士,也正是与此种思想潮流的一种呼应。在这种思想潮流之下,以齐学为首的公羊学也难以摆脱《穀梁》学的影响(即使是公羊学的奠基者董仲舒也无法摆脱鲁学的影响)。甚至作为民间的左氏学,也吸收了穀梁学的一些内容与思想。尹更始融合《穀梁》、《左传》以作章句,贾逵通五家《穀梁》之说。总之,左氏学者,从始至终都一直在借鉴《穀梁》以阐释《左传》。③

元、成以来的儒学复古运动,不仅奠定了五经之学的坚固地位,也把鲁学的思想蔓延开来,而东汉时期虽然穀梁学并非显学,但其思想已经融入经学乃至整个社会中,所以穀梁学虽然渐趋式微,但穀梁学的思想却在东汉繁荣起来。

皮锡瑞曾说"《穀梁》之义不及《公羊》之大,事不及《左氏》之详"④,皮氏从学术史的角度看待三传的升降,无可厚非。但是,这种粗略的论断,往往忽略了三传之间的联系,尤其是属于今文

---

①　钱穆亦云:"汉武、宣用儒生,颇重文学,事粉饰;元、成以下,乃言礼制,追古昔,此为汉儒学风之一大变。"(钱穆:《刘向歆父子年谱》,《两汉经学今古文平议》,北京:商务印书馆,2005 年,第 29 页)

②　皮锡瑞说:"元成以后,刑名渐废,上无异教,下无异学。皇帝诏书,群臣奏议,莫不援引经义,以为依据。"(皮锡瑞:《经学历史》,北京:中华书局,2004 年,第 67 页)

③　孔颖达《春秋左传正义》序也说到了此现象,云:"前汉传《左氏》者,有张苍、贾谊、尹咸、刘歆,后汉有郑众、贾逵、服虔、许惠卿之等,各为诂训。然杂取《公羊》、《穀梁》以释《左氏》,此乃以冠双屦,将丝综麻,方凿圆枘,其可入乎?"

④　皮锡瑞:《经学通论·春秋》,第 19 页。

经学的《公羊》、《穀梁》之间的联系。这种联系，不仅体现在学术的传授渊源上，也体现在公羊学、穀梁学的经义阐释以及思想上。因此，我们在讨论汉代的公羊学时，必须考虑到公羊学的发展不是学派内的封闭性传习，而是借鉴和吸收了诸家学说思想。故在此希望通过梳理穀梁学与公羊学的学术关联，从而更深入地剖析公羊学的发展与演变。而作为公羊学奠基者的何休，曾作《左氏膏肓》、《穀梁废疾》，以批评《左传》、《穀梁传》，这也说明他对三传其实都有深入的研究。他在解经中对古文经学的敌视，并不妨碍对穀梁学的吸收与采纳。通过深入剖析他在阐释《公羊传》中对《穀梁传》的运用，乃至穀梁学思想在其注释中的深刻体现，不仅可以较为全面了解公羊学的发展历史，也有助呈现何休学术思想的多个层面，以及何休对汉末时代的独特思考。

二

齐学与鲁学的形成，早年正是由于地域的不同。《说苑·政理》云："故鲁有王迹者，仁厚也；齐有霸迹者，武政也。齐之所以不如鲁也，太公之贤不如伯禽也。"[1]可见齐鲁很早所秉承的观念便是不同的，鲁学崇仁厚，而齐学尚武政。之后，鲁学在孔子及其弟子的传播之下，成为鲁地学术的主干；而齐学则在融合诸多学说之下，形成了自己恢宏诡谲的风格。《公羊传》、《穀梁传》便是齐鲁学之代表。

范宁对三传曾有简单的比较，其说："《左氏》艳而富，其失也诬；《穀梁》清而婉，其失也短；《公羊》辨而裁，其失也俗。"[2]这简

---

① 向宗鲁：《说苑校证》，北京：中华书局，1987年，第169页。
② 锺文烝：《春秋穀梁经传补注》，第8页。

单概括了《穀梁传》与《公羊传》的文本风格,但并未指明思想的差异。清人锺文烝说:"《穀梁》多特言君臣、父子、兄弟、夫妇,与夫贵礼贱兵,内夏外夷之旨,明《春秋》为持世教之书也。"[①]锺氏指出《穀梁传》的思想特点,这几点也可说是与公羊学的一些差异,但是历来学者并未能够就此进行深入的研究。明确二者间的差异,才能进一步分析公羊学者是如何借鉴穀梁学,如何把穀梁学思想运用到经典的阐释当中。

作为代表鲁学思想的《穀梁传》,与代表齐学的《公羊传》,二书有许多共同点,比如诸多文本的相同、观点的一致,但这并不能够掩盖齐、鲁学影响之下所形成的一些思想上的差异。了解这些差异后,对于分析公羊学者与穀梁学的特殊性关系,也就奠定了一定的知识基础。因为共同点不能够有力证明三人与穀梁学的关系,所以必须通过差异性的考察,进而分析关系的特殊性,这样才会更有说服力。

通过《公羊传》与《穀梁传》文本的比较,认为较之于《公羊传》,《穀梁传》突出的思想表现在以下几个方面。

第一点就是绝对的尊君思想。尊君思想虽然在《公羊传》也有所体现,但很明显《公羊传》意不在此,所以很多地方涉及阐发尊君的思想,《公羊传》并未作传。相反《穀梁传》的尊君思想非常突出,对于所谓的君臣关系,《穀梁传》所传达的正是明确的尊卑等级,下不可越上。如宣公十五年经:"王札子杀召伯、毛伯。"《穀梁传》云:"以王命杀,则何志焉?为天下主者,天也,继天者,君也,君之所存者,命也。为人臣而侵其君之命而用之,是不臣也;为人君而失其命,是不君也。君不君,臣不臣,此天下所以倾

_____

① 锺文烝:《春秋穀梁经传补注》,第 29 页。

也。"对于《公羊传》宣扬的臣子权变,《穀梁传》并不同意,因为在绝对的尊卑秩序面前,臣子的权变正是对君主权力的挑战。如襄公十九年经:"晋士匄帅师侵齐,至谷,闻齐侯卒,乃还。"《穀梁传》云:"君不尸小事,臣不专大名。善则称君,过则称己,则民作让矣。士匄外专君命,故非之也。然则为士匄者宜奈何?宜墠帷而归命乎介。"《公羊传》云:"还者何?善辞也。何善尔?大其不伐丧也。此受命乎君而伐齐,则何大乎其不伐丧?大夫以君命出,进退在大夫也。"按《公羊》善士匄之行,而《穀梁》则认为士匄专君命,可见《穀梁传》不取《公羊传》权变之义。在这种尊君思想下,臣子的忠孝是必须的,所以《穀梁传》说:"于盾也,见忠臣之至;于许世子止,见孝子之至。"

第二点就是明确的宗法观念。宗法观念,自古有之,此观念强调的是以血缘为纽带的家族制度,家族成员之间也有着明确的等级关系,尊祖敬宗也成了宗法观念下必须实施的一大礼仪制度。成公十七年经:"九月,辛丑,用郊。"《穀梁传》云:"宫室不设,不可以祭。衣服不修,不可以祭。车马器械不备,不可以祭。有司一人不备其职,不可以祭。祭者,荐其时也,荐其敬也,荐其美也,非享味也。"襄公六年经:"莒人灭鄫。"《穀梁传》云:"莒人灭缯,非灭。非立异姓以莅祭祀,灭亡之道也。"

第三点是民本思想。此点在《穀梁传》中尤其突出。相较于《公羊传》对权变、大一统思想的发挥,《穀梁传》所阐发的民本思想较为深刻地反映了鲁学的思想特点。《穀梁传》中充满着保民、爱民的关怀,凡人君有志于民,必然大书特书。比如文公元年经云:"自十有二月不雨,至于秋七月。"传云:"历时而言不雨,文不忧雨也。不忧雨者,无志乎民也。"就是说文公志意不在重民。此传文是由重志以明君主当重民之意。另外,文公九年传亦云："历时而言不雨,文不闵雨也。不闵雨者,无志乎民也。"僖公三年传云:"一时言不雨者,闵雨也。闵雨者,有志乎民者也。"皆与此同义。另外,民本思想不仅在明人君以民为本的重要性,更是对人君德行的重视。若为人君,就应该行保民爱民之道,此乃为君所必行,否则便是枉为君主。僖公二十六年经云:"公以楚师伐齐,取谷。"《穀梁传》云:"以者,不以者也。民者,君之本也。使民以其死,非其正也。"对于人君反其道而行,《穀梁传》也有所批评。譬如哀公十二年经:"春,用田赋。"《穀梁传》说:"古者公田什一,用田赋,非正也。"宣公十五年经:"初税亩。"《穀梁传》云:"古者什一,藉而不税。初税亩,非正也。"这些对赋税政策的批评,正是民本思想的体现,人君向百姓行重税,便是对此思想的违背,也是对王道的一种背离,君王因此也就不配受到百姓的尊重与爱戴。透过此种思想,可知《穀梁传》并非盲目尊君,它所认可的乃是合乎礼制下的君臣有序的关系。人君的行为乃是受到道德伦理的限制,如若违背,人君也就不值得臣民尊重,很明显这是一种双向的关系。

第四点就是对仁、义、利的重视。对于义、利,《穀梁传》在传文中有所阐释,比如宣公四年传:"伐莒,义兵也。讨不释怨。取向,非也,乘义而为利也。"据此可知《穀梁传》所认为的义、利具有一定的逻辑关系,即利的获得必须在合乎义的前提下,那么义较之利更为重要。因此对于合乎义的行为,《穀梁传》是赞许的,如定公五年传:"诸侯无粟,诸侯相归粟,正也。孰归之? 诸侯也。不言归之者,专辞也,义迩也。"另外,《穀梁传》在强调施行仁义的同时,也辨析了二者的不同。如僖公二年传:"楚丘者何? 卫邑也。国而曰城,此邑也。其曰城何也? 封卫。则其不言城卫何也? 卫未迁也。其不言卫之迁焉何也? 不与齐侯专封也。其言城之者,专辞也。故非天子不得专封诸侯,诸侯不得专封诸侯。虽通其仁,以义而不与也。故曰:仁不胜道。"此处针对齐侯专封卫的行为,《穀梁传》认为齐侯的行为合乎仁德标准,但是违背所谓的道义,此义便是指诸侯不得专封诸侯,很显然齐侯的行为,僭越了诸侯的职责,因而违背了道义。可以说在仁、义、利方面,《穀梁传》的理解具有明确的层次性与思辨性。当然,由于《穀梁传》文本的简洁,关于三者并未作出更加细致的探讨,但我们仍可据此窥知鲁学思想的面貌。

第五点就是对礼的重视。《穀梁传》倡导礼制上的复古,也就是遵守古制,不主张随时变易礼制,常以"正"、"不正"来说明守礼与背礼的行为。如定公十四年经:"天王使石尚来归脤。"《穀梁传》云:"谏曰:'久矣!周之不行礼于鲁也。请行脤。'贵复正也。"定公八年经:"从祀先公。"《穀梁传》:"贵复正也。"所谓"复正",正是对古礼的遵守与向往。而《公羊传》所坚守的权变思想,被汉代的公羊学家所吸收,倡导应天命而改制,与《穀梁传》所谓的复正或复古思想并不吻合。①

第六点是慎战思想。所谓慎战,即指对战争的重视。《穀梁传》对于战争的理解具有理性精神,一方面承认备战的重要性,认为进行合理的备战,即是对自己国家的人民负责,也是为了更好地抵御外敌,如襄公二十五年经:"十有二月,吴子谒伐楚,门于巢卒。"《穀梁传》云:"古者虽有文事,必有武备,非巢之不饰城而请罪,非吴子之自轻也。"此言备战的必要性。又僖公二十三

---

① 《公羊传·昭公五年》经云:"春,王正月,舍中军。"传云:"舍中军者何?复古也。"虽然《公羊传》也有此"复古",但很明显《公羊传》只是在说明经义,并非如《穀梁传》明确指出礼制的重要性。而且汉代的公羊学者,多以经决狱,他们所关注的焦点也并非礼制。

年经："夏,五月,庚寅,宋公兹父卒。"《穀梁传》云:"兹父之不葬,何也? 失民也。其失民何也? 以其不教民战,则是弃其师也。为人君而弃其师,其民孰以为君哉!"此即强调人君不教民战,则无法充分备战,也就无法真正做到所谓的保民。因为在《穀梁传》中,教民习战,乃是王道仁政的体现。如昭公八年经:"秋,蒐于红。"传云:"因蒐狩以习用武事,礼之大者也。"此礼不仅指习战之行为,更是指人君的仁政,而习战便是仁政的一部分,人君知此礼,也就意味着保民爱民,意味着仁政的施行。因此,对于合乎礼的战事,《穀梁传》是赞扬的,如襄公二十九年经:"仲孙羯会晋荀盈、齐高止、宋华定、卫世叔仪、郑公孙段、曹人、莒人、邾人、滕人、薛人、小邾人城杞。"《穀梁传》云:"古者天子封诸侯,其地足以容其民,其民足以满城以自守也。杞危而不能自守,故诸侯之大夫,相帅以城之,此变之正也。"此即指诸侯城杞,一方面助杞之危,一方面城杞可以实现保民,此正是行仁义之事。而对于违背仁义的战争,《穀梁传》则持批评的态度,如宣公四年经:"春,王正月,公及齐侯平莒及郯。莒人不肯。"《穀梁传》云:"伐莒,义兵也。取向,非也。乘义而为利也。"另外,对于息战,《穀梁传》从仁政的观念出发,也十分赞成战争的停息。如宣公十五年经:"夏,五月,宋人及楚人平。"《穀梁传》云:"平者,成也。善其量力而反义也。"

　　简单归纳《穀梁传》较之《公羊传》的独特之处,不是在比较二传的高低,而是指出二者在思想上的不同,从而为讨论穀梁学对公羊学者的影响作一基础性的工作。下面在探讨《公羊》学者与穀梁学的关系时,多少会涉及以上所分析的几个方面(当然,具体分析时也会出现超出以上六点的情况)。借此,我们可以把它们之间的关系进行逻辑性的分析,从而观察穀梁学思想是如何为公羊学者吸收与转化,又是如何对汉代的经学产生影响,从而为讨论何休与穀梁学的关系奠定基础。在此基础上,分析何休的思想与穀梁学思想的共同点,以及何休在思想上的发展。也就是说以上总结的穀梁学这几点独特之处,目的在于将其放到汉代的历史中,以历时的眼光,通过观念史的考察方式,进而分析何休的公羊学思想。同时,我们必须承认以这种方式来考察何休的学术思想,只是何休公羊学思想的部分考察,而非全面具体的分析,因此片面性也就不可避免,但至少不失为一种研究何休公羊学思想的路径。

第二节 董仲舒与穀梁学之关系

一

董仲舒作为西汉时期的大儒,不仅在于其发扬了以公羊学为首的齐学,更是由于其学术在当时及以后的社会、政治中产生了巨大的影响。董氏的学术成就可以说集中体现在《春秋繁露》一书中。

西汉时期的《春秋》学,出现了公羊学、穀梁学及左氏学。虽说通观整个西汉,公羊学在政治及学术地位上都据有较大的优势,但以《穀梁传》为首的穀梁学在西汉时期也是不容忽视的一支学术力量,其影响力远大于西汉末受到刘歆提倡的《左氏》学。由于西汉早期的穀梁学秉承了鲁学质朴简洁的学术风气,所以细观《穀梁传》文本,其与《公羊传》的文风及阐释理念多有不同。然而我们通过考察董仲舒的《春秋繁露》,便会发现,虽然董仲舒被史书及后人称为公羊学派的先驱,但其实董仲舒的公羊学早已与《公羊传》文本所展现的公羊学面貌产生了巨大的差异。这种差异,表现之一便是董仲舒有意识地借鉴和融入了鲁学中的一些重要思想。因此,作为具备鲁学特点的《春秋》三传之一的《穀梁传》,其中蕴含着丰富的学术思想,是否与董仲舒学术思想有一定的关联,是值得思考的①。为回答此问题,我们把《穀梁传》与董仲舒的《春秋繁露》加以比较,可以发现董氏之学与《穀梁传》思想的差异以及二者之间的学术发展脉络,从而也有助于更好地把握公羊学与穀梁学在西汉时期的发展及演变。

据史书记载,董仲舒生卒年月不可考,苏舆《董子年表》认为"要生于景帝前,至武帝朝,以老寿终,无疑"②。今人周桂钿则据史料推断其生年在汉高祖九年(前198年),卒年为汉武帝太始元年(前96年)③。按《汉书》载武帝时,上使瑕丘江公与董仲舒辩论穀梁学与公羊学之优劣,江公由于不善言谈,结果就是董仲舒获胜。而丞相公孙弘本为公羊学,他根据二人之议论,最终还是站到了董仲舒的这一边。据学者考察,陆贾在汉高祖时期所作的《新语》便已经引用了《穀梁传》文,如《新语·道基》:"仁者道之纪,义者圣之学。……《穀梁传》曰:'仁者以治亲,义者以利尊。万世不乱,仁义之所治也。'"④《至德》末有"故春秋穀"⑤四字,下文阙佚,大概也是引《穀梁传》之文。又浮丘伯在高后时曾传穀梁学于楚元王子,而其徒申公曾于武帝初年在其弟子的推荐下被征召至京。这些也都可以说明在汉初经学未曾一统的局

---

① 徐复观《两汉思想史》中曾对二者之关系提出简单的猜测,但稍显简略。参见氏著《两汉思想史》(第三卷),上海:华东师范大学出版社,2001年,第154页。

② 苏舆:《春秋繁露义证》,第491页。

③ 周桂钿:《董学探微》,北京:北京师范大学出版社,2008年,第493页。

④ 王利器:《新语校注》,北京:中华书局,1986年,第34页。

⑤ 王利器:《新语校注》,第124页。

面之下,以穀梁学为首的鲁学在朝廷乃至民间还是有一定的势力。董仲舒虽治公羊学,但其对穀梁学并未排斥。此时的学者崇尚博通,不局限于一家之学,故我们看到申公传授鲁《诗》、穀梁学,而孟卿传《礼》学及公羊学。因此,董仲舒学术在不同程度上受到其他学派的影响也就不足为奇了。通过以上分析,董仲舒之学在一定程度上受到穀梁学的影响在时间等外在条件上是许可的。既然外在条件是许可的,下面以文本作为研究切入点,具体分析董仲舒与《穀梁传》之关系。

二

前面已经说到董仲舒时期穀梁学已经流传开来,且董氏与穀梁学者同朝为官,很容易就可接触到《穀梁传》及其相关的师说。而今从文献学的角度,比对董氏《春秋繁露》与《穀梁传》文本,即可看出董氏有些内容是承袭自《穀梁传》。清代的苏舆在注释《春秋繁露》时,就曾指出董氏一些叙述是袭自《穀梁传》。杨树达作《春秋繁露用穀梁传义疏证》,亦举出董仲舒用《穀梁》义者八条。[1] 徐复观在《原史》文中亦对董氏与《穀梁传》的关系做了一些简单的探讨,他认为:"董氏所建立的天的哲学系统实受有《穀梁》的影响,《公羊》未及阴阳,而《穀梁》则四处提到阴阳。董氏大言阴阳,虽未必由此而来,但与下面的因素连在一起,可以说在这一点上,董氏更接近于《穀梁》。"董氏所强调的正月之"正"、三统之"故宋"皆来自《穀梁传》。[2] 虽然徐氏的探讨比较简略,但他看到了董仲舒与《穀梁传》的密切联系,是值得肯定

---

① 杨树达:《积微居小学述林全编》(全二册),上海:上海古籍出版社,2013年,第360页。

② 徐复观:《两汉思想史》(第三卷),第154页。

的。今结合前人之观点,通过比对《春秋繁露》与《穀梁传》、《公羊传》,可以发现董氏称引《穀梁传》文的情况,现列之如下[①]:

1.《春秋繁露·楚庄王》云:"《春秋》曰:'晋伐鲜虞。'奚恶乎晋而同夷狄也?"[②]按此夷狄晋之说,《公羊传》无,《穀梁传》有之。《穀梁传·昭公十二年》云:"其曰晋,狄之也,其狄之何也?不正其与夷狄交伐中国,故狄称之也。"

2.《春秋繁露·玉英》云:"桓之志无王,故不书王。"[③]按此桓无王之说,《公羊传》无,但《穀梁传》有之,其桓公元年传云:"桓无王,其曰'王',何也?谨始也。其曰'无王',何也?桓弟弑兄,臣弑君,天子不能定,诸侯不能救,百姓不能去,以为无王之道,遂可以至焉尔。"

3.《春秋繁露·玉英》云:"国灭君死之,正也,何贤乎纪侯?曰:齐将复仇,纪侯自知力不加而志距之。……襄公逐之不去,求之弗予,上下同心而俱死之。故谓之大去。"[④]按《公羊传》以为贤齐襄公,但此处董仲舒以为贤纪侯,正与《穀梁传》义同。《穀梁传·庄公四年》云:"大去者,不遗一人之辞也。言民之从者,

---

① 日本学者斋木哲郎根据苏舆《春秋繁露义证》,还加入一条,即《春秋繁露·楚庄王》篇"《春秋》曰:晋伐鲜虞。奚恶乎晋,而同夷狄也。……今晋不以同姓忧我,而强大厌我,我心望焉。故言之不好,谓之晋而已,婉辞也。"他认为是沿用《穀梁传》文,即《穀梁传·昭公十二年》:"其曰晋,狄之也。其狄之,何也?不正其与夷狄交伐中国,故狄称之也。"按此理解有误,所谓贬中国之诸侯为夷狄,《公羊传》已发此义,如僖公三十三年经云"晋人及姜戎败秦于殽",《公羊传》云"其谓之秦何?夷狄之也"。因此,虽然《公羊传》文此处未曾言说,但由他处传文可见此义,不能据此认为董仲舒即承袭《穀梁传》之义,略显牵强,故本文不予采纳。斋木哲郎之文可参氏著:《董仲舒与春秋穀梁传:西汉穀梁学的一个断面》,《新哲学》第七辑,郑州:大象出版社,2007年,第161页。

② 苏舆:《春秋繁露义证》,第5页。

③ 苏舆:《春秋繁露义证》,第76页。

④ 苏舆:《春秋繁露义证》,第84页。

四年而后毕也。纪侯贤而齐侯灭之,不言灭而曰大去其国者,不使小人加乎君子。"董仲舒不仅承袭《穀梁传》之说,还深入阐释一番,他说:"《春秋》贤死义,且得众心也,故为讳灭。以为之讳,见其贤之也。以其贤之也,见其中仁义也。"①

4.《春秋繁露·王道》云:"天王伐郑,讥亲也。会王世子,讥微也。"②按《公羊传·僖公五年》云:"曷为殊会王世子?世子贵也。世子,犹世世子也。"据《公羊传》并未云"讥微"之义。考《穀梁传·僖公五年》云:"天子微,诸侯不享觐,桓控大国,扶小国,统诸侯,不能以朝天子,亦不敢致天王。尊王世子于首戴,乃所以尊天王之命也。世子含王命会齐桓,亦所以尊天王之命也。世子受之可乎?是亦变之正也。天子微,诸侯不享觐,世子受诸侯之尊己,而天王尊矣,世子受之可也。"据此可知董仲舒之说乃袭自《穀梁传》。

5.《春秋繁露·三代改制质文》云《春秋》:"绌夏,亲周,故宋。"③按"故宋"说《公羊传》无,乃出自《穀梁传》。《穀梁传·桓公二年》云:"何以知其先杀孔父也?曰:子既死,父不忍称其名;臣既死,君不忍称其名,以是知君之累之也。孔,氏;父,字谥也。或曰:其不称名,盖为祖讳也,孔子故宋也。"《穀梁传·襄公九年》亦云:"外灾不志,此其志何也?故宋也。"

6.《春秋繁露·顺命》云:"父者,子之天也;天者,父之天也。无天而生,未之有也。天者万物之祖,万物非天不生。独阴不生,独阳不生,阴阳与天地参然后生。故曰:父之子也可尊,母之

---

① 苏舆:《春秋繁露义证》,第 84 页。
② 苏舆:《春秋繁露义证》,第 109 页。
③ 苏舆:《春秋繁露义证》,第 189 页。

子也可卑,尊者取尊号,卑者取卑号。"①按《穀梁传·庄公三年》
云:"独阴不生,独阳不生,独天不生,三合然后生。故曰:母之子
也可,天之子也可。尊者取尊称焉,卑者取卑称焉。"董仲舒此文
与《穀梁传》义同,文字表述上亦十分相近,盖亦袭自《穀梁传》。

7.《春秋繁露·顺命》云:"人于天也,以道受命;其于人,以
言受命。不若于道者,天绝之;不若于言者,人绝之。臣子大受
命于君……"②按此文《公羊传》无,盖袭自《穀梁传》。《穀梁
传·庄公元年》:"人之于天也,以道受命;于人也,以言受命。不
若于道者,天绝之也。不若于言者,人绝之也。臣子大受命。"

8.《春秋繁露·深察名号》云:"《春秋》辨物之理,以正其名。
名物如其真,不失秋毫之末。故名霣石,则后其五,言退鹢,则先
其六。圣人之谨于正名如此。君子于其言,无所苟而已,五石、
六鹢之辞是也。"③《穀梁传·僖公十六年》云:"石,无知之物;鹢,
微有知之物。石无知,故日之;鹢微有知之物,故月之。君子之
于物,无所苟而已。石、鹢且犹尽其辞,而况于人乎?故五石六
鹢之辞不设,则王道不亢矣。"按董仲舒阐发《春秋》经五石、六鹢
之名号义,实承袭《穀梁传》之论,乃孔门正名说之延续。

上面所举材料,主要可分两种情况,一是董氏直接称引《穀
梁传》传文,第6、7条即是如此。二是引用《穀梁传》义,如第1、
2、3、4、8条,并非直接引用《穀梁传》文,而是用其文义,如第8条
即用《穀梁传》正名之义,而且文本叙述上也比较接近。三是沿
袭《穀梁传》之概念,如第5条,即用"故宋"的概念,移到公羊学
中,变成后来三统说的一部分。通过以上有关材料的罗列分析,

①　苏舆:《春秋繁露义证》,第410页。
②　苏舆:《春秋繁露义证》,第411页。
③　苏舆:《春秋繁露义证》,第293页。

可以判定董仲舒应当研习过《穀梁传》，故《春秋繁露》中有些内容是承袭自《穀梁传》。

三

虽然《穀梁传》立学官的时间晚于《公羊传》，但《穀梁传》及其学说在西汉的影响是不容忽视的。汉初陆贾引《穀梁传》，汉宣帝时穀梁学得暂立学官，且注重弟子的培养，而刘向作为西汉末穀梁学的坚定拥护者，其流传至今的《说苑》《新序》中多阐发穀梁之大义。可见，无论是西汉初还是西汉末，穀梁学都有一定的影响力。董仲舒作为公羊学派的奠基者，后世皆称赞其公羊学成就，但其中穀梁学与董氏学之间是否有一定的思想上的关联，现拟从以下三方面加以探讨。

（一）重志

关于"志"的探讨，这在《春秋繁露》里较为突出。《春秋繁露·玉杯》篇云："《春秋》之论事，莫重于志。"[1]按董氏所谓的"志"其实就是"指思想意向、动机、念头"[2]。也就是说董氏强调"志"，意在重视作为行为主体的思想或意识层面，而非外在的环境或其他方面的影响。据传世文献，这种重志的观念在《论语》中已经有了初步的认识，《论语·学而》云："父在观其志，父没观其行。"《子罕》篇云："三军可夺帅也，不可夺志也。"但对于"志"的专门探讨此时还未出现。我们通过《春秋繁露》一书上推，会发现早于此流传的《穀梁传》[3]一书中，对于"志"的探讨已经出

---

① 苏舆：《春秋繁露义证》，第 25 页。

② 周桂钿：《董学探微》，第 215 页。

③ 关于《穀梁传》产生之时代，依据刘师培《左庵集·春秋三传先后考》中的观点，认为《穀梁传》成书在《公羊传》之前。具体论证可见原文，兹不赘述。

现。宣公元年经云："秋，九月，乙丑，晋赵盾弑其君夷皋。"按据
《左传》记载，实为赵穿弑君，而《春秋》经却云赵盾弑君，故《穀梁
传》文解释说："史狐曰：'子为正卿，入谏不听，出亡不远，君弑，
反不讨贼则志同，志同则书重，非子而谁？'故书之曰晋赵盾弑其
君夷皋者，过在下也。曰：于盾也见忠臣之至，于许世子止见孝
子之至。"①按此处所云之"志"便是董仲舒所讲的"志"。对于赵
盾之事，董氏云："今案盾事而观其心，愿而不刑，合而信之，非篡
弑之邻也。按盾辞号乎天，苟内不诚，安能如是？是故训其终始
无弑之志。挂恶谋者，过在不遂去，罪在不讨贼而已。臣之宜为
君讨贼也，犹子之宜为父尝药也。子不尝药，故加之弑父；臣不
讨贼，故加之弑君，其义一也。……今赵盾贤而不遂于理，皆见
其善，莫见其罪，故因其所贤而加之大恶，系之重责，使人湛思而
自省悟以反道，曰：吁！君臣之大义，父子之道，乃至乎此。"②董
氏此论赵盾，便是在《穀梁传》重志之论基础上，进一步发挥。传
文记载赵盾意在见忠臣之意，而董仲舒则具体分析赵盾弑君背
后的道德伦理之因素，这样就把《穀梁传》未曾说明的重志原因
加以详细阐述，指明在赵盾这件事情上所谓的重志论目的无非
是为了见"君臣之大义"。同样的道理，在许世子止这件事情上，
重志则意在见孝子之意，父子之道。虽然《公羊传》宣公六年亦
记载赵盾此事③，但《公羊传》文并未明确提出"志"的概念，况且
对于董仲舒所说的君臣、父子之道没有明确的分析，反倒是《穀
梁传》皆有论述。《穀梁传》文本中明确探讨"志"的实际上也不

---

① 锺文烝：《春秋穀梁经传补注》，第 427 页。
② 苏舆：《春秋繁露义证》，第 41—43 页。
③ 《公羊传·宣公六年》云："'吾不弑君，谁谓吾弑君者乎？'史曰：'尔为仁为
义，人弑尔君，而复国不讨贼，此非弑君如何？'"

算少^①,到了《春秋繁露》,董氏对"志"的探讨较之《穀梁传》也更加具体化和深刻化了。他把所谓的善恶、文质、礼等观念与"志"串联起来,使"志"成为《春秋》学中很重要的道德评判标准。如《玉英》篇云:"从贤之志以达其义,从不肖之志以著其恶。"^②按此"达其义"即为明其善,善恶对举,意在明人之志有善有恶。其论文质则云:"志为质,物为文。文著于质,质不居文,文安施质?质文两备,然后其礼成。……俱不能备而偏行之,宁有质而无文。"^③董氏在此运用辩证的方法分析"志"与"物",认为虽然"志"在《春秋》学中非常重要,但离开了"物","志"也就无法存在。如同文质一样,不可偏废。只有志、物二者相互依存,方为完备。此意在说明"志"与外界事物的不可分割性。而其末一句,则意

---

① 如《穀梁传》隐公元年传云:"公何以不言即位?成公志也。焉成之?言君之不取为公也。君之不取为公,何也?将以让桓也。"此重志论意在明隐公让桓之意。

文公元年经云:"自十有二月不雨,至于秋七月。"传云:"历时而言不雨,文不忧雨也。不忧雨者,无志乎民也。"此处也是重志论的表达方式,通过经文连续八月不雨,意在说文公不忧虑长久未下雨之事,从而推导出文公"无志乎民",也就是说文公志意不在重民。可以说此传文是由重志以明君主当重民之意。另外,文公九年传亦云:"历时而言不雨,文不闵雨也。不闵雨者,无志乎民也。"僖公三年传云:"一时言不雨者,闵雨也。闵雨者,有志乎民者也。"皆与此同义。

襄公七年经载郑伯髡原后如会,未见诸侯。传文则云:"未见诸侯,其曰如会,何也?致其志也。……其见以如会卒,何也?郑伯将会中国,其臣欲从楚,不胜其臣,弑而死。其不言弑,何也?不使夷狄之民加乎中国之君也。"按此传重志论意在明襄公虽遭强臣所杀,但其会会之志则意在明华夏之辨,其臣为从楚而弑君,如同夷狄,故云不使夷狄之民凌驾于中国之上。此重志之论既明襄公从中国不从夷狄之善意,又阐释了强臣专权以弑君的不道行径,故董氏云:"郑伯髡原卒于会,讳弑,痛强臣专君,君不得为善也。"(《春秋繁露·王道》)

僖公三年经云:"秋,齐侯、宋公、江人、黄人、会于阳谷。"传云:"阳谷之会,桓公委端搢笏而朝诸侯,诸侯皆谕乎桓公之志。"此云桓公之志,意在明桓公为霸主之意。

② 苏舆:《春秋繁露义证》,第77页。

③ 苏舆:《春秋繁露义证》,第27页。

在强调"志"与礼的关系,即《玉杯》文所说的"缘此以论礼,礼之所重者在其志。志敬而节具,则君子予之知礼"①。董氏把礼与"志"关联起来,乃是强调礼之义的重要性,而礼义很大程度上取决于"志"的取向。董氏在此把"志"作为衡量"礼"的一个重要的道德标准。可见不管是善恶、文质,还是礼义,都是在强调"志"作为衡量标准的重要性与关键性。其实所谓的善恶、礼义在《穀梁传》中都有阐发,只是并未若董氏这样把"志"这一观念与他们之间相互联系起来。董氏对于"志"的理解可以说是在《穀梁传》重志的基础上前进了一大步,而且对于"志"的探讨也显得更加深入、更加系统。董氏又把《春秋》重志论运用到现实政治中,也就是以《春秋》决狱。强调"《春秋》之听狱也,必本其事而原其志。志邪者不待成,首恶者罪特重,本直者其论轻"②。后世秉承此观念,故《盐铁论》亦云:"故《春秋》之治狱,论心定罪,志善而违于法者免,志恶而合于法者诛。"③此论心定罪,即何休所谓的原心定罪④,此"心"即董氏所云之"志"。

(二)义利⑤

关于义利的探讨,《论语》中已经出现,其云:"君子喻于义,小人喻于利。"(《论语·里仁》)论语中"义"与"利"的意思不同,"利"多指私利,"放于利而行,多怨"(《论语·里仁》)。孟子在孔子基础上也强调"义"、"利"的对立,其文云:"孟子见梁惠王。王

①　苏舆:《春秋繁露义证》,第 27 页。
②　苏舆:《春秋繁露义证》,第 92 页。
③　王利器:《盐铁论校注》,第 629 页。
④　《公羊传·隐公元年》何休云:"欲之者,善重恶深;不得已者,善轻恶浅,所以原心定罪。"
⑤　此节参考张岱年:《中国伦理思想研究》,北京:中国人民大学出版社,2011年,第 104—106 页。

曰：'叟，不远千里而来，亦将有以利吾国乎？'孟子对曰：'王何必曰利，亦有仁义而已矣。王曰'何以利吾国'，大夫曰'何以利吾家'，士庶人曰'何以利吾身'，上下交征利，而国危矣！万乘之国，弑其君者，必千乘之家。千乘之国，弑其君者，必百乘之家。万取千焉，千取百焉，不为不多矣。苟为后义而先利，不夺不餍。未有仁而遗其亲者也，未有义而后其君者也。王亦曰仁义而已矣，何必曰利。"①孟子认为大夫、士、庶人之利与国家之利相冲突，故认为此利也是指个人之私利。《荀子》中则反对后义而先利，其云："先义而后利者荣，先利而后义者辱。"②又说："义与利者，人之所两有也。虽尧、舜不能去民之欲利，然而能使其欲利不克其好义也。虽桀、纣不能去民之好义，然而能使其好义不胜其欲利也。故义胜利者为治世，利克义者为乱世。上重义则义克利，上重利则利克义。故天子不言多少，诸侯不言利害，大夫不言得丧，士不通货财。有国之君不息牛羊，错质之臣不息鸡豚，冢卿不修币，大夫不为场园，从士以上皆羞利而不与民争业，乐分施而耻积藏。然故民不困财，贫窭者有所窜其手。"③荀子虽然承认人之私利，但他认为义可以战胜私利，就是说私利必须在义这种道德准则下存在，不可逾越。

《穀梁传》虽然文字简略，但仍然不回避儒家义利之辨，所以传文中不乏相关之阐述。现列之如下：

1.隐公十年传："取邑不日，此其日，何也？不正其乘败人而深为利，取二邑，故谨而日之也。"

2.庄公三十一年传："不正罢民三时，虞山林薮泽之利。且

---

① 焦循：《孟子正义》，北京：中华书局，1987年，第35—43页。

② 王先谦：《荀子集解》，第58页。

③ 王先谦：《荀子集解》，第502—503页。

财尽则怨,力尽则怼。君子危之,故谨而志之也。或曰:倚诸桓也。桓外无诸侯之变,内无国事,越千里之险,北伐山戎,为燕辟地。鲁外无诸侯之变,内无国事,一年罢民三时,虞山林薮泽之利,恶内也。"

3.僖公十一年传:"贯之盟,管仲曰:'江、黄远齐而近楚,楚为利之国也。若伐而不能救,则无以宗诸侯矣。'"

4.宣公四年传:"伐莒,义兵也。讨不释怨,取向,非也,乘义而为利也。"

5.成公十八年传:"筑不志,此其志何也?山林薮泽之利,所以与民共也,虞之,非正也。"

6.定公三年传:"何以谓之吴也?狄之也。何谓狄之也?君居其君之寝而妻其君之妻,大夫居其大夫之寝而妻其大夫之妻,盖有欲妻楚王之母者,不正。乘败人之绩,而深为利,居人之国,故反其狄道也。"

7.定公十三年传:"贵其以地反也。贵其以地反,则是大利也?非大利也,许悔过也。许悔过,则何以言叛也?以地正国也。"

8.哀公四年传:"《春秋》有三盗:微杀大夫,谓之盗;非所取而取之,谓之盗;辟中国之正道以袭利,谓之盗。"

9.宣公十五年经:"夏,五月,宋人及楚人平。"传:"平者,成也,善其量力而反义也。"

10.定公五年传:"诸侯无粟,诸侯相归粟,正也。孰归之?诸侯也。不言归之者,专辞也,义逐也。"

11.僖公二年传:"楚丘者何?卫邑也。国而曰城,此邑也。其曰城何也?封卫也。则其不言城卫何也?卫未迁。其不言卫之迁焉何也?不与齐侯专封也。其言城之者,专辞也。故非天子不得专封诸侯,诸侯不得专封诸侯。虽通其仁,以义而不与也。故曰:仁不胜道。"

按以上为《穀梁传》关于义、利的文字。《穀梁传》论利,具有双重含义。它认为利的存在是有条件的,那就是必须合乎义。即合乎道义者即为褒义,即指为公利,如第 5 条;违离义者即为贬义,是指为私利,如第 6 条。可以说《穀梁传》对义利的认识是承自《荀子》的,都认为利必须在义的道德准则之下才是可行的。

《穀梁传》的义利之辨,被董仲舒吸收过来,用来阐释《春秋》,而且也较《穀梁传》深入。首先董氏明确区分公利与私利,他说:"夫仁者,正其谊不谋其利,明其道不计其功。"(《汉书·董仲舒传》)

董氏宣扬公利而拒绝私利,为了界定利的好坏,他提出了衡量利的准则,也就是仁、义。其云:"《春秋》之所治,人与我也。所以治人与我者,仁与义也……仁之法在爱人,不在爱我。义之法在正我,不在正人。我不自正,虽能正人,弗予为义。人不被其爱,虽厚自爱,不予为仁。"[1]董仲舒"以义正我"之论正是让人学会自我约束,减少对私利之追求,而"以仁爱人"则有助于公利的推行。董仲舒对义、利的理解实则与《荀子》、《穀梁传》一脉相承,都认为利的施行必须有一定的道德准则作为基础。

其实,虽然董氏赞扬公利,但他并不否认私利的存在,他说:"天之生人也,使人生义与利。利以养其体,义以养其心。心不得义不能乐,体不得利不能安。义者心之养也,利者体之养也。体莫贵于心,故养莫重于义,义之养生人大于利。"[2]董氏认为利

---

① 苏舆:《春秋繁露义证》,第 249—251 页。
② 苏舆:《春秋繁露义证》,第 263 页。

以养其体，即是承认私利的存在，只是这种私利远远比不上义对人的重要性。所以董氏虽然认为人可以拥有私利，但却并不夸大其作用。可见，董氏认为无论是对个人，还是对集体，私利都不值得称道，而仁、义这些道德准则才是人当追求的，所以合乎仁、义之准则的公利之行是为董氏所赞扬的，故其说："圣人之为天下兴利也"①。总之，在义利之间关系的理解上，董氏与《穀梁传》是一致的。

（三）君臣

对于君臣关系的探讨，《穀梁传》远重于《公羊传》。我们知道先秦法家十分重视对君臣关系的探讨。如《荀子》十分重视礼的建设，而君臣关系的确立则是礼所包含的很重要的一部分。《礼论》篇云："礼有三本：天地者，生之本也；先祖者，类之本也；君师者，治之本也。无天地恶生？无先祖恶出？无君师恶治？三者偏亡焉，无安人。故礼上事天，下事地，尊先祖而隆君师，是礼之三本也。"②此处君师便是强调君主的权威性。而君主的权威性的确立，必须建立在君臣尊卑有序的基础上，《荀子·天论》云："若夫君臣之义，父子之亲，夫妇之别，则日切瑳而不舍也。"③"郊止乎天子，而社止于诸侯，道及士大夫，所以别尊者事尊，卑者事卑，宜大者巨，宜小者小也。"④这都是对君臣关系尊卑有序的宣扬。《韩非子》则在《荀子》的基础上，进一步强调君主的绝对权威性，认为君主当运用权术以控制臣子，其云："夫君臣非有骨肉之亲，正直之道可以得利，则臣尽力以事主；正直之道不可

① 苏舆：《春秋繁露义证》，第178页。
② 王先谦：《荀子集解》，第349页。
③ 王先谦：《荀子集解》，第316页。
④ 王先谦：《荀子集解》，第350—351页。

以得安,则臣行私以干上。明主知之,故设利害之道以示天下而已矣。"①此即说臣子若不能尽力以事君主,君主则可以自己的权威性来镇压不服的臣子。君臣之间,并无所谓的亲情可讲,唯有"君以计畜臣,臣以计事君。君臣之交,计也"②。因此对于臣子,"故先王明赏以劝之,严刑以威之"③。在法家看来,君臣之关系必须处理好,不然就会出现臣子专权,臣弑君之事就会无法制止。

前人多认为《穀梁传》与荀卿之学关系密切,汪中在其《荀卿子通论》中认为:"《穀梁春秋》,荀卿子之传也。""《礼论》、《大略》二篇,《穀梁》义具在。"④可以说《穀梁传》对于君臣之关系的重视很显然受到《荀子》的影响无疑,这是与《公羊传》非常明显的一大区别。如成公九年经云:"楚公子婴齐帅师伐莒。庚申,莒溃。"《公羊传》无文,《穀梁传》则云:"其日,莒虽夷狄,犹中国也。大夫溃莒而之楚,是以叛其上为事也。恶之,故谨而日之也。"按依据常例,溃例月,而此处书日,即表示对于臣子以下叛上的痛恶。襄公三年经云:"戊寅,叔孙豹及诸侯之大夫及陈袁侨盟。"传云:"诸侯盟,又大夫相与私盟,是大夫张也。故鸡泽之会,诸侯始失正矣,大夫执国权。"《公羊传》无此论。按鸡泽之盟,诸侯先盟,后大夫私盟,此明大夫专权,君主有名无实,《穀梁传》作者对此甚为不满。故《穀梁传·宣公十五年》文更是无所隐讳,直接把君臣之论抛出来,其经云:"王札子杀召伯、毛伯。"传云:"两下相杀,不志乎《春秋》。此其志,何也?矫王命以杀之,非忿怒

---

① 王先慎:《韩非子集解》,北京:中华书局,1998年,第100页。
② 王先慎:《韩非子集解》,第128页。
③ 王先慎:《韩非子集解》,第129页。
④ 汪中:《新编汪中集》,扬州:广陵书社,2005年,第412页。

相杀也,故曰:以王命杀也。以王命杀,则何志焉?为天下主者天也。继天者,君也。君之所存者,命也。为人臣而侵其君之命而用之,是不臣也。为人君而失其命,是不君也。君不君,臣不臣,此天下所以倾也。"此乃云为臣者不可专君命,为君者亦不可权力下移,否则就是君不君、臣不臣,如果君臣关系颠倒,则势必引起天下之乱。《穀梁传》专门论述君臣之关系,可见其已浸润法家之思想,故在传文中明确探讨君臣关系的正当性与合理性。相较于《穀梁传》,《公羊传》对君臣关系的看法比较粗略,如:"有天子存,则诸侯不得专地也。"(桓公元年)"诸侯之义,不得专封也。"(僖公元年)"大夫之义,不得专置废君也。"(文公十四年)"大夫之义,不得专执也。"(定公元年)并未若《穀梁传》这般,对君臣之关系有比较明确的论述。

　　总之,《穀梁传》十分注重君臣间的尊卑关系,君要有君的样子,臣子当作为臣之事,不可僭越专权,遵礼而行方可。同样,董氏虽阐发《公羊传》"王鲁"、"改制"之论,然其对于君臣关系的认识,则与《穀梁传》有很大的共同点。董氏宣扬君权神授,把君权的授予归结为天的意志,从而强化君权的神秘性和权威性。这样一来,君主与臣民就处在不同的等级之内,君为上,而臣民为下。另外,他还以阴阳傅会人事,认为阴阳为天地之常,而阳表天之德,阴表天之刑。[1]　阳在地位上要高于阴。[2]　正因为阴阳等级悬殊,故傅会自然,人事也就出现了等级之别。故云:"天下之昆虫随阳而出入,天下之草木随阳而生落,天下之三王随阳而改正,天下之尊卑随阳而序位。"[3]"贵者居阳之所盛,贱者居阳之所

---

① 参见《春秋繁露·阴阳义》。
② 参见《春秋繁露·天辨在人》。
③ 苏舆:《春秋繁露义证》,第336页。

衰……不当阳者臣子是也,当阳者君父是也。故人主南面,以阳为位也。"①董仲舒以天命、阴阳等傅会人事,绕了一个大圈子,无非还是在说明一个问题,那就是君尊臣卑,这种关系不可改移。这与《穀梁传》所宣扬的君臣论调是一致的。只是董仲舒在论述君臣关系时并未若《穀梁传》那样简单直接,而是通过天命、阴阳,甚至五行,借助这些概念以论证《穀梁传》所说的君臣尊卑关系的合理性与正当性。拨开这些论证,其观点便显而易见。而通观董氏《春秋繁露》,有些地方也有直言不讳的。如《竹林》云:"专政则轻君,擅名则不臣。"②《玉杯》云:"君臣之大义,父子之道,乃至于此。"③《精华》云:"故公子结受命往媵陈人之妇,于鄄。道生事,从齐桓盟,《春秋》弗非,以为救庄公之危。公子遂受命使京师,道生事之晋,《春秋》非之,以为是时僖公安宁无危。故有危而不专救,谓之不忠;无危而擅生事,是卑君也。故此二臣俱生事,《春秋》有是有非,其义然也。"④以上皆可看出董氏对于君臣关系的根本性认识与《穀梁传》是一致的。只是在臣子这一环节上,董仲舒的认识要比《穀梁传》灵活和开放,那就是《穀梁

---

①　苏舆:《春秋繁露义证》,第 336—337 页。

②　苏舆:《春秋繁露义证》,第 52 页。

③　苏舆:《春秋繁露义证》,第 43 页。

④　苏舆:《春秋繁露义证》,第 89—90 页。

传》不允许臣子有可遂之事,即不强调臣子有权变之行为①,因为这种论调往消极的方向发展,就会导致臣子专权、弑君,这种僭越尊卑秩序的行为在《穀梁传》中是绝不允许的。而董氏则在一定程度上承认权变,认为臣子可以有遂事,只要是出自忠心,权变之事是可行的。这是他们之间的区别。但我们并不能否认,君臣关系上君尊臣卑,臣子服从君主,这是二者的共同认识,况且董氏认为行权由忠而发,与《穀梁传》强调臣子忠孝的观点也相吻合。

从文献学的角度,通过《穀梁传》与《春秋繁露》文本的比较研究,可以发现董氏有些内容是承袭自《穀梁传》的。这便可以证明董氏在西汉初年,不仅专治公羊学,实则通众经,为一代通儒。虽然西汉年间的穀梁学者的重要著作我们不能得见,但董氏称引《穀梁传》的行为,也说明了汉代《春秋》学的发展并非直线性的,而是经典之间的相互融合与借鉴。所以我们可以从后世公羊学者的著作中,见到穀梁学的一些观念或思想。

另外,从思想史的角度比较二者对一些概念的阐释与理解,虽然不能够准确证明董氏沿袭《穀梁传》,但至少我们能够发现董氏之思想与《穀梁传》的思想存在着某种程度上的前后关联性

---

① 按权变之观念,并非《公羊传》独有,《穀梁传》中亦散发着权变之义。在君臣关系上,《穀梁传》否定臣子运用权变,其实质就是为了稳固君尊臣卑的政治秩序。但在具体的事务活动中,《穀梁传》认为权变是可行的,如庄公元年经云:"秋,筑王姬之馆于外。"《穀梁传》云:"筑,礼也。于外,非礼也。筑之为礼,何也? 主王姬者,必自公门出。于庙则已尊,于寝则已卑,为之筑,节矣。筑之外,变之正也。筑之外,变之为正,何也? 仇雠之人,非所以接婚姻也。衰麻,非所以接弁冕也。"此处便是权变观念的最好展现。虽然筑馆于外非礼,可是由于鲁、齐为仇人,只能筑馆于外。这样不仅可以显示鲁仇齐之义,又可显示在周天子与齐的婚姻中,鲁不失为主之礼,所以传文说"变之为正"。很显然依照常义,鲁国的做法是不对的,但是在齐、鲁这种特殊的关系下,只能"变之为正"。

和逻辑性。也就是说,如果是从思想史的角度来断代的话,《穀梁传》的形成必当早于董氏的《春秋繁露》。而且,通过比较,我们可以为探讨董氏的学术思想提供一条有力的线索,即虽然董氏受到齐之阴阳五行学说的影响,但此并非其全貌。很显然,董氏的学术思想中有鲁学的影子,而《穀梁传》即是证明其具备鲁学特点的文本依据。董氏作为汉初公羊学的奠基者,他与穀梁学的紧密关系也显示了公羊学与穀梁学的历史渊源,也为后来公羊学家吸收和借鉴穀梁学奠定了学术基础。

第三节　刘向与穀梁学

班固《汉书》中称赞刘向:"仲尼称'材难不其然与!'自孔子后,缀文之士众矣,唯孟轲、孙况、董仲舒、司马迁、刘向、扬雄。此数公者,皆博物洽闻,通达古今,其言有补于世。传曰'圣人不出,其间必有命世者焉',岂近是乎?刘氏《洪范论》发明大传,著天人之应;《七略》剖判艺文,总百家之绪;《三统历谱》考步日月五星之度。有意其推本之也。呜虖!向言山陵之戒,于今察之,哀哉!指明梓柱以推废兴,昭矣!岂非直谅多闻,古之益友与!"[①]

由班固之言,可知刘向在汉人眼中乃通达古今之鸿儒,所谓的章句小儒不可与其同日而语。据史料记载,刘向"为人简易无威仪,廉靖乐道,不交接世俗,专积思于经术,昼诵书传,夜观星宿,或不寐达旦"[②]。可以看到,刘向为人低调,而治学上则专思

---

① 班固:《汉书·楚元王传》,第 1972—1973 页。
② 班固:《汉书·刘向传》,第 1963 页。

于经术。根据《汉书》所记刘向的奏疏，刘向屡屡向帝王谏言，言辞恳切，即可见其耿直之性格，又可明其通经致用的儒者风范。

孔子作《春秋》，微言大义多蕴含其中，西汉儒者则希望由《春秋》以通圣人仁义之德，从而为汉制法，故西汉诸儒多治《春秋》，兼及阴阳灾异学说。作为大儒，刘向对《春秋》学也是相当关注。其不仅是公羊学的传人，而且在宣帝时期亲受穀梁学，又私下与其子刘歆兼习《左传》。因此深入研究刘向的《春秋》学观念及其思想，不仅有助于我们认识西汉《春秋》学的发展，更能够清楚地认识到刘向时期穀梁学、公羊学的演变历史，从而把握穀梁学、公羊学是如何相互影响和发生转变的。

一、刘向的治学倾向

学者韩碧琴在其《刘向学述》中曾对刘向的治学倾向有一段论述："汉儒经术，贵能见之实行，所谓通经致用之学。刘向兼修五经，引经以致用，综观向之经学，以《春秋》为主，《易》《书》《诗》《礼》为辅。汉代经学虽有齐鲁之分，鲁学纯谨，齐学恢奇驳杂。刘向说经，虽承鲁学，亦杂阴阳灾异之说。向藉阴阳灾异为劝善惩恶，应天顺人之据，阐发经义，以达警惧之目的。"①

此论可见刘向治学意在通经致用，故于五经，不偏主一家，而是齐鲁学兼修。而刘向治经的通学倾向，并非自创，这正是西汉初年儒者的治学特点。如陆贾、贾谊、董仲舒等，虽有各自的擅长，但他们于五经诸子，皆有所涉猎，贯通经子，从而为汉代治国建言献策。

---

① 韩碧琴:《刘向学述》，潘美月、杜洁祥主编:《古典文献研究辑刊》11编第5册，新北:花木兰文化出版社，2010年，第202页。

到了刘向的时代,经学的发展进入了繁荣时期,武帝时期的博士官制度延续下来,从而激发了学者的治经趣向。在这种情形之下,出现了专治一经的经学章句家,他们专守师说家法,以维持自己的学术正统,占据知识的霸权地位。这点我们从夏侯胜及夏侯建之间的争论可见一斑。《汉书》记载夏侯建"自师事胜及欧阳高,左右采获,又从五经诸儒问与《尚书》相出入者,牵引以次章句,具文饰说"。而夏侯胜不满意夏侯建的此种作法,批评说"建所谓章句小儒,破碎大道"。① 此正是夏侯胜不满章句家夏侯建文饰经说,破坏经义,故嗤之为"章句小儒"。

之后,班固也对西汉中后期的经学章句家们进行了批判,其云:"自武帝立五经博士,开弟子员,设科射策,劝以官禄,讫于元始,百有余年,传业者寖盛,支叶藩滋,一经说至百余万言,大师众至千余人,盖禄利之路然也。"② 可见利益的驱使,一方面刺激了经学的发展,另一方面也为经学的发展带来了负面的效应。

对于章句学家的治学,刘向、歆父子与夏侯胜的看法是一致的,认为是章句小儒,非儒学大道。这点由《汉书·艺文志》中可以看出:"古之学者耕且养,三年而通一艺,存其大体,玩经文而已,是故用日少而畜德多,三十而五经立也。后世经传既已乖离,博学者又不思多闻阙疑之义,而务碎义逃难,便辞巧说,破坏形体;说五字之文,至于二三万言。后进弥以驰逐,故幼童而守一艺,白首而后能言;安其所习,毁所不见,终以自蔽。此学者之大患也。"③

---

① 班固:《汉书·夏侯建传》,第 3159 页。

② 班固:《汉书·儒林传》,第 3620 页。

③ 班固:《汉书·艺文志》,第 1723 页。按班固《艺文志》乃承袭刘歆《七略》,而刘歆《七略》又与刘向《别录》有很大关系,故此文认为可以代表刘向、歆父子的观点。

　　很明显，刘氏父子不认可当时的章句学家，他们繁琐的治经方式，不仅乖离了经义，而且有便辞巧说的嫌疑。专守一经之章句，不仅难以传习，而且禁锢了自己的学术视野，导致眼界狭窄，固步自封。这种治学的方式，终究不利于经学的发展。刘向对于当时的经学弊病有清晰的认知，所以他在治经时并不沿袭经学章句家们的治学路径，而是仍旧遵循西汉通儒博观约取的治学倾向。

　　当然，在以六经为主的时代，经学占据学术的主流，故作为通儒的刘向，依旧有着自己的经学取向。首先对于六艺，他认为："六艺之文：《乐》以和神，仁之表也；《诗》以正言，义之用也；《礼》以明体，明者著见，故无训也；《书》以广听，知之术也；《春秋》以断事，信之符也。五者，盖五常之道，相须而备，而《易》为之原。故曰'《易》不可见，则乾坤或几乎息矣'，言与天地为终始也。"①

　　刘氏父子对《周易》的推崇，实际上与当时学者对天人关系的关注有很大的关系。刘向曾作《洪范五行传论》，《汉书》云刘向"见《尚书·洪范》，箕子为武王陈五行阴阳休咎之应。向乃集合上古以来历春秋六国至秦汉符瑞灾异之记，推迹行事，连传祸福，著其占验，比类相从，各有条目，凡十一篇"②。刘向集合先秦至西汉灾异之文，结合《洪范五行传》，推论灾异之原由，其目的乃是借灾异以明天人之关系，从而为现实服务。所以他上奏此书时，"天子心知向忠精，故为凤兄弟起此论也，然终不能夺王氏权"③。刘向作《洪范五行传论》，正是《周易》"天人之占可得而

①　班固：《汉书·艺文志》，第 1723 页。
②　班固：《汉书·刘向传》，第 1950 页。
③　班固：《汉书·刘向传》，第 1950 页。

效"的学术实践。我们从其子刘歆的口中，更可见刘向对《周易》的态度，其云："昔殷道弛，文王演《周易》；周道敝，孔子述《春秋》。则《乾》《坤》之阴阳，效《洪范》之咎徵，天人之道粲然著矣。"①又云："故《易》与《春秋》，天人之道也。"②可知《周易》、《春秋》、《洪范》一脉相承，皆为讲天人之道的学问。③

刘向在其奏疏中多次引用《周易》的句子来讨论社会人事，如《易》曰："君不密则失臣，臣不密则失身，几事不密则害成。"《易·大传》曰：谄神者殃及三世。"在《艺文志》的大小序中，也引用了许多《周易》的句子。如评论《书》学："《易》曰：河出图，洛出书，圣人则之。"评述礼学："《易》曰：有夫妇父子君臣上下，礼义有所错。"

《汉书》云刘歆及刘向始皆治《易》，《汉书·艺文志》云："刘向以中古文《易经》校施、孟、梁丘经。"可知《易经》在其父子心目中的重要地位。其后刘向治穀梁学，刘歆治左氏学，虽专主不同，然皆推崇《易》为群经之首。

刘向作为西汉大儒，十分重视经学，观其《荀子叙录》、《晏子叙录》、《列子叙录》，可知刘向于诸子之学，皆以合六经之义为评判标准，故云："其书六章，皆忠谏其君，文章可观，义理可法，皆合六经之义。"（《晏子叙录》）"道家者，秉要执本，清虚无为。及其治身接物，务崇不竞，合于六经。"（《列子叙录》）他并未排斥诸子之学，认为子学可补经学之不足。《汉书·艺文志》云：

> 诸子十家，其可观者九家而已。皆起于王道既微，诸侯

---

① 班固：《汉书·五行志上》，第 1316 页。
② 班固：《汉书·律历志上》，第 981 页。
③ 参见郑万耕：《刘向刘歆父子的学术史观》，《史学史研究》2003 年第 1 期。

力政,时君世主,好恶殊方,是以九家之术蜂出并作,各引一端,崇其所善,以此驰说,取合诸侯。其言虽殊,辟犹水火,相灭亦相生也。仁之与义,敬之与和,相反而皆相成也。《易》曰:"天下同归而殊涂,一致而百虑。"今异家者各推所长,穷知究虑,以明其指,虽有蔽短,合其要归,亦六经之支与流裔。使其人遭明王圣主,得其所折中,皆股肱之材已。仲尼有言:"礼失而求诸野。"方今去圣久远,道术缺废,无所更索,彼九家者,不犹瘉于野乎? 若能修六艺之术,而观此九家之言,舍短取长,则可以通万方之略矣。①

此可见刘氏父子以经为主,以诸子为辅的学术观念。而由于儒家与经学的密切关系,所以诸子略中首列儒家。刘氏对儒家的看重由其中小序可知:

> 儒家者流,盖出于司徒之官,助人君顺阴阳明教化者也。游文于六经之中,留意于仁义之际,祖述尧舜,宪章文武,宗师仲尼,以重其言,于道最为高。孔子曰:"如有所誉,其有所试。"唐虞之隆,殷周之盛,仲尼之业,已试之效者也。然惑者既失精微,而辟者又随时抑扬,违离道本,苟以哗众取宠。后进循之,是以五经乖析,儒学寖衰,此辟儒之患。②

刘向推崇经学,以《易》作为六经的指导思想,同时认为诸子可补经之不足,所谓天下学说殊途而同归。足见刘向正践行着孔子"礼失求诸野"的思想,以其贯通的学术观念,经子相互借鉴,较比董仲舒独尊儒术的思想更为合理。

---

①　班固:《汉书·艺文志》,第 1746 页。
②　班固:《汉书·艺文志》,第 1728 页。

另外,我们在看待刘向的经学时,也不能以后世今文经学与古文经学的观点去考察,因为刘向的时代,东汉所谓的今、古观念并不存在。故钱穆说:"师丹、公孙述,下及东汉范升,谏立《左氏》诸经,并不为今古文分家,又不言古文出歆伪。自西汉之季,以逮夫东汉之初,求所谓今古文鸿沟之限,不可得也。"①"其实古文各自名学,与经说家派无关,后人乃专以文字古今流变为当时经说分野,亦误也。"②因此我们在把握刘向的经学思想或观念时,不可以后世固有的今古文经学的观念去分析,毕竟刘向的时代,人们并没有这种区别对待的观念。由于无此偏见,故刘向在对待《春秋》学的处理上,三传往往兼用,并没有所谓的主观上对某一经传的排斥或诋毁。

二、《春秋》学的融通与刘向穀梁学

《汉书》云:"(刘)歆以为左丘明好恶与圣人同,亲见夫子,而《公羊》、《穀梁》在七十子后,传闻之与亲见之,其详略不同。歆数以难向,向不能非间也,然犹自持其《穀梁》义。"③班固此处的记载说明,刘向、歆父子对待《左传》、《公羊传》、《穀梁传》的看法并不同。刘歆认为《左传》的形成要早于《公羊传》、《穀梁传》,而且更重要的一点是刘歆认为《左传》的作者左丘明好恶与圣人同,由此认为《左传》思想反映的是圣人之义。很明显刘歆的看法抬升了《左传》的地位,这种观点在《汉书·艺文志》、《春秋》类的小序中也有类似的表述。那么这是否也是刘向的观点呢?下面我们需要讨论一番。首先,通过揣摩班固的这段记载,其明显

---

① 钱穆:《刘向歆父子年谱》,《两汉经学今古文平议》,第 5 页。
② 钱穆:《刘向歆父子年谱》,《两汉经学今古文平议》,第 29 页。
③ 班固:《汉书·刘歆传》,第 1967 页。

向我们透露出一个很重要的信息，那就是刘向并不认可《左传》与圣人的关系，故班固特意说到了刘歆，却并没有说刘向。另外，在当时的学术环境下，五经与孔圣人的关系密切是儒者们公认的，而《左传》与圣人是否有关系，学者之间的看法并不一致。《华阳国志》云："《春秋穀梁传》首叙曰：成帝时议立三传博士，巴郡胥君安独驳《左传》不祖圣人。"①当刘歆议立《左氏》博士时，许多儒者出来反对，也是很正常的。反之，刘向认可《公羊传》、《穀梁传》与孔夫子的关系，也就是说二传所传达的正是圣人的微言大义。故云其"犹自持其《穀梁》义"，班固在《汉书》中特意强调刘向与穀梁学的关系，并非杜撰，他距离西汉刘向的时代并不遥远，亲见刘向的史料肯定要多于现在，而且刘向曾以待诏的身份习穀梁学，并于宣帝元年参与平议《公羊》、《穀梁》异同的会议。由此可见，刘向在当时的学术地位是比较突出的，而他以穀梁学者的身份与会，也说明他对穀梁学的研习与传播是有巨大贡献的，因此班固记载刘向与穀梁学的关系也就并不令人生疑了。

另外，我们还必须了解的是，刘向也曾研习过公羊学，这点班固并未记载，但郑玄的《六艺论》却记载了："治《公羊》者，胡毋生、董仲舒，董仲舒弟子嬴公，嬴公弟子眭孟，眭孟弟子庄彭祖及颜安乐，安乐弟子阴丰、刘向、王彦②。"（《春秋公羊传注疏》序之疏文所引）可知刘向研习过颜氏公羊学，《汉书·艺文志》也著录了《公羊颜氏记》。刘向治公羊推重董仲舒，其灾异学说多有与董仲舒同者，其《诫子歆书》中还引用董仲舒"吊者在门，贺者在闾"。钱穆亦云："刘向治《穀梁》，与《公羊》家廷辩，其奏书、封事

---

① 刘琳：《华阳国志校注》，成都：巴蜀书社，1984年，第828页。

② 这里的王彦，其实就是与刘向一同参与此次会议的王亥，《后汉书·贾逵传》李贤注也说是王彦。盖彦、亥因形近而讹。

亦屡引《公羊》为说。"①可知刘向习《公羊》乃是事实。我们推测刘向研习公羊学应当是在习榖梁学之前,因宣帝的提倡,才受诏转而习榖梁学。后来,刘向可能在研习榖梁学的过程中,认可了榖梁学经义,也就是对《公羊》、《榖梁》有了一定的比较之后,更趋向于榖梁学了。

前面提到了刘向治学走的是通学的道路,所以他对于《春秋》三传虽然有所偏好,但并不妨碍他对三传的研习。据桓谭的记载:"刘子政、子骏,子骏兄弟子伯玉,俱是通人,尤珍重《左氏》,教授子孙,下至妇女,无不诵读。"②据此可知刘向、歆父子都有研习《左传》,那么《汉书》记载刘向不满刘歆对《左传》的看法,这之间是否矛盾呢,对此章太炎的回答我们认为是可取的,他说:"然《汉书》则谓歆治《左氏》,数以难向,向不能非间,犹自持其《榖梁》义。君山历事新汉,亲睹二刘,其见闻比于叔皮为切,不应信《汉书》疑《新论》也。"③

通过以上的简单考察,可以了解刘向并不赞成刘歆对《左传》的主张,他所弘扬的在榖梁学。

前文说了,刘向区别于专守章句的经生,所以他看待《春秋》的眼界也较为开阔,在其遗留的文献中,可以看出他对三传的运用非常灵活,往往三传混用。如其奏疏云:"至乎平王末年,鲁隐之始即位也,周大夫祭伯乖离不和,出奔于鲁,而春秋为讳,不言来奔,伤其祸殃自此始也。是后尹氏世卿而专恣,诸侯背畔而不朝,周室卑微。……当是时,祸乱辄应,弑君三十六,亡国五十二,诸侯奔走,不得保其社稷者,不可胜数也。周室多祸:晋败其

---

①　钱穆:《刘向歆父子年谱》,《两汉经学今古文平议》,第73页。
②　朱谦之:《新辑本桓谭新论》,北京:中华书局,2009年,第39页。
③　章太炎:《章太炎儒学论集》,成都:四川大学出版社,2010年,第521页。

师于贸戎；伐其郊；郑伤桓王；戎执其使；卫侯朔召不往，齐逆命
而助朔；五大夫争权，三君更立，莫能正理。遂至陵夷不能
复兴。"①

此段文字中，祭伯出奔于鲁，出自《公羊传》；尹氏世卿，出自
《公羊传》；晋败周师于贸戎，《公羊传》、《穀梁传》义同；郑伤桓
王，出自《左传》；卫侯朔召不往，出自《穀梁传》；五大夫争权，出
自《左传》。据此可知刘向在具体的操作中，于三传信手拈来。
陈澧评价刘向兼用三传说："是时《公羊》、《穀梁》二家相争，子政
受《穀梁》而多从《公羊》，且其子歆治《左氏》数以难子政。子政
自持其《穀梁》、《公羊》义而乃有取于《左传》，盖虽笃守家法，而
识量则甚宏通也。"②另外，刘向论灾异，也是三传皆有引用。③
这种风格也与他通儒的治学路径有很大的关系。

那么既然刘向三传皆用，我们如何理解其与《穀梁传》的特
殊关系呢？对此，可以通过两点加以探究。一方面是经义的解
读与《穀梁传》相符合，当然这种方法并不可靠，因为刘向三传兼
用，而且刘向阐释经学的文本存世的非常之少。另外一方面，即
总体上把握刘向的经学思想，看这种思想与三传中哪一传的思
想接近，这样我们就能从整体上来了解刘向自持《穀梁》义的深
刻意义。

关于第一方面，虽然无法对刘向与《穀梁传》的特殊关系给
出合理的解释，但就三传来说，刘向对三传的引用，当涉及经义
时，基本上是引用《公》、《穀》二传较多，而引用《左传》时则多与
史事的叙述有关。近人向宗鲁认为刘向《说苑》"本书取《左氏》

---

① 班固：《汉书·刘向传》，第 1936—1937 页。
② 陈澧：《东塾读书记》，第 330 页。
③ 具体可以参看《汉书·五行志》所引刘向之论。

文甚多,而涉及经义,则仍用今文,盖取其事不取其义"①。毕竟《左传》对史事的记载比较详细,《公》、《穀》则侧重对经义的阐释。当然对经义的把握其实离不开《左传》,因为孔子已说"其文则史","其义则丘窃取之矣",也就是说《左传》正是承担着史的部分,而《公》、《穀》二传则承担义的部分。所以桓谭说:"《左氏传》于经,犹衣之表里,相待而成。经而无传,使圣人闭门思之,十年不能知也。"②如此一来,刘向引用传文,并不能够或表事或表义,我们无法据引文就准确判断刘之思想倾向。

据此,通过比对经义的解读与《穀梁传》的密切性来考察刘向与穀梁学的特殊关系,是行不通的。而且更重要的是,如果我们通过《新序》、《说苑》引文来讨论刘向与《春秋》三传的关系,其实更易进入一个误区,即认为二书中有关三传的内容反映的是刘向有关《春秋》学的运用与阐释,这就不对了。徐复观在《两汉思想史》中便仔细考察了《新序》、《说苑》的文献渊源,他进行了一番统计,认为:"两书中引用春秋时代故事的,多出于《左传》,但都不出《春秋》或传之名。"③"《新序》七出《春秋》之名中,五用《穀梁》,一用《公羊》,一用《穀梁》与《公羊》之合义。"④"《说苑》出《春秋》之名凡二十四……有三条未查出,有一条系言《春秋》之通义。出于《公羊》者共十一条,其中入有《春秋繁露》者二条。出于《穀梁》者三条,见于今之《春秋繁露》者六条,其中入有《公羊》者三条"。⑤ 据此,他认为:"刘向三传并用,无专经师法之说。

---

① 向宗鲁:《说苑校证·叙例》,第4页。
② 朱谦之:《新辑本桓谭新论》,第39页。
③ 徐复观:《两汉思想史》(卷三),第49—50页。
④ 徐复观:《两汉思想史》(卷三),第50页。
⑤ 徐复观:《两汉思想史》(卷三),第50、52页。

刘向虽引用《左传》甚多,其中并有君子之论断……但凡以《春秋》之名所称之传,皆属于《公羊》、《穀梁》,乃至董仲舒之《春秋》说。由此可知,因《公羊》、《穀梁》所传者为能得《春秋》之意,故对于两传,极少数称'传曰',大多数即称'《春秋》'或'《春秋》曰'。"另外他还说:"刘向受命习《穀梁传》,《新序》中用《穀梁传》之比例高于《公羊》,而《说苑》用《公羊传》之比例则远过于《穀梁传》,由此可以推知,刘向晚年实以《公羊传》优于《穀梁传》。"①学者徐兴无不满徐复观对二传的推测,他提出三点质疑,其中一条说:"刘向为通儒,虽习《穀梁》,然于董仲舒之思想,传承甚多。故多用《公羊》,不必严分以前后二期。"②当然,徐氏对徐复观的批评是对的,但徐氏并未指出徐复观的这种仔细的文献考辨所得出的结论不仅是错误的,实际上其出发点就是不合逻辑的。之所以这样说,是因为《新序》、《说苑》二书并非刘向著述,而是刘向所编。对此,学者余嘉锡有更为清晰的认识:"《新序》、《说苑》,则虽本有其书,其文亦悉采之传记,然向既除其两书之复重者,与他书之但除本书之复重者不同,有删去其浅薄不中义理者,与《晏子》等书但聚而编之,虽明知其不合经训,亦不敢失者不同。盖已自以义法别择之,使之合于六经之义。"③

据此论可知,虽然此书有刘向"更造以新事",即有所增益,但刘向终归只是编纂整理者,我们据此盲目地以为书中引用《春秋》三传的文字来自刘向自己是不对的,毕竟我们无法知道刘向具体如何整理,删了哪些,加入了哪些,作了哪样的具体性调整,因此徐复观这种探讨刘向与《春秋》学的路径是值得商榷的。

---

① 徐复观:《两汉思想史》(卷三),第53页。
② 徐兴无:《刘向评传》(附刘歆),南京:南京大学出版社,2005年,第396页。
③ 余嘉锡:《四库提要辨证》,北京:中华书局,1980年,第553页。

另外,前面说到了《公》、《榖》重经义,而《左传》重史事,刘向时期《左传》并未跻身经学(官学)的行列,所以在刘向合乎六经之义的主导思想之下,《左传》与刘向的学术思想联系其实是最微弱的。而且前面说到了刘向对三传的引用,当涉及经义时,基本上是引用《公》、《榖》二传较多,而引用《左传》时则多与史事的叙述有关。我们意在讨论刘向与《公》、《榖》的关系,因此,在这里化繁求简,专门研究刘向学术思想与《公》、《榖》的关系即可。

通过二传有关《春秋》文献的梳理与考察,无法正确分析出刘向与《公》、《榖》的关系,就必须采取另外一种方式,即思想史的路径。余嘉锡说:"夫一书有一书之宗旨,向固儒者,其书亦儒家者流,但求其合乎儒术无悖于义理足矣,至于其中事迹皆采自古书,苟可以发明其意,虽有违失,固所不废。"①所以通过把握刘向有关文献的主要思想,再把这种思想与《公》、《榖》作一比较,即可看出刘向与榖梁学是否具有一定的特殊关系。

在探讨刘向的《春秋》学思想之前,必须明确两点,一是刘向作为汉代儒者,其持守儒家传统,故其《春秋》经义的解读皆趋向于道德伦理及政治伦理的解读。一是刘向身为刘氏宗室遗老,其深刻的血缘宗法观念,使他时刻关注国家政治及君主权力的稳固,因此对于君臣的关系十分重视,尤其对臣子专权所谈甚多。从这两个角度来说,刘向的《春秋》学思想基本是与当下的现实社会有着密切的关联的。

为分析此种思想,以刘向的《说苑》、《新序》及张溥编的《刘子政集》②等材料为主,来分析刘向的主要思想。

---

① 余嘉锡:《四库提要辨证》,第553—554页。
② 张溥编:《刘子政集》,《汉魏六朝百三家集》,文渊阁四库全书本。

首先分析刘向的《说苑》,此书分类清晰,每一卷都会有一个标题,此标题即反映此卷的主要思想。概括起来主要思想如下。

一是君臣之道。由《君道》、《臣道》篇可知,其论为君之道,在于"清静无为,务在博爱,趋在仁贤,广开耳目,以察万方,不固溺于流俗,不拘系于左右,廓然远见,踔然独立,屡省考绩,以临臣下"[1]。而其引河间献王之论,更能反映刘向之意,云:"仁昭而义立,德博而化广,故不赏而民劝,不罚而民治。先恕而后教,是尧道也。"[2]其又告诫人君:"夫天之生人也,盖非以为君也;天之立君也,盖非以为位也。"[3]此便以天意来告诫君主当行仁义,如果只顾行私欲则无法承天意。

其论为臣之道,则主张君尊臣卑,故云:"人臣之术,顺从而复命,无所敢专,义不苟合,位不苟尊,必有益于国,必有补于君,故其身尊而子孙保之。"[4]刘向在此篇首即点明为臣之道,一在说明臣子当尽忠于君,不可作佞臣,故说"义不苟合,位不苟尊"。否则,会出现臣子专权的危险,故《君道》说:"尊君卑臣者,以势使之也。夫势失则权倾,故天子失道则诸侯尊矣,诸侯失政则大夫起矣,大夫失官则庶人兴矣。由是观之,上不失而下得者,未尝有也。"[5]文中提出臣子当行六正,圣、良、忠、智、贞、直,很明显,刘向的用意即在诉说自己的为臣之道,我们从他的一生行事当中也可见其忠直的品行。刘向自己身为一贤臣,当然希望君主择贤臣,远佞臣,故专设《尊贤》一篇,云:"人君欲平治天下而

---

① 　向宗鲁:《说苑校证》,第 1 页。
② 　向宗鲁:《说苑校证》,第 5 页。
③ 　向宗鲁:《说苑校证》,第 30 页。
④ 　向宗鲁:《说苑校证》,第 34 页。
⑤ 　向宗鲁:《说苑校证》,第 31 页。

垂荣名者,必尊贤而下士。"①即是此意。而作为人臣,进言献策于人君也是忠臣所必为,故云:"人臣之所以蹇蹇为难而谏其君者,非为身也,将欲以匡君之过,矫君之失也……见君之过失而不谏,是轻君之危亡也……忠臣不忍为也。"②刘向此论,一者云忠臣之道的艰难,一者在诉说自己对人君的忠心与正直。

二是民本思想。刘向引齐桓公与管仲的对话,管仲说:"所谓天者,非苍苍莽莽之天也,君人者以百姓为天。百姓与之则安,辅之则强,非之则危,背之则亡。"③而记载鲁哀公问政于孔子,更加强调了为政者以民为本的重要性,其云:"鲁哀公问政于孔子,对曰:'政有使民富且寿。'哀公曰:'何谓也?'孔子曰:'薄赋敛则民富,无事则远罪,远罪则民寿。'公曰:'若是,则寡人贫矣。'孔子曰:'《诗》云:恺悌君子,民之父母。未见其子富而父母贫者也。'"④

人君为民之父母,故所行所为皆以民为出发点,进而"使民富且寿",即为百姓创造良好的生活条件,如此君主教化不仅可以施行,君主自己也会受到百姓的拥戴,从而合乎天命,稳固帝王之位。文中载文王问太公治国之道,太公说:"治国之道,爱民而已。"⑤也是刘向民本思想的体现。刘向论民本、择贤臣,都是为人君而发,"国不务大,而务得民心,佐不务多,而务得贤俊"⑥。

三是对"本"的重视。《建本》篇首云:"君子务本,本立而道

---

① 向宗鲁:《说苑校证》,第173页。
② 向宗鲁:《说苑校证》,第206页。
③ 向宗鲁:《说苑校证》,第73页。
④ 向宗鲁:《说苑校证》,第149—150页。
⑤ 向宗鲁:《说苑校证》,第151页。
⑥ 向宗鲁:《说苑校证》,第180页。

生。"①所谓的"本"涉及多个方面,其所要强调的在于父子、君臣之义。"父道圣,子道仁,君道义,臣道忠。"②"君以臣为本,臣以君为本,父以子为本,子以父为本。"③故我们可以说,儒家所谓的道德伦理,无不可归之"本"下。文中引孔子曰:"行身有六本,本立焉然后为君子。立体有义矣,而孝为本;处丧有礼矣,而哀为本……生才有时矣,而力为本。"④所以无论是君臣间的政治关系,还是父子间的血缘关系,"本"的存在都是非常重要的。

四是对德的强调。此德主要是所谓的仁义之德。不论是人君或是人臣,皆以仁义之德为重。人君行仁德,则可"百王尊之,志士法焉"⑤。刘向希望君主行王者之化,而教化的施行中行德教乃是核心,故云:"是以圣王先德教而后刑罚,立荣耻而明防禁,崇礼义之节以示之,贱货利之弊以变之,修近理内,政橛机之礼,壹妃匹之际,则下莫不慕义礼之荣,而恶贪乱之耻,其所由致之者,化使然也。"⑥

五是对君子节气的重视。云:"士有杀身以成仁,触害以立义,倚于节理而不议死地,故能身死名流于来世。非有勇断,孰能行之。"⑦

六是慎独。"存亡祸福,其要在身。圣人重诫,敬慎所忽。"此篇强调个体修为的重要性。

七是公私的区别。刘向认为人君之行当为公,即为天下百

---

① 向宗鲁:《说苑校证》,第 56 页。
② 向宗鲁:《说苑校证》,第 58 页。
③ 向宗鲁:《说苑校证》,第 59 页。
④ 向宗鲁:《说苑校证》,第 57 页。
⑤ 向宗鲁:《说苑校证》,第 95 页。
⑥ 向宗鲁:《说苑校证》,第 143 页。
⑦ 向宗鲁:《说苑校证》,第 77 页。

姓着想，如好私利行私欲，则易导致叛乱。所以他在《权谋》篇中说："夫权谋有正有邪，君子之权谋正，小人之权谋邪。夫正者其权谋公，故其为百姓尽心也诚；彼邪者好私尚利，故其为百姓也诈。夫诈则乱，诚则平。"①《至公》篇亦云："夫公生明，偏生暗，端悫生达，诈伪生塞，诚信生神，夸诞生惑。"②此公，不仅针对人君，对臣子个人来讲亦是如此，"公"强调的是国家集体利益与荣辱，而非个人的利益与荣耀。故对人君来讲效法尧舜至德，乃是"公"的践行方式，而对于臣子个人来讲，践行儒家忠孝仁义便是"公"的体现。

八是慎战。《指武》篇云："夫兵不可不玩，玩则无威；兵不可废，废则召寇。昔吴王夫差好战而亡，徐偃王无武亦灭。故明王之制国也，上不玩兵，下不废武。《易》曰：'存不忘亡。'是以身安而国家可保也。"③"圣人之治天下也，先文德而后武力。凡武之兴，为不服也，文化不改，然后加诛。夫下愚不移，纯德之所不能化，而后武力加焉。"④

其次说一下《新序》，此书为残本，列有《杂事》五卷，《刺奢》、《节士》、《义勇》各一卷，其他类名不可知。主要思想如下。

一是崇尚节俭，反对奢侈。此与刘向谏言成帝营昌陵过度奢侈义同。

二是对士人节气的推崇。《节士》篇与说苑《立节》篇意思多相通，此不赘论。

三是重义勇。据石光瑛《新序校释》，可知刘向强调君子当

---

① 向宗鲁：《说苑校证》，第 311 页。
② 向宗鲁：《说苑校证》，第 343 页。
③ 向宗鲁：《说苑校证》，第 365 页。
④ 向宗鲁：《说苑校证》，第 380 页。

义勇兼备,而义勇据《礼记·聘义》的记载,"有行之谓有义,有义之谓勇敢。故所贵于勇敢者,贵其能以立义也。所贵于立义者,贵其有行也。所贵于有行者,贵其行礼也。故所贵于勇敢者,贵其敢行礼义也。"据此知具备义勇之品行,贵在所行合乎礼义,而非好勇斗狠。《穀梁传》云"古之贵仁义而贱勇力",此义勇亦与士之节气有关。

另外结合《刘子政集》来看,刘氏思想如下。

首先,刘向最为重视君臣之关系,他认为君臣之间必须尊卑有序,如果秩序乱了,就会出现问题。他在奏疏中说:"经曰'王室乱',又曰'尹氏杀王子克',甚之也。《春秋》举成败,录祸福,如此类甚众,皆阴盛而阳微,下失臣道之所致也。……孔子曰'禄去公室,政逮大夫',危亡之兆。"①此可见刘向厌恶臣子专权擅势,认为"大臣操权柄,持国政,未有不为害者也"②,刘向此论,正是由历史以言当下。他多次向帝王谏言,不满朝廷中外戚专权。

而对于臣子,刘向认为帝王当择贤臣,赏罚分明。故其奏疏说:"齐桓公前有尊周之功,后有灭项之罪,君子以功覆过而为之讳行事。"③此以公羊说劝说元帝对待甘延寿、陈汤矫制生事之行为,当由《春秋》以功覆过的角度看待,即他们的行为功大于过,所以应当赏赐,而非处罚。而对于大功未著,小恶数百的臣子来说,帝王不当屡加行赏,应当尊崇爵位,把它们赏赐给真正有大功的臣子们。他在《晏子叙录》中赞扬晏子节俭、尽忠以辅君主,内能亲亲外能厚贤,此正是他对贤臣标准的体现。

---

① 班固:《汉书·刘向传》,第 1959 页。
② 班固:《汉书·刘向传》,第 1958 页。
③ 班固:《汉书·陈汤传》,第 3017 页。

对于帝王，刘向认为君主应当"安不忘危，存不忘亡"，时刻身怀安危之戒。毕竟在刘向看来，《春秋》中已经明确说出了"王者必通三统，明天命所授者博，非独一姓也"。刘向从历史中领悟到，三代循环，朝代更迭，"自古及今，未有不亡之国也"[①]。若求朝代之延长，必当以德为效，如此王位可固，国家可安。而所谓的德治，即是希望帝王可以效法尧舜文武周公仲尼，行儒家仁义之事，兴礼乐，重教化，轻刑法，躬亲节俭，如此太平可致。其在奏疏中曾以鲁庄公为例，谏言帝王行节俭之事，云："鲁严公刻饰宗庙，多筑台囿，后嗣再绝，春秋刺焉。"[②]

刘向作为皇室遗老，其对国家政权稳固十分关心。故对于危及帝王的行为皆言辞挞伐。他在奏疏中，屡屡言及外戚专权，强调君权的绝对至上。他认为外戚的行为，"排摈宗室，孤弱公族。……远绝宗室之任，不令得给事朝省"[③]。外戚的行为，危及宗室，进而削弱君主的权力，如此尊祖敬宗皆成泡影。刘向希望借《春秋》外戚专权之事，告戒帝王当"览往事之戒，以折中取信，居万安之实，用保宗庙"[④]。

另外，刘向对于《春秋》中的灾异格外关注，其目的在于谏言现实政治。故其奏疏中，多次以阴阳说灾异，其意无非是提醒帝王行仁义之事，臣子则谨言慎行，不可僭越帝王之权力。如论臣子云："《春秋》地震，为在位执政太盛也。"[⑤]此即说外戚专权太盛，这点我们在《五行志》引用刘向的解读中可以看到，针对《春

---

① 班固:《汉书·刘向传》，第 1950 页。
② 班固:《汉书·刘向传》，第 1955 页。
③ 班固:《汉书·刘向传》，第 1960 页。
④ 班固:《汉书·刘向传》，第 1962 页。
⑤ 班固:《汉书·刘向传》，第 1930 页。

秋》中的地震,刘向都是在解释臣子专权是导致地震的一个很重要的原因。对帝王,刘向认为君主若不行德治,将会"乖气致异",灾异数见。其在条灾异封事文中明确向元帝指出春秋之时,"弑君三十六,亡国五十二,诸侯奔走,不得保其社稷者,不可胜数也"[①]。希望元帝听从自己的建议,远佞臣择贤臣,否则可能会危及刘氏政权。所以他说:"天下大乱,篡杀殃祸并作,厉王奔彘,幽王见杀。至乎平王末年,鲁隐之始即位也,周大夫祭伯乖离不和,出奔于鲁,而《春秋》为讳,不言来奔,伤其祸殃自此始也。是后尹氏世卿而专恣,诸侯背畔而不朝,周室卑微。"[②]刘向希望元帝远馋邪,除疑心,用贤人而行善政,否则就可能出现"周室卑微"的局面。

通过上面的分析,我们可以总结刘向的主要思想有以下几点:1.君尊臣卑。2.民本。3.对"本"的重视,举凡儒家仁义礼乐教化,皆与此有关,所谓本立而道生,可见"本"在儒家思想中的核心地位。4.对士之节气的推崇。5.尚俭。6.强烈的宗法观念。7.公、私的区分。8.慎战。

从以上总结来看,其实与《穀梁传》所传达的思想最为接近。第一点君尊臣卑,在《穀梁传》中十分突出,《穀梁传》明尊王思想,君君臣臣等级秩序严别,刘向此点可谓与《穀梁传》十分吻合。至于《公羊传》,尊君思想虽有之,然并不若《穀梁传》突出,而且《公羊传》强调臣子权变,在《穀梁传》强调绝对的君尊臣卑下,此种权变乃是对此思想的挑战。第二点,民本思想,这是《穀梁传》十分重视的一个方面,而慎战思想则与民本思想有着紧密

---

① 班固:《汉书·刘向传》,第 1937 页。
② 班固:《汉书·刘向传》,第 1936 页。

的关系,这两点在《穀梁传》中都非常明显(具体可参看本章第一节)。另外,对于"本"的强调,则概括了多个方面,诸如忠孝、仁义。同时,《穀梁传》对于礼的重视,到刘向此时,由于礼制的复古运动,随着对古礼制的倡导,也格外受到儒者的关注。而且礼乐与教化的结合,都与《穀梁传》所强调的王道思想不谋而合。再者,刘向作为刘氏宗亲,其强烈的宗法观念,也与《穀梁传》吻合。

因此,透过我们概括性的分析,可以大致了解史书记载刘向独持其《穀梁》义的原因。至少从思想方面可以理解刘向在当时的社会政治环境之下,许多思想观念与《穀梁传》十分吻合,而且穀梁学的学术风格也与刘向的治学趣向相一致,同时穀梁学的繁荣在当时也符合了元成时期的复古思潮。因此,刘向虽然三传兼通,但其更倾向于穀梁学,这不仅与其个人性格、治学趣向有关,也与其所处的时代有着密切的关联。

三、刘向《春秋》学与东汉的《公》、《左》之争

西汉末年,刘歆倡立古文经,从而引起了今古文经学之争,此现象一直延续到东汉,以公羊学与左氏学的争论尤为突出。至于穀梁学,虽然学者承认其为今文经,但与左氏学、公羊学之间并未有很大的冲突,反而受到了今文经及古文经学者的欢迎,其中古文经学者更是吸收了穀梁学的一些内容与思想。

其实,穀梁学与左氏学之间有较长的渊源,在西汉后期,即古文经学的发展初期,这种情况就已经出现。《汉书》记载宣帝时尹更始曾习穀梁学于蔡千秋,议经于石渠阁,"又受《左氏传》,取其变理合者以为章句,传子咸及翟方进,琅琊房凤。咸至大司

农,方进丞相"①。而刘向更是三传兼用。此二人同处一个时代,可知在刘歆之前,左氏学便与穀梁学有一定的融合。然相较于汉初的穀梁学,宣帝之后的穀梁学,在经学章句繁荣的影响下,也逐渐从简质的鲁学转而走向了章句学的道路。此后刘歆在其父及尹氏学派治学特点的影响下,对《左传》进行了一番深入研究,这种研究基本上是借鉴了经学章句家们治经的模式,史云:"及歆治《左氏》,引传文以解经,转向发明,由是章句义理备焉。"②刘歆曾从尹咸及翟方进受左氏学,质问大义,《汉书·翟方进传》云:"方进虽受《穀梁》,然好《左氏传》,天文星历,其《左氏》则国师刘歆。"③左氏学者通穀梁学的传统,被其后的左氏学者所沿袭,所以至东汉时期,贾逵左氏学中亦有穀梁学的因素(贾逵通五家《穀梁》之说,其注《左传》,亦往往引用《公羊传》及《穀梁传》的说法)。因此我们可以肯定,西汉后期到东汉的左氏学潜移默化地接受了穀梁学的一些重要思想④。贾逵论《左传》多君臣父子,而批评《公羊》无此义,可能正是受穀梁学之影响,借此反驳公羊学。然何休不满前辈公羊家之阐释,其阐释《公羊传》也明显具有穀梁学的影子,这点廖平曾经提到过⑤。而且针对左氏学从君臣父子等儒家伦理方面的反驳,公羊学者也会自然借

---

① 班固:《汉书·瑕丘江公传》,第3618页。

② 班固:《汉书·刘歆传》,第1967页。

③ 班固:《汉书·翟方进传》,第3421页。

④ 杜预云:"古今言《左氏春秋》者多矣,今其遗文可见者十数家。大体转相祖述,进不成为错综经文以尽其变,退不守丘明之传。于丘明之传,有所不通,皆没而不说,而更肤引《公羊》、《穀梁》,适足自乱。"(《春秋经传集解》序)此可知治左氏学者亦受穀梁学之影响。

⑤ 廖平《穀梁古义疏》凡例云"何氏《公羊解诂》与《穀梁传》说多同",不过廖氏并未就此问题深入分析。(廖平:《穀梁古义疏》,北京:中华书局,2012年,第6页)

鉴穀梁学,从而扩充公羊学在伦理方面的言说,进而增加辩论中的优势。

因此,我们在考察左氏、公羊之争的同时,不可忽略的便是穀梁学对二传的影响,虽然穀梁学在东汉时期并不显盛,但其思想其实随着元成时期儒学的大盛,已经融入经学的阐释之中。同时,东汉崇尚儒学的风气,实际上推动了穀梁学所宣扬的儒家思想,因此,我们会看到不管是左氏学者还是公羊学者,都或多或少存在这种影响。可以说刘向时代学者的治经特点以及学术倾向,对后来的经学发展产生了较大的影响,这种影响在今、古文经学者的身上都有所体现。

在这种学术理念或思想的影响之下,再去分析何休的公羊学思想,会发现何休在感受到古文经学的威胁以及公羊学前辈的无力时,自己承担起了这种责任与义务,他认为自己有责任去壮大公羊学的势力,这不只是一种好胜的心理,其实更是为了继承圣人之学,同时也反映了何休在东汉末年对儒家道德伦理的诉求,对现实动乱社会的不满。因此,在现实以及学术威胁的夹击之下,穀梁学的核心思想成为何休治经时所需要借鉴和宣扬的。

第四节　何休《春秋公羊经传解诂》 与《穀梁传》之关系

前文通过考察董仲舒、刘向这两位公羊学者与穀梁学的关系,一方面了解了公羊学的发展并非固守师法、章句,而是吸收和借鉴其他经典的学说与思想;另一方面这种治经的模式也影响了何休对《公羊传》的阐释,使得何休的公羊学脱离了经生繁琐治经的窠臼,形成具有自己学术风格的阐释著作。另外,汉末社会政治的动荡,也使得何休在经典的阐释中较为注意对现实的呼应,这点表现在对儒家君臣、忠孝、仁义等思想的阐释与宣扬中,这种思想与穀梁学的思想具有很大的重合点。因此,何休对儒家思想的解读一部分来自公羊学者董仲舒、刘向等人的影响,另外则是何休自我的反省,他希望圣人之学可以传承,希望儒家理想中的太平世可以出现,这都在无形中使其在解读《公羊传》时,透露出对儒家思想的推崇与赞扬。

因此,通过《解诂》来分析其中的思想与穀梁学思想的关系,不仅可以窥知公羊学与穀梁学在汉代学术发展史中的关系,更有助于我们了解何休公羊学思想的多样性以及何休的治经特色。当然,不可否认的是我们只是以穀梁学对公羊学的影响这一个层面来考察何休的思想,所以会显得片面而不充分,但我们希望通过这种角度的分析,可以了解到公羊学的发展并非局限于后人所认定的公羊学传统中,公羊学在其演变中与多学科有着密切的关系。何休在继承公羊学师说家法,以及他与公羊学奠基人之间的密切关系之外,也在经典的解读中有着自己独特的解释,这表现在多个方面,其中一点即是何休对穀梁学的借鉴,借鉴不仅表现在何休对《穀梁传》文的借用,更表现在阐释中闪现着穀梁学的一些思想。所以通过下面分析何休与穀梁学的关系,从而为把握何休的公羊学提供一个可资借鉴的角度,也可丰富汉代的《春秋》学研究。为求深入了解何休的学术思想与《穀梁传》的特殊关系,需要首先分析一下何休所处的时代、何休的学术立场及治学倾向,考察汉末时期士大夫们的主要思想观念,了解这些思想观念与《穀梁传》的共同之处,进而可以对何休思想观念形成的历史原因有一个大致的了解。

一、何休与汉末的政治、学术

何休在作《解诂》之前,曾与其师羊弼追述李育之义,以作《公羊墨守》、《穀梁废疾》、《左氏膏肓》,很明显是希望通过指出《左》、《穀》二传的缺点,从而提高公羊学的地位。这种思想其实与当时公羊学乃至今文经学的现实状况有很大的关系。何休所处的时代,古文经学已经壮大起来,今文经学则处于逐渐边缘化的态势。而且对立于官学的今文经章句学说,经生多不措意。《后汉书·儒林列传》云:

> 自安帝览政,薄于艺文,博士倚席不讲,朋徒相视怠散,学舍颓敝,鞠为园蔬,牧儿荛竖,至于薪刈其下。顺帝感翟酺之言,乃更修黉宇,凡所造构二百四十房,千八百五十室。试明经下第补弟子,增甲乙之科员各十人,除郡国耆儒皆补郎、舍人。本初元年,梁太后诏曰:"大将军下至六百石,悉遣子就学,每岁辄于乡射月一飨会之,以此为常。"自是游学增盛,至三万余生。然章句渐疏,而多以浮华相尚,儒者之风盖衰矣。[①]

另外,帝王的兴趣也不在经学上面,这都导致曾经辉煌的今文经学渐趋式微。相反,曾经受到今文经学压迫的古文经学的队伍则庞大起来,古文经学治经的疏略简洁风格也深受学者们的欢迎。在这种形式下,何休认为自己有责任担负起振兴公羊学的重担。所以他在《解诂》的序中透露了对前辈公羊学者的不满,他说:

---

① 范晔:《后汉书·儒林列传》,第2547页。

说者疑惑,至有倍经任意、反传违戾者,其势虽问不得不广。是以讲诵师言,至于百万,犹有不解。时加酝嘲辞,援引他经,失其句读,以无为有。甚可闵笑者,不可胜记也。是以治古学、贵文章者,谓之俗儒,至使贾逵缘隙奋笔,以为《公羊》可夺、《左氏》可兴。恨先师观听不决,多随二创。此世之余事。斯岂非守文持论、败绩失据之过哉!①

何休认为前辈学者治经并未真得经义,故出现失其句读、以无为有者。这里他一方面批评繁琐的章句家们破坏了经学的本来面目,认为他们正是"守文持论、败绩失据之过"。很明显,何休不认可章句家们的做法,而且对于经生们这种无谓的争论,他也不以为然,嗤之为"世之余事"。因此,何休阐释《公羊传》并未采取繁琐的解经方式,这点与赵岐《孟子注》有很大的共同点,二人都是在繁琐的章句体上有所改革②,可见何休已经意识到了今文经学的弊端,其阐释《公羊传》则意在避免这种问题的出现。而古文经学释经重训诂大义的模式,很显然影响了他,也就是说他在有意识地采用古文经者阐释经典的模式,有意摈弃了经生的繁琐释经模式。

据此分析可知,何休在学术上不满足于当时的今文经学,他看到了公羊学者们的弊端。但何休在序中说到,他并非仅仅与左氏学者争胜,其根本目的是通过阐释经典,来明"圣人之极致",以为现实所用。因为在何休看来,《春秋》学即是"治世之要务"。为了在阐释上达到其所预设的效果,他吸取了胡毋生的《公羊条例》,至于此条例是胡毋生本人的,还是后学所作,我们

---

① 何休解诂,徐彦疏:《春秋公羊传注疏序》,第4—8页。
② 郜积意:《赵岐孟子注:章句学的运用与突破》,《孔子研究》2001年第1期。

不得而知,但至少说明何休十分推崇此条例。鉴于史料的匮乏,我们无法清晰地考察何休对当时公羊学派以及左氏学派的具体认识。但有一点可知,他不满足于当时的公羊学阐释,采取多种方法阐释《公羊传》。譬如对《穀梁传》、《左传》的批判,对胡毋生条例的吸收,以及对师说的引用①,都是为了更准确地阐释《春秋》经义。

何休在学术上的努力与成就,是为了经世以致用。因此,我们还须了解当时的时代背景,这样才能清晰地理解他的学术思想。

汉末,接连发生了两次党锢之祸,其对象都是针对当时的清流分子,因为他们往往横议政治的黑暗面,招来了敌对者们的告发。第一次党锢之祸发生在延熹九年(166),以李膺为首的清流激进分子共两百多人被处以禁锢之刑。据《后汉书》的记载,原由是他们"养太学游士,交结诸郡生徒,更相驱驰,共为部党,诽讪朝廷,疑乱风俗"②。第一次党锢之后,由于外戚中以窦武为首的掌权者对清流人士的同情,党人复归官场的情况相继出现。但好景不长,依靠窦太后的宦官势力与窦武一方的敌对,导致了建宁元年(168)的武力争斗。第二年便发生了第二次党锢。这次远比第一次党锢激烈,下狱死者百余人,被处以死、徙、废、禁之刑者有六七百人,导致"天下豪杰及儒学行义者,一切结为党人"③。后来直到黄巾军蜂起的中平元年(184),党禁才完全被解除。④ 党锢运动的发生,对当时的士人产生了极大的影响,"党人

①　注释中有直接引用《白虎通》文者,即可知何休对公羊学师说有所引用。
②　范晔:《后汉书·党锢列传》,第2187页。
③　范晔:《后汉书·孝灵帝纪》,第330—331页。
④　参见吉川忠夫:《六朝精神史》,第43页。

既诛,其高名善士多坐流废,后遂至忿争,更相言告"①。士人纷纷逃离国都洛阳,隐居地方,躲避政治的迫害。

何休曾得到清流名士太傅陈蕃的招辟,但在建宁元年(168)的政治斗争中,何休也因此关系而遭受党禁。正是在党禁期间,何休闭门著述十几年,成《解诂》一书。党锢之祸的出现,实由汉末清流士人与宦官、外戚、皇权间矛盾的不断激化作致。清流士人不满社会政治的混乱腐败,他们针对弊端提出批评与建议,而何休在这种清议思潮的影响下,亦在经典注释中渗透出对于现实政治的关切。② 而且我们观察汉末士人的言论,其中亦不乏对现实问题的反映与批评。

突出的一点便是对君臣关系的讨论。因为外戚、宦官专权,君主权力下移,往往造成社会危机重重。王符在《潜夫论·明暗》中说:"国之所以治者,君明也;其所以乱者,君暗也。"③因此针对君主权力的下移,士大夫格外关注君权的重要性,强调人君治国"要在于明操法术,自握权秉而已"。所以荀悦十分重视法家的权术,认为"天下国家一体也,君为元首,臣为股肱,民为手足"④。宣扬君尊臣卑的等级性。因而对于臣子的忠孝思想十分看重,此思想不仅在党锢之士中得以体现,士大夫针对宦官外戚的专权,也注重对此思想的宣扬:"违上顺道,谓之忠臣;违道顺上,谓之谀臣。忠所以为上也,谀所以自为也。"⑤而汉末君主的昏庸无能,豪门士族侈靡成风,导致社会崇侈尚僭,"万官挠民,

---

① 范晔:《后汉书·儒林传》,第 2547 页。
② 具体参见吉川忠夫:《六朝精神史》,第 56—65 页。
③ 彭铎:《潜夫论笺校正》,第 54 页。
④ 荀悦:《申鉴·政体》,丛书集成初编,北京:中华书局,1985 年,第 4 页。
⑤ 荀悦:《申鉴·杂言》,第 19 页。

令长自炫"，令百姓苦不堪言。而朋党勾结，官场腐败，沽名钓誉者更是不乏其人，"今世主之于士也，目见贤则不敢用，耳闻贤则恨不及……夫众小朋党而固位，谗妒群吠啮贤"。"直以面誉我者为智，谄谀己者为仁，处奸利者为行，窃禄位者为贤尔。岂复知孝悌之原，忠正之直，纲纪之化，本途之归哉？"①

而对于百姓，认为当秉承儒家民本思想，故云："帝以天为制，天以民为心，民之所欲，天必从之。"②"民存则社稷存，民亡则社稷亡，故重民者，所以重社稷而承天命也。"③对于与百姓关系密切的土地问题，他们认为施行井田制可以缓解社会经济危机，保证农业生产，稳定百姓生活。"今欲张太平之纪纲，立至化之基趾，齐民财之丰寡，正风俗之奢俭，非井田莫由也。"④

官吏的腐败，也激起士大夫对吏治的关注，他们反对任人唯亲，主张唯贤是用。"国以贤兴，以谄衰。"⑤"官人无私，惟贤是亲。"⑥王符还提出了贤才所应具备的标准，即四行和四德。四行是恕平恭守，四德是仁义礼信。

面对当时的奢侈之风，郎𫖮提出："修礼遵约，盖惟上兴，革文变薄，事不在下。"⑦同时提倡教化，此作为德教的重要部分，不仅有助于社会安定，也有助于君主权力的集中和稳定。故王符说："人君之治，莫大于道，莫盛于德，莫美于教，莫神于化。"⑧

---

① 彭铎：《潜夫论笺校正》，第 51 页、48 页。
② 彭铎：《潜夫论笺校正》，第 26 页。
③ 荀悦：《申鉴·杂言》，第 18 页。
④ 范晔：《后汉书·仲长统传》，第 1651 页。
⑤ 彭铎：《潜夫论笺校正》，第 151 页。
⑥ 孙启治：《昌言校注》，北京：中华书局，2012 年，第 392 页。
⑦ 范晔：《后汉书·郎𫖮传》，第 1054 页。
⑧ 彭铎：《潜夫论笺校正》，第 371 页。

汉末士人集体表现出对于上古太平之世的推崇，更可见士人对现实腐败政治的绝望，纷纷寄希望于儒家太平式的理想社会。《后汉书》记载陈蕃云："蕃与后父大将军窦武，同心尽力，征用名贤，共参政事，天下之士，莫不延颈想望太平。"①而何休很显然也受到了此种理想的感染，所以他以公羊学说来构建一种理想社会的出现，希望将来太平时代可以来临，因此他阐释《春秋》为汉制法，针对获麟则说是"上有圣帝明王，天下太平，然后乃至"（哀公十四年）②。构建儒家理想中的井田制度，宣扬赋税十一的中正制度。这些都是对理想政治的祈盼与渴望。

作为具有人文关怀的儒者，无不怀揣一份治国平天下的政治理想，面对混乱破败的社会，他们希望把自己的理念用之现实，然而理想与现实的差距太大，他们无法扭转残酷的政治现实，只能诉诸文字，在著述中针砭时弊，控诉自己对社会政治的不满，彰显达济天下的人文情怀。何休作为具有人文情怀的儒者，处在这种社会中，无形中便受到了诸种思想的影响，这也导致他对经典的阐释与现实政治有很大的关联性，而现实也促使他阐释文本时有意识地选择能够符合"治世"标准的思想观念，所以诸如君臣关系、民本思想、儒家礼乐教化等思想都在其中有所阐释，而这些思想也恰好在《穀梁传》的文本中有所体现。因此，何休在经典的阐释中，借鉴《穀梁》学思想，不仅是经典之间的相互影响，也在某种程度上受到了现实社会政治的影响，这种影响亦促使他有意识地选择了符合儒家治世的思想观念，借此以阐发自己的政治观点。

---

① 范晔：《后汉书·陈蕃传》，第 2169 页。
② 何休解诂，徐彦疏：《春秋公羊传注疏》，第 1190 页。

二、《春秋公羊传解诂》引用《穀梁传》考

何休在注释《公羊传》时，并不拘泥于师法，而是择善而从。其释经引用文献较多，只是很多并不指明出处。一部分可以借助徐彦的疏文知其文献来源，一些则可以通过相关的文献比对，发现其渊源。比如，何休的一些注释与《白虎通》文相同或相近，很明显何休在注释时，吸收了前人的经说，但并未注明来源而已。同样，通过与《穀梁传》的比对，仍然可见《穀梁传》对何休的影响。当然，这种文献学上的梳理，并不能够准确无误地指出文献上的来源，也就是说当我们发现何休的注释与《穀梁传》文义相通或相近时，可以在某种程度上认为二者有关联。但是何休可能在注释时引其他学者，而其他学者的解释与《穀梁传》有关，这种情况下我们不能认为何休的解释是来自《穀梁传》，但介于汉代文献亡佚甚多，我们无法完整清晰地了解他们相互间的渊源，所以只能大致认为：在《春秋》三传的范围之内，当何休与《穀梁传》的解释相同或相近时，我们便判定何休是引用了《穀梁传》。

为了说明何休与《穀梁传》的关系，把二者在文本上有关系的逐条列出，通过这些具体条目，何休引用《穀梁传》的情况即可明晰。

1.隐公元年经：郑伯克段于鄢。

何休：不从讨贼辞者，主恶以失亲亲，故书之。

《穀梁传》：缓追逸贼，亲亲之道也。

2.隐公八年经：三月，郑伯使宛来归祊。

何休：归祊书者，甚恶郑伯无尊事天子之心，专以汤沐邑归鲁，背叛当诛也。

《穀梁传》：名宛，所以贬郑伯，恶与地也。

3.桓公三年经：夏，齐侯、卫侯胥命于蒲。

何休：善其近正，似于古而不相背，故书以拨乱也。

《穀梁传》：相命而信谕，谨言而退，以是为近古也。

4.桓公三年经：九月，齐侯送姜氏于讙。

何休：礼，送女，父母不下堂，姑姊妹不出门。

《穀梁传》：礼，送女父不下堂，母不出祭门，诸母兄弟不出阙门。

5.桓公八年经：祭公来，遂逆王后于纪。

何休：时王者遣祭公来，使鲁为媒，可则因用鲁往迎之，不复成礼。疾王者不重妃匹，逆天下之母若逆婢妾，将谓海内何哉？故讥之。

《穀梁传》：不正其以宗庙之大事即谋于我，故弗与使也。

6.桓公十四年经：无冰。

何休：无冰者，温也。

《穀梁传》：无冰，时燠也。

7.闵公元年经：夏，单伯逆王姬。

何休：礼，齐衰不接弁冕，仇雠不交婚姻。

《穀梁传》：仇雠之人非所以接婚姻也，衰麻非所以接弁冕也。（庄公元年）

8.庄公十六年经：邾娄子克卒。

何休：小国未尝卒，而卒者，为慕霸者有尊天子之心，行进也。

《穀梁传》：其曰子，进之也。

9.庄公十九年经：冬，齐人、宋人、陈人伐我西鄙。

何休：鄙者，边垂之辞，荣见远也。

《穀梁传》：其曰鄙，远之也。

10.庄公二十八年经：秋，荆伐郑。公会齐人、宋人、邾娄人救郑。

何休：书者，善中国能相救。

《穀梁传》：善救郑也。

11.庄公三十二年经：公子庆父如齐。

何休：如齐者，奔也。是时季子新酖牙，庆父虽归狱邓扈乐，犹不自信于季子，故出也。不言奔者，起季子不探其情，不暴其罪。

《穀梁传》：此奔也，其曰如，何也？讳莫如深，深则隐。苟有所见，莫如深也。

12.僖公十四年经：春，诸侯城缘陵。

何休：言诸侯者，时桓公德衰，待诸侯然后乃能存之。

《穀梁传》：其曰诸侯，敬辞也……桓德衰矣。

13.僖公十八年经：冬，邢人、狄人伐卫。

何休：狄称人者，善能救齐，虽拒义兵，犹有忧中国之心，故进之。

《穀梁传》：狄，其称人，何也？善累而后进之。

按：范宁《穀梁传集解》在此传文下引何休《穀梁废疾》文云："即伐卫救齐当两举，如伐楚救江矣。又传以为江远楚近，故伐楚救江，今狄亦近卫而远齐，其事一也，义异何也？"可知何休不认可传文"伐卫所以救齐也"，但对于"善累而后进之"之义则予以采纳。

14.僖公二十三年经：春，齐侯伐宋，围缗。

何休：言围以恶其不仁也。

《穀梁传》：伐国不言围邑，此其言围，何也？不正其以恶报恶也。

15.僖公二十六年经：公子遂如楚乞师。

何：外内皆同卑其辞者，深为与人者重之。

《穀》：乞，重辞也，何重焉？重人之死也。

16.僖公二十八年经：壬申，公朝于王所。

何：不月而日者，自是诸侯不系天子，若日不系于月。

《穀梁传》：日系于月，月系于时。壬申，公朝于王所，其不月，失其所系也。

17.文公二年经：三月，乙巳，及晋处父盟。

何：日者，起公盟也。俱没公，齐高傒不使若君，处父使若君者，亲就其国，耻不得其君，故使若得其君也。

《穀梁传》：何以知其与公盟？以其日也。何以不言公之如晋？所耻也。

18.文公八年经：公孙敖如京师。

何休：正其义，不使君命壅塞。

《穀梁传》：未如而曰如，不废君命也。

19.宣公四年经：公伐莒，取向。

何休：耻行义为利，故讳，使若莒不肯听公平。

《穀梁传》：伐莒，义兵也。取向，非也，乘义而为利也。

20.宣公十七年经：冬，十有一月，壬午，公弟叔肸卒。

何休：称字者，贤之。宣公篡立，叔肸不仕其朝，不食其禄，终身于贫贱。

《穀梁传》：其曰公弟叔肸，贤之也。……终身不食宣公之食。

21.成公元年经：三月，作丘甲。

何休：古者有四民：一曰德能居位曰士，二曰辟土殖穀曰农，三曰巧心劳手以成器物曰工，四曰通财粥货曰商。四民不相兼，然后财用足。

《穀梁传》：古者有四民：有士民，有商民，有农民，有工民。夫甲，非人人之所能为也。

22. 襄公六年经：莒人灭鄫。

何休：言灭者，以异姓为后，莒人当坐灭也。

《穀梁传》：莒人灭缯，非灭也。……非立异姓以莅祭祀，灭亡之道也。

23. 襄公三十年经：天王杀其弟佞夫。

何休：书者，恶失亲亲也。

《穀梁传》：君无忍亲之义，天子诸侯所亲者，唯长子母弟耳。天王杀其弟佞夫，甚之也。

24. 昭公二年经：冬，公如晋，至河乃复。

何休：时闻晋欲执之，不敢往。君子荣见与，耻见距，故讳，使若至河，河水有难而反。

《穀梁传》：耻如晋，故著有疾。

25. 昭公二十二年经：宋华亥、向甯、华定自宋南里出奔楚。

何休：以故大夫专势入南里，犯君而出，当诛也。

《穀梁传》：自宋南里者，专也。

26. 昭公三十年经：春，王正月，公在乾侯。

何休：月者，闵公运溃，无尺土之居，远在乾侯，故以存君书，明臣子当忧纳之。

《穀梁传》：存公故也。

27. 定公元年经：戊辰，公即位。

何休：或说危不得以踰年正月即位，故日。

《穀梁传》：此则其日何？著之也。何著焉？踰年即位，厉也。

通过以上梳理,可知何休在解读《公羊传》时,虽然对《穀梁传》、《左传》抱有一定的偏见,但并非全盘否定二传。他在批判的同时,接受了他所认可的内容,虽然并未明言解释来自《穀梁传》(这与他的注释习惯有关,即在注释中很少注明引文的出处)。另外,何休以"或说"来叙述《穀梁传》之说,可能出于对《公羊传》崇高地位的维护,毕竟他自己曾专门写过《穀梁废疾》,如果明言自《穀梁传》或其他《穀梁》学说,无疑与自己的学术主张相矛盾。而另外一点就是,何休虽然在解释的时候套用条例,但条例所支撑的文义仍旧与《穀梁传》相吻合。我们认为这或许并非巧合,而是何休在例法的总结之前,早已经对文本有了详备的理解,进而与例法相融合。因此例法的解读也是为了配合文义的理解,没有文本的存在,例法也就无任何意义了。当然,何休引用《穀梁传》多非生硬的套用,而是取其义,或部分,或完整,可以看出何休在注释《公羊传》时,已经对《穀梁传》有了充分的认识。因此,这也提示我们理解何休《解诂》中的思想或观念,必须具有宽阔的视野,如果局限于公羊学的学派谱系中,则不可能深刻理解何休的学术地位,对其思想的把握也会失之浅薄。

三、何休与穀梁学思想

前面从文献学的角度分析了何休在注释中引用《穀梁传》的情况。为了更深入地了解《穀梁传》对何休的影响,我们必须深入思想层面,剖析《穀梁传》中的一些思想观念是否在《解诂》中有所体现。而为了较为准确地探究此问题,我们必须把《解诂》的相关思想或观念提炼出来,进而与《穀梁传》相比对。由于何休的解释相对分散,我们尽量选择一些较为有代表性的,以考察二者间的关系。另外,在本章第一节中,已经将《穀梁传》的大致思想总结为六条,所以在此尽量讨论与穀梁学相关的思想观念,以避免脱离主题。

首先说第一点,即是明显的尊君思想。这点在何休的注释中十分突出。尊君思想在《穀梁传》中十分突出,因为《穀梁传》强调君主的绝对权威性,要求君臣间尊卑等级分明,因此尊君思想与君臣尊卑观念是相一致的。而何休在注释中对此观念的阐发非常多,这可能与现实中宦官专权、君主昏弱无能有关。在儒者眼中,无圣王则无法效法上古圣王,更无论理想的太平之世。

在隐公元年经文中,何休便明确提出尊王思想。"秋,七月,天王使宰咺来归惠公、仲子之赗。"何休云:"言天王者,时吴楚上僭称王,王者不能正,而上自系于天也。"①

隐公三年传:"天子记崩不记葬,必其时也。"何休云:"至尊,无所屈也。……书崩者,为天下恩痛王者也。"②

隐公三年传:"世卿,非礼也。"何休云:"卿大夫任重职大,不当世。为其秉政久,恩德广大,小人居之,必夺君之威权。故尹氏世,立王子朝,齐崔氏世,弑其君光。君子疾其末则正其本。"③

此处明确说小人专权,以夺人君之权威,正是尊君观念的直接阐发。而这也正是汉末君权衰弱下,有志之士对现实的有意识叙述。何休在此明确道出了对小人的痛斥,他认为小人的存在成了破坏君主权力的重要原因。故他在他处注释中提到了这个问题:

---

① 何休解诂,徐彦疏:《春秋公羊传注疏》,第33页。
② 何休解诂,徐彦疏:《春秋公羊传注疏》,第59页。
③ 何休解诂,徐彦疏:《春秋公羊传注疏》,第60页。

隐公四年经："冬,十有二月,卫人立晋。"何休云："言'立'也,明下无废上之义。"①

桓公元年经："三月,公会郑伯于垂。"何休云："桓弑贤君、篡慈兄、专易朝宿之邑,无王而行,无仁义之心,与人交接则有危也,故为臣子忧之。"②

桓公二年经："三月,公会齐侯、陈侯、郑伯于稷,以成宋乱。"何休云："桓公本亦弑隐而立,君子疾同类相养,小人同恶相长,故贱不为讳也。"③

尊君思想下,必然涉及君臣关系的讨论。从何休注释来看,他仍然沿袭了《穀梁传》所认可的君尊臣卑的观念,同时《穀梁传》所说的忠孝观念,在东汉的历史中,成为士人所秉承的道德伦理,忠孝不仅存在于父子间,君臣间的忠孝也是必不可少的。可以说忠孝观念被注入君尊臣卑的思想之下,成为合理而必须的政治伦理。

如隐公元年经："公子益师卒。"何休云："君敬臣,则臣自重,君爱臣,则臣自爱。"④桓公五年经："秋,蔡人、卫人、陈人从王伐郑。"何休云："时天子微弱,诸侯背叛,莫肯从王者征伐,以善三国之君,独能尊天子死节。称人者,刺王者也。天下之君,海内之主,当秉纲撮要而亲自用兵,故见其微弱。"⑤襄公二十九年传："许人臣者必使臣,许人子者必使子也。"何休云："缘臣子尊荣,莫不欲与君父共之。字季子,则远其君,夷狄常例,离君父辞,故

①　何休解诂,徐彦疏:《春秋公羊传注疏》,第74页。
②　何休解诂,徐彦疏:《春秋公羊传注疏》,第118页。
③　何休解诂,徐彦疏:《春秋公羊传注疏》,第126页。
④　何休解诂,徐彦疏:《春秋公羊传注疏》,第38页。
⑤　何休解诂,徐彦疏:《春秋公羊传注疏》,第143页。

不足以隆父子之亲,厚君臣之义。"①

而且对于以下犯上,破坏尊卑秩序的行为,何休甚为不满,故出抑臣之论:

> 襄公三十年经:"晋人、齐人、宋人、卫人、郑人、曹人、莒人、邾娄人、滕人、薛人、杞人、小邾娄人会于澶渊,宋灾故。"何休云:"时虽名诸侯使之,恩实从卿发,故贬起其事,明大夫之义得忧内,不得忧外,所以抑臣道也。"②

> 定公十二年经:"季孙斯、仲孙何忌帅师堕费。"何休云:"书者,善定公任大圣,复古制,弱臣势也。"③

同样,被《穀梁传》所强调的民本思想,在何休的注释中也有所体现。

> 隐公七年经:"夏,城中丘。"何休云:"当稍稍补完之,至令大崩弛坏败,然后发众城之,猥苦百姓,空虚国家。故言'城'。明其功重与始作城无异。"④

> 桓公十六年经:"十有一月,卫侯朔出奔齐。"何休云:"先言'岱阴'后言'齐'者,明名山大泽不以封诸侯,以为天地自然之利,非人力所能加,故当与百姓共之。"⑤

> 昭公二十六年经:"夏,公围成。"何休云:"书者,恶公失国,幸而得运,不修文德以来之,复扰其民围成。"⑥

① 何休解诂,徐彦疏:《春秋公羊传注疏》,第890页。
② 何休解诂,徐彦疏:《春秋公羊传注疏》,第896页。
③ 何休解诂,徐彦疏:《春秋公羊传注疏》,第1108页。
④ 何休解诂,徐彦疏:《春秋公羊传注疏》,第95页。
⑤ 何休解诂,徐彦疏:《春秋公羊传注疏》,第189页。
⑥ 何休解诂,徐彦疏:《春秋公羊传注疏》,第1016页。

另外,《穀梁传》具有明确的慎战思想,因为战争的出现,必然危及平民百姓,因此合理备战正是出于民本思想,而行义战则是进行战争的道德标准。何休对此深有感触,所以他在文本的注释中有几处专门谈到对待战争的态度。

> 桓公十五年经云:"冬,十有一月,公会齐侯、宋公、卫侯、陈侯于侈,伐郑。"何休云:"月者,善诸侯征突,善录义兵也。"[①]
>
> 桓公十六年经:"秋,七月,公至自伐郑。"何休云:"致者,善桓公能疾恶同类,比与诸侯行义兵伐郑。致例时,此月者,善其比与善行义,故以致,复加月也。"[②]
>
> 定公四年经:"三月,公会刘子、晋侯、宋公、蔡侯、卫侯、陈子、郑伯、许男、曹伯、莒子、邾娄子、顿子、胡子、滕子、薛伯、杞伯、小邾娄子、齐国夏于召陵,侵楚。"何休云:"月而不举重者,楚以一衰之故,拘蔡昭公数年,然后归之,诸侯杂然侵之,会同最盛,故善录其行义兵也。"[③]

可知何休对战争也是秉承《穀梁传》所谓的战以义为准,故何休说:"兵者,为征不义,不为苟胜而已。"[④]

另外,何休对于仁、义的重视,时常在注释中可以看见。前面说到的义战,便是以义作为标准,《穀梁传》贬斥"乘义而为利"的行为,何休亦非常赞同。如隐公五年经:"宋人伐郑,围长葛。"何休云:"至邑虽围当言伐,恶其强而无义也。"[⑤]

---

① 何休解诂,徐彦疏:《春秋公羊传注疏》,第 187 页。
② 何休解诂,徐彦疏:《春秋公羊传注疏》,第 188 页。
③ 何休解诂,徐彦疏:《春秋公羊传注疏》,第 1063 页。
④ 何休解诂,徐彦疏:《春秋公羊传注疏》,第 1166 页。
⑤ 何休解诂,徐彦疏:《春秋公羊传注疏》,第 89 页。

针对夷夏之别,何休也认为夷夏之间并无不可调和的界限,对于夷夏来讲,若行仁义,则可褒之,违离仁义则贬斥之。

如昭公四年经:"夏,楚子、蔡侯、陈侯、郑伯、许男、徐子、滕子、顿子、胡子、沉子、小邾娄子、宋世子佐、淮夷会于申。"何休云:"不殊淮夷者,楚子主会行义,故君子不殊其类,所以顺楚而病中国。"①定公四年经:"庚辰,吴入楚。"何休云:"舍其室,因其妇人为妻。日者,恶其无义。"

另外,何休对礼的讨论也很多。此"礼"不仅指制度层面,更涉及伦理层面。在儒家看来,礼乐往往是统一存在的,对理想社会的建设,都起着很大的作用。何休说:"礼乐接于身,望其容而民不敢慢,观其色而民不敢争,故礼乐者,君子之深教也,不可须臾离也。君子须臾离礼,则暴慢袭之;须臾离乐,则奸邪入之。是以古者天子、诸侯雅乐钟磬未曾离于庭,卿大夫御琴瑟未曾离于前,所以养仁义而除淫辟也。"②

何休不但推崇礼乐,而且认为礼乐是推行儒家教化的手段,通过礼乐可以养"仁义",即礼乐的存在是为了促进德行的养成。因此有关制度的探讨,何休必然会上升到道德伦理的高度。如其论宗法制度:"大夫妻言宗妇者,大夫为宗子者也。族所以有宗者,为调族理亲疏,令昭穆亲疏各得其序也,故始统世世,继重者为大宗,旁统者为小宗,小宗无子则绝,大宗无子则不绝,重本也。天子、诸侯世以三牲养,礼有代宗之义;大夫不世,不得专宗。著言'宗妇'者,重教化自本始也。"(庄公二十四年)③

在此注释中,何休阐释了先秦的宗法观念,这是所谓的制度

---

① 何休解诂,徐彦疏:《春秋公羊传注疏》,第917页。
② 何休解诂,徐彦疏:《春秋公羊传注疏》,第86页。
③ 何休解诂,徐彦疏:《春秋公羊传注疏》,第306页。

层面。但他认为礼制的存在，有其道德伦理内涵，故说宗法观念的存在不仅在使亲疏有序，也就是说维护尊卑等级秩序，更重要的在于宗法的存在，在于重本，所谓的本就是尊祖敬宗。另外，"本"涉及道德伦理的内容，这点在刘向的《春秋》学思想中已有所讨论。可以说何休认为"本"对于教化的实施起到了关键性的作用。因此，相较于《穀梁传》所谓的"正"，何休所认可的"本"即是吻合所谓的"正"，而且要比"正"较为清晰。而礼治教化的实施，在何休看来也是有一定的顺序："《春秋》正夫妇之始也。夫妇正则父子亲，父子亲则君臣和，君臣和则天下治。故夫妇者，人道之始，王教之端。内逆女常书，外逆女但疾始不常书者，明当先自正，躬自厚而薄责于人，故略外也。"（隐公二年）[1]

何休与汉代的儒者一样，他们赋予礼的内涵非常丰富，举凡忠孝、尊卑、仁义皆与礼有关。例如何休云："躬行孝道以先天下"（桓公十四年）[2]，"罪莫大于不孝"（僖公二十四年）[3]。这些概念之间并非包涵与被包涵的关系，而是相互转化，相互融合，其存在的最终目的都是推行儒家教化，以达圣王之道。

通过以上粗略的讨论，可以看出何休对公羊学的阐释，所突出的思想仍旧是汉代儒家的思想，而且这些思想通过考察，不仅与《穀梁传》的重要思想吻合，甚至一些理解已经在《穀梁传》的基础上有了新的发展。不可否认，何休思想有诸多来源，但我们已经有了一个预设，那就是在公羊学的发展框架中，通过公羊学者的著述来考察公羊学与穀梁学的关系。也就是说，只是在一个较小的范围内，讨论穀梁学对公羊学的影响，而这种讨论的最

---

① 何休解诂，徐彦疏：《春秋公羊传注疏》，第 53 页。
② 何休解诂，徐彦疏：《春秋公羊传注疏》，第 182 页。
③ 何休解诂，徐彦疏：《春秋公羊传注疏》，第 465 页。

终目的在于考察何休著作与穀梁学的关系。即验证何休之前的公羊学者与穀梁学的密切关系,为何休的研究作一理论基础,然后在此基础上研究穀梁学对何休的影响。这种影响,不只是文献的引用,更涉及思想方面。由于受我们预设的范围限制,思想分析无法达到准确无误。但至少我们在理解何休的学术思想时,不至于局限于公羊学的框架内,进一步通过其他角度来综合理解何休的思想及其渊源。因此,以上考察穀梁学与何休的关系,只能说是研究之一隅,更深入的研究还有待日后知识的积累以达成。

第六章 清代何休公羊学之研究

　　在清代经学史中,今文经学的演变是一个不可忽视的学术现象,而公羊学是今文经学的重要组成部分,因此,清代公羊学便成为学者们不断探讨的一个学术话题。本章不打算对清代公羊学作一全面细致的梳理,而是集中分析几位学者的研究,在学术思想的不断演变中,考察学者对何休公羊学的不同理解,何休之学所起的作用或影响是什么。为了避免研究的繁琐与逻辑的混乱,本章打算从五位学者入手,当然这五人皆有关于何休公羊学的研究著作,分别是庄存与、刘逢禄、凌曙、陈立、廖平。庄氏是清代公羊学兴起的代表人物,他对汉代公羊学的研究,不仅是其个人思想与追求的体现,同时也以其家族的巨大影响力,为后世的学者指明了清晰的学术追求。刘逢禄则通过其公羊学的代表作,梳理何休的公羊学条例,阐发公羊学之微言大义,从实质上复兴沉寂已久的东汉何休公羊学。可以说在何休公羊学的研究上,刘逢禄作出了重要贡献,这种贡献不仅在经典的解读上,更重要的是唤醒清代学者对公羊学的关注,其中的学术与政治意义在之后的学者中皆有所体现。在庄、刘之学的影响下,在乾嘉汉学风潮下,凌曙及其弟子陈立对何休以及汉代的公羊学作了相关的梳理,而所谓的微言大义则以训诂考据的方式呈现。因此,可以说由刘氏到凌氏、陈氏的公羊学研究中,正体现了清代学术的不同转变。凌、陈的公羊学是在乾嘉汉学影响下的经学研究,而以龚自珍、魏源为代表的士大夫则关注公羊学的政治意义,对公羊学的研究集中在了经世的层面,而非文献的考据。可以说,在刘逢禄之后,公羊学的研究呈现出了两种不同的路径,一种是文献考索,一种是倾向政论。前者注重文献的客观考察,后者则重视与现实社会政治的结合。由于龚、魏并未有研究何休公羊学的相关论著存世,故在此简单叙述一下他们的不同学术走向,以便更好地从整体上把握其不同时期的学术特点。龚、魏以降,湖湘学者王闿运沿袭了龚、魏的经世志向,对公羊学作了一番独到的理解与阐释。王氏的弟子廖平则在清代的礼学研究中获得了启示,有别于王氏以例解经的模式,他得出了一套评价汉代经学的体系,即今古文经学观,这种观念便是在其礼制观念的基础上总结出来的,廖氏借由礼制观念去阐释《春秋》经传,因此他对何休公羊学在礼制观念的核心支配下获得了重新的理解。可以说,在他们对何休公羊学的研究中,对礼的关注是他们共同的话题,这也是清代学术中以礼代理的学术共相。然而,由于时代的不同,他们的经学研究出现了不同的面相,何休公羊学也在学人的不断阐释中,丰富了清代的学术与文化。

第一节　庄存与与汉代《春秋》学研究

一、庄氏学术渊源

欲谈清代之公羊学,必溯源常州学派,论常州学派则必首谈庄存与,较之刘逢禄,庄氏之学虽然称不上是真正意义上的今文经学,但他对于常州今文经学的发展以及之后的成熟,都功不可没。所以,我们先要对庄氏的学术思想作一概括性的探讨,这样不仅有助于理解庄氏之后的学者对庄氏学术思想的继承与演变,而且也有助于了解刘逢禄等人有关公羊学的学术渊源。

庄勇成《少宗伯养恬兄传》记载庄存与:"初好金、陈,深入阃奥,晚喜唐荆川。研经求实用,则肇端于蒋济航、钱太拙两先生。其笃志深邃,穷源入微,独有会心,于汉则宗仰江都,兼取子正、平子,于宋则取裁五子,于明则欣慕念台、石斋。要其寝食弗谖,则荟萃于六经、四子之书,盖自幼耳濡目染,秉承庭训。"[①]据此,可知庄氏治学之核心旨趣,仍不离宋元学者之义,以明圣人之学以为世用。而庄氏对《春秋》、《周礼》的研究,也与宋人的治学有很大的共同点。宋人治学除了强调四书学的重要之外,对《春秋》、礼的研究也不乏其人。宋人认为《春秋》涉及君臣名分,而《周礼》则有关政治制度。对于提倡经世致用的儒者,这些经典之存在不只是单纯学术上的探讨,而且与现实的政治紧密联系。自宋元以降,研究《春秋》者不乏其人,庄氏自己就道出了他作《春秋正辞》与元赵汸的关系。研究《春秋》,必然涉及董仲舒,故宋元以来对董子学的研究也不乏其人。比如孙复《董仲舒论》(《孙明复小集》)、石介《汉论下》(《徂徕集》)、胡安国《春秋传》亦用董仲舒之说[②]。由此,我们在看待庄氏的学术思想时,不只要看到他与常州学派的地域性关联,还必须清楚庄氏学术所继承

---

① 庄寿承等《毗陵庄氏增修族谱》,光绪元年刊本卷三十,转引自蔡长林:《从文士到经生:考据学风潮下的常州学派》注释,第 106—107 页。

② 林庆彰、蒋秋华:《点校补正经义考》册六引李慈说,台北:"中央"研究院中国文哲研究所筹备处,1997 年,第 12 页。

的仍是宋元以来的治学取向，而且就其著作来讲，他采用的阐释经典的模式，仍是沿续宋元学者，注重对义理的发挥而忽略对史实的考据。这是宋元以来治学模式与学术思想对庄氏的潜在影响。

当然，我们不能回避的另一个问题就是庄氏的身份问题，即他所处的位置，亦会左右他的学术抉择，学者们已经指出此问题。[①] 庄氏在乾隆时期曾作为皇子的师傅，而他的著作多作于此一时期，其著述中对君主德性的宣扬基本可以看成是为了教导皇子，对经典进行了儒家式的解读。当然，如果从汉学重证据的角度来看，其中不乏歪曲或过度阐释，此方面由其《春秋正辞》中可以看出。故我们在看待庄氏的学术时，其身份问题也是不可忽视的。

二、圣人之道与经世之志

以上讨论了庄氏学术思想中两个重要的影响因素，除此之外，还需把握庄氏学术的核心，所谓核心即其学术思想中的关键点，即庄氏治学为了什么，这不仅有关庄氏的学术思想，而且会影响刘逢禄等人的经学研究。庄氏曾说："《春秋》以辞成象，以象垂法，示天下后世以圣心之极。观其辞必以圣人之心垂之，史不能究，游夏不能主，是故善说《春秋》者，止诸至圣之法而已。"[②] 可知庄氏治学在求圣人之心，而且在他看来，《易经》、《春秋》为治乱安邦的关键性典籍，《周礼》则含有古代圣人制定的治国之

---

① 参见艾尔曼：《经学、政治和宗教：中华帝国晚期常州今文学派研究》，南京：江苏人民出版社，1998 年。

② 庄存与《春秋正辞》，上海：上海古籍出版社，2014 年，第 227 页。

法①，通过研究这些典籍皆可探求圣人之志。后来的刘逢禄亦是如此，他说："圣人之道备乎五经，而《春秋》者，五经之管钥也。……董、何之言，受命如向，然则求观圣人之志，七十子之所传，舍是奚适焉?"②因此，庄氏探求汉儒之学，是由研究汉代儒家典籍以求圣人之志，以备经世致用。其实求圣人之志，是汉代以来儒者的不断追求，并非庄氏独创。而且经世致用，也并非宋人所谓的政治实践，不外乎是儒家道德伦理的宣扬，当然其对象是统治者，也就是说庄氏注重的是通过对儒家典籍的阐释，以宣扬儒家式的教化。因此，在一定程度上，我们可以认为庄氏之学的核心在由圣人之学以明经世之志，然而在文字狱严厉的时期，其经世也只限定在道德说教的层面，清初大儒"整合政事、文章与道德为一的整体观念"③对于庄氏只能说是一种理想而已。由于庄氏治学具有一定的经世倾向，故道咸时期提倡经世治学不遗余力的魏源对庄氏治学钦佩不已，他在《武进庄少宗伯遗书序》中说："武进庄方耕少宗伯，乾隆中以经术傅成亲王于上书房十有余载，讲幄宣敷，茹吐道谊。子孙辑录成书，为《八卦观象》上下篇、《尚书既见》、《毛诗说》、《春秋正辞》、《周官记》如干卷。崒乎董胶西之对天人，醇乎匡丞相之述道德，肫乎刘中垒之陈古今，未尝凌杂铦析，如韩、董、班、徐数子所讥，故世之语汉学者鲜称道之。呜呼，公所为真汉学者，庶其在是，所异于世之汉学者，庶其在是。"④

---

① 艾尔曼：《经学、政治和宗族：中华帝国晚期常州今文学派研究》，第 98 页。

② 刘逢禄：《春秋公羊经何氏释例叙》。

③ 王汎森：《中国近代思想与学术的系谱》，长春：吉林出版集团，2011 年，第 5 页。

④ 魏源：《魏源集》，北京：中华书局，1983 年，第 237—238 页。

魏源把庄氏学看成是经世之学的典范,蕴含西汉学者经世之真谛,并与汉学作比较,以贬低一些汉学者治学琐碎且于世无用。由于庄存与治学中具有很大的经学以致用的倾向,所以他对《春秋》学的解读亦与经世有着密切的关系。他治公羊学的目的在于宣扬乾隆帝所认可的"正谊明道之论",而非汉学家们纯粹的经学研究。而且庄存与本人虽然采用汉学家考据的方式来进行著述,然而考据只是其阐释学术理念的工具而已。庄氏本人对考据学始终持负面态度,认为这种学风琐碎不足以知圣人之道,他始终坚持经术文章之学——即透过深思体会经典含义之后再进一步阐发圣人底蕴的经论。①

魏源在评价庄氏时,也道出了庄氏与汉学的不同。众所周知,乾嘉时期是汉学的繁盛时期,庄氏所处的乾隆初年,汉学已经呈兴盛之势,所以庄氏在著述中显露出了对乾嘉汉学的不满,批评传经之先师乃章句小儒,说他们"日读其书,不能知其人"。又说"诵师之言,仅能不失者,何足以及此"②。可见庄氏不满说经之士,斥之为章句小儒,乃是认为他们不达圣道。基于此见,他对汉学家的批评亦是十分强烈,云:"自分析文字,繁言碎辞,日以益滋,圣人大训,若存若亡,道不足而强言,似是之非,习以为常,而不知其倍以过言。"又说"徵实事,传故训者,为肤为末,岂足以知之于是乎!"③庄存与的弟弟庄培因亦对汉学不以为然,他说:"窃有慕于贾谊、董仲舒之策,陆贽之议奏,其所敷陈,皆能

---

① 参见蔡长林《常州学派略论》,《清代学术讲论》,桂林:广西师范大学出版社,2005年,第47页。

② 转引自蔡长林《从文士到经生:考据学风潮下的常州学派》,第174页。

③ 庄存与《四书说》,转引自蔡长林《从文士到经生:考据学风潮下的常州学派》,第174页。

切于事情,合于理道。而徒自安于佔毕声花之末,无当乎明体达用之学,此臣所夙疚心者也。"①庄氏志在经世,而斥汉学家为章句小儒,认为他们不明圣人之训。他推崇董仲舒、刘向为大儒,这是庄氏对汉学家的蔑视。但从汉学家的角度来看,他们认为自己也是在明圣人之志,只不过是由小学以明义理,进而以明圣人之道。可见,二者都志在明圣人之道,但各自采取的方式乃至各自所认可的圣人之道其实并不相同。庄氏由汉儒以明道,汉学家们则借汉儒以求是,进而求其道。可见,较之乾嘉汉学主流,庄氏的学问是边缘化,非主流的。②阮元在给庄存与的著述作序时引其师李晴川言,认为庄氏"践履笃实于六经,皆能阐抉奥旨,不专专为汉宋笺注之学,而独得先圣微言大义于语言文字之外"③。阮氏作为汉学者,他说庄氏得先圣微言大义于语言文字之外,其实便含蓄地说出了庄氏与汉学主流的差异。

三、《春秋正辞》与经义阐释

以上概括了庄氏的学术旨趣,下面简单探讨一下庄氏在具体的经典阐释中是如何操作的,这样不仅可以详细了解庄氏的学术思想,还可以更直接地了解他的释经理念,以及对经典的多样化阐释。下面以庄氏的《春秋正辞》为例,加以简要分析。

庄存与在《春秋正辞·叙目》中说:"存与读赵先生《春秋属辞》而善之,辄不自量,为櫽栝其条,正列其义,更名曰'正辞',备

---

① 庄培因:《虚一斋集》卷五,转引自蔡长林《从文士到经生:考据学风潮下的常州学派》,第175页。

② 参见朱维铮:《求索真文明:晚清学术史论》,上海:上海古籍出版社,1996年,第7页。

③ 阮元:《庄方耕宗伯说经序》,《味经斋遗书》,光绪八年重刊阳湖庄氏藏版。

遗忘也。以尊圣尚贤，信古而不乱，或庶几焉。"①可知他作《春秋正辞》乃是受赵汸的影响。赵汸之作是总结《春秋》条例，庄氏此书亦有条例的讨论，但很明显他更在意经义之阐发，故条例的概括比较粗疏，远没有刘逢禄详细。他把正辞分为九个部分，分别是奉天辞、天子辞、内辞、二伯辞、诸夏辞、外辞、禁暴辞、诛乱辞、传疑辞。其实这九个部分，每一部分下都会有具体的细目，每一细目再列经文，并对经文加以解释，总体上可以看作是对君主进行道德教化的经义讲章，所涉及无外乎君主仁德、君臣关系等方面。而且庄氏在解释经传文时，很明显有一个假定的阅读对象，即是君主。

如"王"条下，庄氏解释说："不称天，何也？贬天子可贬乎？曰：以天道临之可也，君臣之义，嫡妾之辨，人莫大焉，天莫大焉。"②此处庄氏意在说道德伦理乃符合天道，若天子不遵守，则天可贬之。

"夏四月，辛卯，尹氏卒。"庄氏说："何以必讥世卿？告为民上者，知天人之本，笃君臣之义也。……是故非贤不可以为卿，君不尊贤则失其所以为君。彼世卿者，失贤之路，蔽贤之蠹也。……世卿非礼，讥不尊贤养贤，不必其害家凶国。则凡国家之大患，靡不禁于未然之前矣，其善志哉。"③此处庄氏借由《公羊传》讥世卿之义，发挥引申，认为讥世卿的原因在君主不尊贤，君臣之义不明，并非因世卿害家凶国而讥世卿。所以他接着说："世禄，文王之典也；世卿，非文王之典也。无故无新，惟仁之亲，尊贤养贤之家法也。保其宗庙，守其祭祀，卿大夫之孝也。圣人诲

① 庄存与：《春秋正辞》，第 5 页。
② 庄存与：《春秋正辞》，第 14 页。
③ 庄存与：《春秋正辞》，第 59—60 页。

之矣。如曰仕者不可世禄，国可以无世臣，非讥世臣之指矣。"①庄氏此处便说《春秋》讥世卿之本义不在说世禄世臣之义，本在明仁孝之道，告君主尊贤养贤，告卿大夫行君臣之孝道。可知，庄氏在《公羊传》讥世卿下，并未遵守汉人之解读，而是借此明君臣之名分，完全是自己的主观理解，而且有目的性地阐发了有关君臣的看法。

通过此例可以见庄氏解经之特点。他在阐释《春秋》时，参考三传，并无门户之见，故朱珪《春秋正辞序》云："义例一宗《公羊》，起应实述何氏，事亦兼资《左氏》，义或拾补《穀梁》。"②当然，就其关注义理来看，基本上是以《公羊》、《穀梁》为主，兼取《左氏》，另外亦兼取汉宋之说，可知庄氏并无汉宋学家那样的门户之见。然而，庄氏解释经典的主观性较大，也就产生了一个很大的问题，即难免出现随意歪曲，而偏离经义的本来面目。很显然，他在《正辞》中一会用《公羊》义，一会用《穀梁》义，难免有歪曲不实之嫌，所以钱穆批评他："徒牵缀古经籍以为说，又往往比附以汉儒之迂怪，故其学乃有苏州惠氏好诞之风而益肆，其实则清代汉学考据之旁衍歧趋，不足为达道。"③钱氏此批评不无道理，毕竟庄氏此作并非一精心著述，而且较之宋朱子之理学、清戴震考证之学，庄氏学确算不得上一流，但就常州学派来说，庄氏算是开风气之人，故钱穆说："当乾隆朝，武进庄存与方耕，于六经皆有著述，而不汉不宋，自为一派。其子述祖葆琛，及外孙同邑刘逢禄申受、长洲宋翔凤于庭，推衍穿凿，益广益深，所谓常

---

① 庄存与：《春秋正辞》，第60页。
② 庄存与：《春秋正辞》，第3页。
③ 钱穆：《中国近三百年学术史》，北京：九州出版社，2011年，第577页。

州之学是也。"①

总之,庄氏之学在后来的今文经学者中多少都有所反映,大致说来有几点:一是以董、何之今文经学为主,阐发圣人之义,以求经世致用。二是解经上重义不重事,即使运用考据的方法,仍然脱离不了这个特点。三是阐释经典时对条例的灵活运用,庄氏《春秋正辞》注重对《春秋》条例的解读,这点在刘逢禄公羊学、张惠言《易》学等著述中被运用得尤其明显。

庄氏之学虽然并未成熟,但通过其在家族乃至常州中的声望,使得他的学风影响了后世的常州学者们,他们无形中在自己的著述中显露出了常州学派的学术共性。在乾嘉汉学潮流的影响下,常州学者虽然仍旧坚持常州学派的学术特色,但也在与汉学家的交流中吸收了乾嘉汉学的一些内容,同时他们也在自我变革中,流露出对汉学的批判,在这种相互的碰撞中,最终导致了汉学的衰落与分裂。嘉道以降,伴随着社会政治的转变,今文经学走入了学术与政治的风口浪尖,庄氏所宣扬的经世之学,被常州学派的后继者魏源、龚自珍等发扬光大。

第二节　刘逢禄与何休公羊学研究

常州之今文经学可谓肇始于庄存与,但庄氏当时并无今古文之门户观念。而其侄庄述祖,则有分别今古之意识,于两汉今古文之家法,分缕条析。② 至刘逢禄则承袭庄氏之学,今古文家

---

① 钱穆:《清儒学案序目》,《中国学术思想史论丛》(八),台北:联经出版事业股份有限公司,1998年,第616页。

② 庄绶甲:《尚书考异叙目》,转引自蔡长林《从文士到经生:考据学风潮下的常州学派》注释,第197页。

法之观念亦贯彻其中,且较之庄存与之融通,更趋向专门之学。庄述祖为刘逢禄和宋翔凤的舅父,曾云:"吾诸甥中,刘申受可以为师,宋于庭可以为友。"①可见刘氏深得庄氏学之精髓。钱穆称至刘氏,常州之学始显,亦不为过。② 然刘氏之学虽分辨家法,但并未拘守今文经家法,至龚自珍则今文经学之壁垒始立,由主微言大义而趋于论政,故于西汉今文经学推崇备至。③ 因此,若就常州今文经学来说,刘、龚则为学风之转捩点,此为常州今文经学发展之大势。然若就公羊学上的学术成就来说,则非刘逢禄莫属。

一、刘逢禄学术之主旨

刘逢禄曾专论董、何之学术,其云:"传《春秋》者,言人人殊,惟公羊氏五传,当汉景时,乃与弟子胡毋子都等记于竹帛。是时大儒董生,下帷三年,讲明而达其用,而学大兴。……绵延迄于东汉之季,郑众、贾逵之徒,曲学阿世……赖有任城何劭公氏,修学卓识,审决白黑,而定寻董、胡之绪,补严、颜之阙,断陈元、范升之讼……五经之师,罕能及之。"④此叙清晰地表达了刘逢禄对汉代公羊学的看法。他认为传《春秋》微言大义者在《公羊传》,而汉代董仲舒大兴孔学,至东汉何休则传董学之旨。很明显,刘逢禄推崇董氏、何休,其所看重者在董、何之学传《春秋》经义,使"汉之吏治、经术,彬彬乎近古者"⑤。这里刘氏透露出他对汉代

① 钱穆:《中国近三百年学术史》,第 577 页。
② 钱穆:《中国近三百年学术史》,第 577 页。
③ 钱穆:《中国近三百年学术史》,第 582、585 页。
④ 刘逢禄:《春秋公羊经何氏释例叙》,第 3 页。
⑤ 刘逢禄:《春秋公羊经何氏释例叙》,第 3 页。

公羊学的关注点乃是汉人的经世致用,如以经决狱,便是很好的示范。但就刘逢禄的著作来看,他并未专注于董学的研究,而是集中研究何休公羊学。刘氏认为何休传董学之旨,明何休之学即是明董子之学,进而也是阐发圣人之学。刘氏汲汲于对何休公羊学的多方面研究,诸如条例、礼义、微言大义,甚至为了证明何休公羊学的地位,判定《左传》乃刘歆之伪作,批判孔广森《春秋公羊经传通义》未得公羊学之真谛。刘逢禄的众多努力,基本可以看作是龚自珍所说的功力性积累,而非章学诚所谓的著述。他以考据的方法,梳理文献资料,进而阐发自己的看法,其实无非是在汉代纷繁的经学争议中加入更多的争议,并未有什么实质性的作用。但刘氏对何休公羊学的无限推崇,一方面弘扬了汉代的公羊学,以及公羊学的微言大义乃至可怪之论。另一方面,刘氏之学对当时以考据为手段的乾嘉汉学,提供了另一种阐释经典的路子,即由今文经学以通圣人微言大义,较之汉学的以小学通经义进而明圣人之道的治学途径相异。因此,刘氏之学可谓宣扬汉代今文经学的功臣。他对《左传》的否定,不仅提高了公羊学的地位,也否定了《左传》与圣人之学的关系,这对乾嘉学者推崇左氏学,无非是一种有力的反驳。因此,刘氏的贡献不仅在对何休公羊学的深入研究,更因其无形中对今文经学的宣扬,推动了嘉道以降今文经学经世致用的风气。

若就刘氏本身治学来看,他继承的仍是庄存与以来的由汉儒之学求圣人之志。而刘氏由何休公羊学入手,也是庄氏推扬董、何之遗风。刘氏治公羊学善于以《易》、《诗》来阐释公羊学,这也是庄氏之学风。可见,刘氏专治何休公羊学,但并未排斥众经,而是以众经为辅,以明圣人之微言大义。然刘氏之时代,常州学者与乾嘉汉学者交往甚密,故汉学者治学之方法对其亦有所影响。刘氏曾说："大清之有天下百年，开献书之路，招文学之士，以表章六经。于是人耻向壁虚造，竞守汉师家法，若元和惠栋氏之于《易》，歙金榜氏之于《礼》，其善学者也。"①可知刘氏十分推崇惠栋、金榜治学之方法，那么此法为何，刘氏是否受此影响呢？刘氏继之给出了答案，他说："先汉师儒略皆亡阙，惟《诗》毛氏、《礼》郑氏、《易》虞氏，有义例可说，而后拨乱返正，莫近于《春秋》。"②《公羊申墨守》云："经之可以条例求者，惟《礼·丧服》及《春秋》而已。"③刘氏说毛《诗》、郑《礼》、虞《易》有义例可说，正是肯定了他们治经重条例的研究模式，而其推崇惠栋、金榜，则道出了他自己研究公羊学的方法，即从义例下手。惠栋曾专门研究汉《易》，区分家法，并作《易例》、《易汉学》，其《易汉学自序》云："六经定于孔子，毁于秦，传于汉。汉学之亡久矣，独《诗》、《礼》、《公羊》，犹存毛、郑、何三家。《春秋》为杜氏所乱，《尚书》为伪孔氏所乱，《易经》为王氏所乱。杜氏虽有更定，大校同于贾、服，伪孔氏则杂采马、王之说，汉学虽亡而未尽亡也。惟王辅嗣以假象说《易》，根本黄老，而汉经师之义，荡然无复有存者矣。"④金榜则研究郑玄礼学，宗郑玄而不失汉人家法。可知刘氏虽延续家族研习公羊学的传统，但在方法上明显受到了乾嘉汉学家们的影响。当然，我们也会看到，庄氏学内部从庄述祖开始，今古文的家法观念便已经开始增强，因此，刘氏认可惠、金治学守家法，并不是偶然的。而且据戴望《刘先生行状》，刘逢禄还

① 刘逢禄：《春秋公羊经何氏释例叙》，第4页。
② 刘逢禄：《春秋公羊经何氏释例叙》，第4页。
③ 刘逢禄：《春秋公羊释例后录》，上海：上海古籍出版社，2013年，第291页。
④ 惠栋：《周易述》，北京：中华书局，2007年，第513页。

曾就张惠言问虞氏《易》、郑氏三礼。① 张氏治《易》亦宗条例,其曾说:"治《易》者如传《春秋》,一条之义,各以其例。"②而其以《春秋》之例治《易》,"求其条贯,明其统例,释其疑滞,信其亡阙"③。可知刘氏、虞氏皆主张治经宗家法而尚条例,这种观念在刘逢禄的《春秋公羊经何氏释例》中最为突出。

刘逢禄虽然受乾嘉汉学之影响,但其治学仍以常州今文经学为主。而且在刘氏看来,他所认为的汉学正是今文经学。其序魏默深《诗古微》云:"皇清汉学昌明,通儒辈出,于是武进张氏始治《虞氏易》,曲阜孔氏治《公羊春秋》,今文之学萌芽渐复。"④可见在刘逢禄眼中,此汉学与江藩所谓的汉宋壁垒森严的汉学并非同一个概念。江氏所指的汉学乃是以训诂考据为主的乾嘉汉学,而刘逢禄所指的则是汉儒之学。推崇常州今文经学的龚自珍,其看待汉学,也并非专指训诂考据,而且对汉学的分析实际上远比刘逢禄客观,其云:"本朝自有学,非汉学,有汉人稍开门径而近加邃密者,有汉人未开之门径,谓之汉学,不甚甘心。""若以汉与宋为对峙,尤非大方之言,汉人何尝不谈性道?……宋人何尝不谈名物训诂? 不足概服宋儒之心。……近有一类人,以名物训诂为尽圣人之道,经师收之,人师捃之,不忍深论,以诬汉人,汉人不受。"⑤而且刘逢禄明确颂扬董氏之学,"先汉之学,务乎大体,故董生所传,非章句训诂之学也"⑥。可见刘氏对乾嘉汉学者的训诂之学并不满意。因此,可以说刘逢禄等常州

---

① 钱穆:《中国近三百年学术史》引述戴望《刘先生行状》,第 580 页。

② 张惠言:《柯茗文编》,北京:中华书局,1984 年,第 41 页。

③ 张惠言:《柯茗文编》,第 38 页。

④ 刘逢禄:《刘礼部集》,第 170 页。

⑤ 龚自珍:《龚自珍全集》,上海:上海人民出版社,1975 年,第 347 页。

⑥ 刘逢禄:《刘礼部集》,第 62 页。

学者反驳了乾嘉汉学者对汉学概念的歪曲,这种反驳下所反映的正是他们对汉代今文经学的推崇。

二、刘逢禄对何休公羊学的梳理

刘逢禄对何休公羊学的研究主要体现在他的著作《春秋公羊经何氏释例》以及《春秋论》、《论语述何》等中。《春秋公羊经何氏释例》是其用力较深的一部著作,也是其公羊学的代表作。此书主要是刘氏对何休公羊学条例的理解与总结。刘氏总结条例所依据的正是何休的《解诂》,在此基础上,刘氏加入自己的一些理解,就形成了这部有关条例的著作。刘氏的一大贡献在于对公羊学条例的总结,这点之前的学者从未有过相关的完整著作。东汉之后,有关公羊学的研究便趋于低迷,代之而起的是左氏学的研究与著述,宋元时期虽然倡导舍传求经,但对《左传》的关注依然高于《公羊传》,而且对条例的挖掘也是针对《春秋》经本身,而非《公羊传》,刘氏可谓有开创之功。很显然,刘氏作此书,有力地体现了今文经学的家法观念。其希望借条例以通何休公羊学,由何休之学寻董、胡之绪。如此,由董、何之学,既而求观圣人之志,七十子之所传。[①]

刘氏对何休公羊学条例的总结非常繁琐,具体为:张三世例、通三统例、内外例、时月日例、名例、褒例、讥例、贬例、诛绝例、律意轻重例、王鲁例、建始例、不书例、讳例、朝聘会盟例、崩薨卒葬例、十四诸侯终始表、秦楚吴进黜表、公终始例、娶归终始例、致公例、公大夫世系表、内大夫卒例、侵伐战围入灭取邑例、地例、郊禘例、阙疑例、主书例、灾异例。每例中何氏又详分诸多

---

① 参见刘逢禄《春秋公羊经何氏释例叙》。

小例，以明变例与正例。这些条例虽然纷乱，但刘氏认为三科九旨，正是解读何休公羊学的核心，由此来理解众多条例，就不会显得缴绕不清，反而条理清晰。甚至刘逢禄在笺补何注时，也据此核心观念来补证何休的论断。可以说刘氏掌握住了何休公羊学的核心，进而以何治何，如此可称得上专守家法而不紊乱。

刘氏曾说："无三科九旨则无《公羊》，无《公羊》则无《春秋》，尚奚微言之与有?"① 因此，他不满孔广森有关公羊学的解读。虽然他肯定孔广森在公羊学上的开创性贡献，但却批评孔氏另造三科九旨，不用何休之三科九旨，认为孔氏此种歪曲的阐释偏离了公羊学原貌，使《公羊》之大义不得实现，而《公羊》之地位则降之与《穀梁》同列。刘氏如此明目张胆的批评，正因为他认为何休的三科九旨乃是继董、胡而来，并非何休自创，深得公羊先师之精义，实为理解圣人微言大义之管钥。② 对此，刘氏有充足的自信。

他在释例的前三例中会在每例最末有一段论述，阐释张三世时，便以礼解释《春秋》三世之义，认为三世即礼义之区别。所以他引传文："亲亲之杀，尊贤之等，礼所生也。"③ 可知三世之别，核心在礼之等杀，明礼义之别，方可明白三世之区别。故于所见微其词，于所闻痛其祸，于所传闻杀其恩，皆是礼义之体现。然刘氏认为《春秋》三世之差别最终目的不在明礼，而在由礼以明王化，由此以明圣人所描绘的由乱世至升平世以至太平世，正是见天地之心。此心即是圣人以《春秋》明教化，以著万世之治。刘氏又结合《诗经》、《周易》，一方面阐释了三世说的道德伦理含

---

① 刘逢禄：《刘礼部集》，第58页。
② 刘逢禄：《刘礼部集》，第58页。
③ 刘逢禄：《春秋公羊经何氏释例》，第8页。

292

义，即王政德化，其说："以文王之风系之周公，著王道之太平，而麟趾为之应。"①另一方面，其借《易经》阴阳循环，以明历史发展之循环。然而三世说并非今人所认为的历史进化，其实正如刘逢禄所云，如同阴阳之变化，阴极则成阳，阳极则为阴，实乃循环往复。而且在董、何的理解中，三世也并非进化式的发展，而是循环往复，一文一质，所谓的进化之思想乃是受西学影响之后所产生的理解，并非公羊学三世之本义。

通三统，是指绌夏、亲周、故宋、以《春秋》当新王，通三统不仅涉及朝代的更迭，实际上也包含道德制度的变化。以古人之语来说便是"三王之道若循环，终则复始，穷则返本"。但刘逢禄显然忽略了通三统有关政治变革的阐释，其注重的是教化、制度，即所谓的宪章文武之道。道德层面解读为《春秋》乃是继文王之遗绪，以明三代道德之教化；制度上则是损文用忠，变文从质。而以《春秋》当新王则推出王鲁之义，此王鲁在刘氏看来并非以真鲁为王，乃是引《史记》而加乎王心，以明制新王之法以俟后圣，而据鲁史则是为了避免僭越王权。可知刘氏阐释的通三统仍旧不外董、何之理解，不过刘氏弱化了三统中的政治革命因素，强化了《春秋》经义的道德教化。当然，刘氏借三统说仍旧离不开对圣人的尊奉，以《春秋》借王鲁之义以为万世制法，实则仍是强化圣人之学的崇高地位，而且更重要的是刘氏这种《春秋》为万世制法的理解，无形中为清末的社会政治变革提供了学术上的理论支撑，康有为吹捧孔教，即是孔学为万世制法论的过度阐释。

至于异内外，刘氏仍旧从道德层面进行解读。而所谓的诸

---

① 刘逢禄：《春秋公羊经何氏释例》，第 9 页。

夏夷狄这种地理上的内外理解并非刘氏所在意。他注重的是道德的内在修治，即为君之道在己之修身诚意，如此才能正己进而正人；即为君者当克修己身，完善自我道德，方能教化天下，由内及外，从而实现大一统。刘氏仍是沿续庄存与的政治思维，以君主为预设对象，以实现《春秋》之教化。因此，他的《春秋》学无法与清末今文经学者所提倡的政治变革运动相提并论，这也决定了他的公羊学依旧是经学下的解读，是对汉代经学的继承与发挥，而无甚新意。当然，他对汉代公羊学的宣扬，仍旧为清末今文经学的发展提供了知识上的储备与宣扬。

刘氏固然推崇何休公羊学，但他并未专专于此，而是善于吸收他经以完善何休公羊之义。当然这与他崇尚的家法并不矛盾，他说："余初为《何氏释例》，专明墨守之学。既又申其条例，广其异义，以裨何氏之未备。"而且他为了解释自己的这种做法，甚至以汉学家推崇的郑玄为例，说郑玄解经"以宗毛为主，毛义若隐略，则更表明。如有不同，即下己意，使可识别"[1]。可见他认为自己这种专守一经同时兼引众经的释经模式并非独创，而是有一定的渊源，而且这也不妨碍其墨守何休之学。比如刘氏所作《公羊申墨守》，虽然是为了弥补何休公羊学的不足，但刘氏广引众经，以完善何休之学（如引董仲舒说、《周官》、《诗经》、《穀梁传》、《左传》等），而且刘氏有些地方甚至肯定《穀梁传》而否定《公羊传》乃至何休之说。

如隐公元年经："秋，七月，天王使宰咺来归惠公、仲子之赗。"《公羊传》认为仲子为桓公之母，但刘氏不同意《公羊传》之论，他认可《穀梁传》以仲子为惠公之母、孝公之妾说。另外，刘

---

① 刘逢禄：《春秋公羊释例后录》，第 292 页。

氏还反驳何休"礼不赗妾,既善而赗之,当各使一使,所以异尊卑也"。刘氏认为,不必各使一使,"礼,吊含襚赗临,同日毕事,止一人兼行。……且使举上客而不称介,通例也。使归惠公,介归仲子,以别尊卑,不亦可乎?"①

又如隐公九年经:"侠卒。"何休云:"以无氏而卒之也。未命,所以卒之者,赏疑从重。无氏者,少略也。"②刘氏则从礼制的角度反驳何休之论,其说:"礼,卿大夫疾,君问之无算;士,壹问之。君于卿大夫,比葬不食肉,比卒哭不举乐;为士,比殡不举乐,吊、临、襚、赗,士丧礼备矣。此托隐公贤君,宜有恩礼于未命大夫也。"③

再者,刘氏还偶有字词之考证,比如庄公二十年经:"夏,齐大灾。"何休:"瘥,病也,齐人语也。"④刘氏云:"释文:瘥本或作瘄,或作渍。当是严氏本。"⑤

另外,还会纠正公羊学史实之误。最明显的便是文公经:"十有八年,秦伯罃卒。"何休认为秦伯罃是秦穆公。但刘氏依据《史记》及《左传》认为是秦康公,乃秦穆公子。⑥

总之,刘氏从例法、礼制、文字、史实等方面入手,或反驳传文之说,或批判何休之谬误,进而提出自己的理解。很明显他把自己的理解认为是符合《春秋》经本义的,而对《公羊传》或何休注释的否定,并不妨碍其对何休公羊学的推崇,反而是对何氏之学的一种肯定。然而刘氏治经有专守,无法避免主观任意之嫌,

---

①　刘逢禄:《春秋公羊释例后录》,第297—298页。

②　何休解诂,徐彦疏:《春秋公羊传注疏》,第104页。

③　刘逢禄:《春秋公羊释例后录》,第301页。

④　何休解诂,徐彦疏:《春秋公羊传注疏》,第292页。

⑤　刘逢禄:《春秋公羊释例后录》,第303—304页。

⑥　刘逢禄:《春秋公羊释例后录》,第315页。

比如《公羊申墨守》闵公篇，针对传文季子不诛庆父乃亲亲之道，刘氏便认为何休依据传文所发的"亲亲得相首匿"乃谬论，他说："弑君之贼，吾闻大义灭亲矣，未闻亲亲得相首匿也。"更甚者，刘氏为了表达自我之见，连《公羊传》文也想改掉。如襄公三十年传云："卿则其称人何？贬。曷为贬？卿不得忧诸侯也。"刘氏改传为："遍刺天下之大夫也。曷为遍刺天下之大夫？不讨贼也。不书鲁大夫，内大恶讳也。"①

三、否定《左传》

刘氏曾作《左氏申膏肓》及《左氏广膏肓》、《左氏春秋考证》，以明《左氏》与《春秋》无关联，同时并考证刘歆作伪《左传》，以发《左传》中后人窜伪之迹，以补任城《膏肓》之未备。可见刘氏此举，其目的仍是推重何休公羊学。然而，认为刘歆窜伪《左传》，实为主观独断之见，并未有较为客观的证据。

比如《左传》桓公四年传文云："夏，周宰渠伯纠来聘。父在，故名。"刘氏即认为"此条亦刘歆所伪窜也。歆不解天子下大夫名且字之例，妄生异说"②。此即无端地认为刘歆作伪。很明显，刘氏在解读《左传》时，已经有一个预设性的偏见，即刘歆伪窜《左氏》，故他可以随时把相关的经学问题嫁祸给刘歆，以否定《左传》，从而抬高公羊学的地位。

就刘逢禄的《左氏春秋考证》来说，他认为刘歆伪窜《左氏》，其证据也并非客观公正。为说明刘氏此观念之来历，我们详细引述其考证之语：

① 刘逢禄：《春秋公羊释例后录》，第323页。
② 刘逢禄：《春秋公羊释例后录》，第362页。

"鲁君子"，明非弟子，故不列于仲尼七十二弟子传中也。云"因孔子史记"，明在孔子身后，但见鲁史，未尝口授微言大义之作传也。曰"成《左氏春秋》"，与《铎氏》、《虞氏》、《吕氏》之春秋并列，明其为纪事之书，非说经之书，故不名《左氏传》也。此太史公所见原本如此，故西汉博士皆谓《左氏》不传《春秋》。其改称《左氏传》者，自刘歆《七略》始。故歆传云："初，《左氏传》多古字古言，学者传训诂而已。及歆治《左氏》，引传文以解经，转相发明，由是章句义理备焉。"而公孙禄议曰："国师嘉新公颠倒五经，毁师法，令学士疑惑。"由是言之，今《左氏春秋》所有"君子曰"、"书曰"云云，及续经之类，皆歆所窜入，以解《左氏》不传《春秋》之说。又造经文十二篇，与《公》、《穀》、《邹》、《夹》所传皆不合，而《艺文志》全仍之，无识甚矣。[①]

按刘逢禄此段论述，基本上包括三层意思。首先，刘逢禄依据《史记》的记载否定《左传》与《春秋》的关系，左丘明亦与孔子无关，故《左传》不传圣人微言大义。刘逢禄继承庄氏对《左传》为史的看法，"认为《左氏》所载事实，本非从圣门出，犹《周官》未经夫子论定，则游夏之徒不传也。歆引《左氏》解经，转相发明……则今本《左氏》书法及比年依经饰《左》、缘《左》、增《左》，非歆所附益之明证乎？"[②]故其总结"《左氏》仅见列国之史，子夏、公羊则闻夫子之义者也"[③]。

其次，刘氏认为汉代至刘歆时始附会经传，同时窜伪《左传》

---

①　刘逢禄：《春秋公羊释例后录》，第417页。
②　刘逢禄：《春秋公羊释例后录》，第414页。
③　刘逢禄：《春秋公羊释例后录》，第415页。

文字,《左传》中君子曰、书曰及续经等皆刘歆所伪作。这里所依据的主要来自《汉书》有关刘歆的记载,一是刘歆作移太常博士书后,儒者师丹认为刘歆"改乱旧章,非毁先帝所立"①。据此刘逢禄证曰:"改乱旧章,谓其私窜古本也。非毁先帝所立,谓其诬谤今文先师之学也。"②然后刘逢禄据公孙禄之语"国师嘉新公颠倒五经,毁师法,令学士疑惑"判定"公孙斥其颠倒五经,师丹非其改乱旧章,是歆同时诸人固皆见其肺肝矣"。③ 这样,刘逢禄就想当然地认为刘歆窜乱《左传》。

第三层意思便是,刘逢禄认为史志目录《汉书·艺文志》中的一些记载不实,这里即由否定《左传》进而延伸到了对汉代史料的否定。凡涉及《左传》的相关记载,刘逢禄皆否定为刘歆伪窜。《左氏》所言年数,斥为多歆所伪窜。④《左传》中"其处者为刘氏"视为刘歆之附益。⑤ 又于《汉书·艺文志》所载《左氏微》二篇"认定是"歆所造书法凡例之类"⑥。又《别录》载左氏学之源流,《汉书》沿袭之,刘逢禄亦斥为伪窜。⑦ 甚至认为《诗经》小序也是刘歆点窜古文家言⑧,可见刘逢禄考证之荒谬。

刘逢禄所认为的这些证据,其实并不能够真正得出刘歆窜乱的结果,因此,他的结论并不客观,也无法说服注重考证的汉学者们。所以,刘氏为了证明公羊学与圣人之学的密切关联,他

---

① 刘逢禄:《春秋公羊释例后录》,第417页。
② 刘逢禄:《春秋公羊释例后录》,第417页。
③ 刘逢禄:《春秋公羊释例后录》,第417页。
④ 刘逢禄:《春秋公羊释例后录》,第411页。
⑤ 刘逢禄:《春秋公羊释例后录》,第412页。
⑥ 刘逢禄:《春秋公羊释例后录》,第413页。
⑦ 刘逢禄:《春秋公羊释例后录》,第413、419、423页。
⑧ 刘逢禄:《春秋公羊释例后录》,第344页。

专门以乾嘉汉学者的代表钱大昕为例,批判钱氏对《春秋》学的理解。钱氏与多数汉学者一样,在《春秋》三传中更倾向《左传》,并认为公羊学所谓的书法或例法并不存在,《春秋》只是鲁国史书,直书其事而已。刘氏反驳钱大昕的批判基本上有两个立论,一是从公羊学例法入手,批判钱大昕所谓的《春秋》直书其事,揭示钱氏对《春秋》经的诸多误解。比如钱大昕认为:"楚商臣、蔡般之弑,子不子、父不父也,许止以不尝药书弑,非由君有失德,故楚蔡不书葬而许悼公之书葬,以责楚蔡二君之不能正家也。"刘氏反驳说:"《春秋》之义,君弑贼不讨不书葬,未闻有责君不正家者。许止本未尝弑君,故书葬以赦之。吴楚之君,从无书葬之例,至蔡景公实书葬,三传经文所通,而谓其不书葬,不知所见何经也。"①这里刘氏即依据《公羊》例法批评钱氏之论无根据。另外,针对钱氏有关《公羊》不及《左氏》的论点,刘氏极力反驳,他说:"此非《公羊》之不及《左氏》,乃《春秋》之不及《左氏》也。《左氏》详于事,而《春秋》重义不重事,《左氏》不言例而《春秋》有例无达例,惟其不重事,故存什一于千百,所不书多于所书,惟其无达例,故有贵贱不嫌同号,美恶不嫌同词,以为待贬绝不待贬绝之分,以寓一见不累见之义,如第以事求《春秋》,则尚不足为《左氏》之目录,何谓游夏之莫赞也。"②刘氏秉持《春秋》重义不重事,有例无达例的解释传统,以解释《公羊》与《左氏》之区别。他这种解释不仅继承自董仲舒,而且也正好符合《春秋》传圣人微言大义之观念。因此欲得圣人之义,需由例求,然有例无达例则正好可以为其阐释例法作一定的掩饰,以体现公羊学传达《春秋》

---

① 刘逢禄:《刘礼部集》,第 56 页。
② 刘逢禄:《刘礼部集》,第 56—57 页。

经义的正当性与权威性。刘氏这种对乾嘉学者的批评,也是为了解答公羊学并非汉儒的硬性附会,而是与圣人之学渊源颇深。

虽然刘氏与当时的汉学者之间存在着不可调和的分歧,但很显然支持今文经学的学者却并未如是看待。比如龚自珍,他虽早年接受了汉学考据的正统训练,可他就认可了刘氏以《左氏》为刘歆伪作的观念,龚氏在《己亥杂诗》小注中说:"癸巳岁,成《左氏春秋服杜义》一卷,其刘歆窜益《左氏》显然有迹者,为《左氏疚》一卷。"[①]后来清末的康有为、廖平也沿袭此种观点,进而影响了民国的古史辨运动。刘逢禄之说虽然当时是为了推崇公羊学,但他对清末民初的学术史所产生的意义是刘氏难以预测到的。

另外必须提及的是,刘氏虽然推崇董、何公羊学,但并非只是就学术而言,他在讨论经义时会涉及社会政治议题。他在《春秋公羊经何氏释例》序中便说:"汉之吏治、经术,彬彬乎近古者,董生治《春秋》倡之也。"又在《公羊广墨守》中说:"汉宣帝时,有诈称戾太子入京师者,群臣不知所为,惟隽不疑治公羊者,引义直断,卒得其实。然则《春秋》别嫌疑,明是非,有国家者可不诵法邪?"[②]可见刘氏对汉代以经决狱的关注,正体现了他治学的经世倾向。而且刘氏曾供职朝廷,李兆洛《礼部刘君传》载其"凡同列有疑不能决者,为引经义别白之,已而公卿亦多就问所疑,无不据经决事,有董相风"[③]。虽然看似迂腐,但可见刘氏经世之志,不乏现实中的实际运用。

---

① 龚自珍:《龚自珍全集》,第 514 页。
② 刘逢禄:《春秋公羊释例后录》,第 338 页。
③ 李兆洛:《养一斋文集》,续修四库全书第 1495 册,第 261 页。

四、以公羊学阐释《论语》

刘逢禄作《论语述何》,开启了清代以公羊学释《论语》的风气,但这种解读《论语》的方式其实并非刘逢禄首创。汉代何休在注释《公羊传》时,便借用《论语》,以阐发《公羊》之义。刘逢禄受到何休这种阐释方式的影响,他自己在《论语述何》序中便说到了何休与《论语》的密切关系:

> 《后汉书》称何邵公精研六经,世儒莫及,……又注训《孝经》《论语》、风角、七分,皆经纬典谟,不与守文同说。阮孝绪《七录》、隋《经籍志》,不载何注《孝经》《论语》之目,则其亡佚久矣,唯虞世南《北堂书钞》,有何休《论语》一条,大类董生正谊明道之旨……二君者,游于圣门,亦游夏之徒也。《论语》总六经之大义,阐《春秋》之微言……何君既不为守文之学……若使其书尚存,张于六艺,岂少也哉! 今追述何氏《解诂》之义,参以董子之说,拾遗补阙,冀以存其大凡。①

刘氏此论,即在明作《论语述何》实为承袭何休。他认为何休曾注释《论语》,而且公羊学、《论语》皆传圣人之微言大义,所以便认为何休注《论语》亦必然与其公羊学相通。而且以"述何"为标题,不仅涉及何休,还参以董仲舒公羊学,这是刘氏为此著述的思路。另外,刘氏还通过考据的方式发现何休《论语注》的一条佚文,以为何休《论语》义与公羊学相通之明证。然而,就这

---

① 刘逢禄:《刘礼部集》,第 41 页。

条考据来讲,已被后人反驳①,其实佚文乃是何晏《论语集解》之文,而非何休之《论语注》。然而对于刘氏来讲,考据的谬误并不妨碍《论语》与公羊学之间的傅会。而以"论语述何"作为标题,一方面说明他是以何休公羊学作为解读《论语》的标准,另一方面也开启了《论语》的公羊化阐释。这种解读经典的方式,很明显无法呈现《论语》的客观面貌,所以清末学者朱一新对刘氏所掀起的这种阐释《论语》的风气,表示了反对,他说:"近儒为公羊学者,前则庄方耕,后则陈卓人。方耕间有未纯,大体已具。卓人以《繁露》、《白虎通》说《公羊》,乃真公羊家法也。……刘申受于邵公所不敢言者,毅然言之,厄辞日出,流弊甚大。《公羊》与《论语》初不相涉,而作《论语述何》以沟通之。戴子高复推衍之,谓《论语》当如是解,然乎? 否乎?"②刘氏意在探究圣人微言大义,他说:"凡《论语》与《春秋》相表里者,皆圣人之微言不著竹帛者也。"③刘氏此论便以专断之方式认定以公羊学释《论语》可行性,认定自己对《论语》的公羊化解读正是挖掘圣人著述之外的微言大义,如此强调了阐释者在经典解释中的核心地位,但也难免随意歪曲经义④。所以,我们会看到刘氏之后,宋翔凤、戴望、刘恭冕、王闿运、俞樾、康有为皆以此形式阐释《论语》,实为刘氏附会之风的延续,到了清末不但并未消减,反而越发兴盛。

在此不再纠缠刘氏阐释《论语》是否客观,而是透过刘氏文本,观察其如何以公羊义阐释《论语》,同时研究刘氏在阐释《论

---

① 参见江瀚:《论语述何提要》,《续修四库全书提要》;胡楚生《刘逢禄论语述何析评》引,《清代学术论丛》(第三辑),台北:文津出版社,2002年,第154页。

② 钱穆:《中国近三百年学术史》引朱一新语,第732页。

③ 刘逢禄:《刘礼部集》,第43页。

④ 具体参见胡楚生:《刘逢禄论语述何析评》,《清代学术论丛》(第三辑)。

语》时所关注的焦点为何，如此我们才能较为清晰地了解刘氏的附会用意之所在。

通观《论语述何》全文，刘氏以公羊义阐释《论语》，主要涉及以下几个方面。

1. 明孔子《论语》与《春秋》义相通，这样就为《论语》的公羊学解读奠定了可行性。比如：

"子曰：君子务本，本立而道生；孝弟也者，其为仁之本与。何谓也？曰：《春秋》明王道，始元终麟，大本端仁，道备矣。尧舜之行，本乎孝弟，夫子志在《春秋》，行在《孝经》，其致一也。"①按此条刘氏所引"子曰"出自《论语·学而》。此处刘氏以《春秋》明夫子之志，而《春秋》所明王道即夫子之志。又以谶纬附会《春秋》、《孝经》皆传夫子之学，故夫子所谓孝弟之仁，与《春秋》之道相通。此乃总论《春秋》明夫子之道。

"其为人也，发愤忘食，乐以忘忧，不知老之将至。何谓也？此谓作《春秋》也。吴楚猾夏，乱贼接踵，所以发愤著书也。"②此以孔子作《春秋》附会，但原文未说作《春秋》之义，刘氏以《论语》原文前面涉及《诗》、《书》、礼，便认为此处所云指作《春秋》，刘氏主观歪曲显而易见。

2. 强调孔子改制之义，从而为以公羊学附会孔子微言大义作铺垫。比如：

"子曰：述而不作，信而好古，窃比于我老彭。夫《诗》、《书》、礼皆述古，《易·系辞》、《春秋》则夫子所作，不纯乎述，何也？曰：有改制之名，无易道之实，其义则祖述尧舜，宪章文武尔。"③

----

① 刘逢禄：《春秋公羊释例后录》，第41页。
② 刘逢禄：《春秋公羊释例后录》，第44页。
③ 刘逢禄：《春秋公羊释例后录》，第44页。

此处刘氏强调《易》与《春秋》的重要性。因为在刘氏看来,《易》、《春秋》明性与天道,由此微言,二者并用方可理解圣人之志。而孔子虽为后世制法,实则其道仍为尧舜之道,并无改变。此即附会《论语》,以明孔子虽有述作,然其中蕴含之道皆相一致。

"五十而知天命,何谓也? 夫子受命制作,垂教万世,《书》曰:文王受命惟中身。子曰:文王既没,文不在兹乎? 知天命之谓也。"①此以公羊学孔子为后世制法来解释知天命,然制法说兴起于汉人,早期天命说实与此无关。

3.以公羊三科九旨来阐释《论语》。刘氏以三科九旨作为何休公羊学的核心观念,由此理解公羊学便不会偏离公羊家法,而其释《论语》,亦借此以求明圣人著述言外之义。如:"子夏曰:'虽曰未学,吾必谓之学矣。'何谓也? 子夏言学必以行为本,《春秋》损文用忠之义也。"②此出自《论语·学而》,子夏曰:"贤贤易色,事父母,能竭其力;事君,能致其身;与朋友交,言而有信。虽曰未学,吾必谓之学矣。"此处子夏所云指人之能行此四事,则可不必从师而学。刘氏所云损文用忠,是以公羊学三统循环之论来附会子夏之义,实则已经歪曲《论语》文义。

"多闻阙疑,多见阙殆,何谓也? ……多见,谓所见世。殆,危也。《春秋》定哀多微辞,上以讳尊隆恩,下以避害容身,慎之至也。"③此以三世说附会《论语》。所谓定哀多微辞,正以此为所见世,著治太平,故于上当讳尊隆恩,于下则微辞以避害。

"躬自厚而薄责于人,则远怨,何谓也?《春秋》详内小恶,略

---

① 刘逢禄:《春秋公羊释例后录》,第42页。
② 刘逢禄:《春秋公羊释例后录》,第41页。
③ 刘逢禄:《春秋公羊释例后录》,第42页。

外小恶,正其身以为天下先也。"①此即以公羊异内外之说解释《论语》。何休公羊例认为《春秋》内小恶书大恶略,外小恶略大恶书,此分别内外之义。

4.刘氏注重对礼的解读,这与《论语》正名义相符。如:

"《乡党》之篇,终以时哉时哉。何谓也?《孟子》曰:可以仕则仕,可以至则至,可以久则久,可以速则速,圣之时者也。圣人之时,其义在《易》与《春秋》,其行之在礼,故《乡党》记圣之行礼而以终之。"②此云《易》、《春秋》、礼附会《论语》,以明公羊学与孔子之关系。

"孔子谓'季氏八佾舞于庭,是可忍也,孰不可忍也。'何谓也?此篇类记正名辨分之事。传曰:'天子八佾,诸公六,诸侯四。'隐公始僭命八佾于惠公之庙,又僭六佾于仲子之宫,自是群公之宫皆僭八佾矣。"③刘氏之所以重视礼,是因为刘氏认可《春秋》缘礼义以致太平。正名,即是正礼,而正礼的目的在于对道德伦理的看重。清人所认可的礼不涉及宇宙论的层面,多与道德层面有关,所以他们看重《春秋》的教化功能,而刘氏宣扬公羊学中的孔子为后世制作之说,其目的不在学说的荒诞与否,而在"通其大义而得之于心,则能以斟酌后世之制作,若汉初经师以《春秋》决事,以三百五篇当谏书"④,即他理想化地认为圣人之道可以为现实服务,而非纯粹的空谈。

以上通过四个层面概括刘氏《论语述何》的用意,其实我们只要把握两点即可明白刘氏此作的核心,一是以公羊学为核心

---

① 刘逢禄:《春秋公羊释例后录》,第 47 页。
② 刘逢禄:《春秋公羊释例后录》,第 45 页。
③ 刘逢禄:《春秋公羊释例后录》,第 42 页。
④ 刘逢禄:《春秋公羊释例后录》,第 42 页。

贯通群经大义,从而宣扬圣人之道;二是明圣人之道可为当世所用,这是刘氏经世思想的折射。当然,刘氏的思想虽有理想主义的色彩,但其对圣人之学的推崇,早已非汉学考据所能解读,因为他的目的本就不在求其是的学术论政,这是他与汉学考据者的不同之处。然而刘氏的治学仍旧影响了后来的许多学者,比如龚自珍、魏源、包世臣、王闿运、俞樾、康有为、廖平等。这种影响既有治学方式的影响,亦有经世理念的影响,其中有同有异,但由于本节专门探讨与何休相关的研究,故在此不打算详述这些人的相关研究。①

第三节 公羊学的考据化转向:凌曙与陈立

学界对凌曙、陈立的研究并不多见,因为凌氏、陈氏在清代学者中学术成就确实并不突出,但此处所以要讨论他们,主要是为了说明虽然如诸多学者所认同的那样,公羊学重点在微言大义的阐释,即义理的解读而非史料的考证,但是,随着乾嘉汉学风气的兴盛,公羊学的研究出现了走向汉学考据的现象。可以说,在刘逢禄那里这种现象已经出现,但在凌、陈等人的著述中,公羊学的阐释进入了纯粹的汉学考据范式。凌氏治经重礼,而陈氏作为凌曙、刘文淇的弟子,不仅继承了凌氏的治学特色,而且秉承刘氏的训诂考据。如此一来,何休公羊学在他们的再度阐释中,呈现了具有清代乾嘉汉学风貌的公羊学。

---

① 具体可参见张广庆:《清代今文学群经大义之公羊化:以刘、宋、戴、王、康之论语著作为例》,《经学研究论丛》(第一辑),台北:圣环图书公司,1994年,第257—322页。

一、凌曙、陈立的治学特色

凌曙与刘逢禄处于同一时代，其在接触公羊学之前，曾就包世臣问学，包氏告以治学当守家法，专治一经。之后，凌氏便稽典礼、考训诂，成《四书典故覈》。后又得闻刘逢禄公羊学，乃转而治公羊，成《春秋繁露注》、《公羊礼疏》等有关汉代公羊学的研究著作。[1] 凌氏治公羊学秉承乾嘉汉学者的治学范式，主张治《公羊传》当"由声音训诂而明乎典章制度，以求进夫微言大义"[2]，可见他承认公羊学微言大义的存在，这在他的《春秋繁露注》序中亦有所表述，他说"《左氏》不传《春秋》，《公羊》为全孔经，而仲舒独得其精义，说《春秋》之得失颇详"[3]。但正由于凌氏认可由训诂考据以求微言大义的方式，导致了他的著作缺少义理的阐释。他自己或许也意识到了这一点，坦言作《春秋繁露注》是"考其异同，校其详略"[4]，而于"正谊明道，贯通天人，非予肤浅之识所能推见"[5]，这并非凌氏的谦虚，而是他对公羊学的研究确实并未进入更深的义理层面。

陈立作为凌曙的弟子，其治经特色基本与其师一致。陈立秉承"耻向壁之虚造，守先儒之旧闻"[6]的治学取向，故他的《公羊义疏》被杨向奎先生说成是一种资料的堆积，于公羊学的义理无甚发挥[7]。另外，凌、陈都对礼制的研究兴趣很大。刘文淇曾为

---

① 徐世昌等编：《清儒学案》，北京：中华书局，2008年，第5161页。

② 徐世昌等编：《清儒学案》，第5165页。

③ 徐世昌等编：《清儒学案》，第5166页。

④ 徐世昌等编：《清儒学案》，第5167页。

⑤ 徐世昌等编：《清儒学案》，第5167页。

⑥ 陈立：《白虎通疏证自序》，《句溪杂著》，光绪十四年广雅书局本。

⑦ 参见杨向奎：《绎史斋学术文集》，第351—363页。

陈立的《句溪杂著》作序，其云："余维汉儒之学经唐人作疏而其义益晦，徐彦疏《公羊》空言无当，贾、孔《礼》疏亦少所发明。近人如曲阜孔氏、武进刘氏，谨守何氏之说，详义例而略典礼训诂。"他说凌氏治礼，专守郑玄之学，且有补《公羊》徐彦疏之志向，希望陈立可续凌曙公羊学上的未竟之业。据此序可知，刘文淇不满刘逢禄治公羊学轻典礼训诂，而这也道出了刘文淇作为汉学者与庄、刘公羊学的最大不同。凌氏作为刘的恩师，很明显与刘文淇的看法一致，这从他的《公羊礼疏》可以得知。其重礼的治学特点也在陈立的身上得到了体现。可见，陈立在师从刘文淇、凌曙的过程中，对公羊学的理解依旧秉承乾嘉汉学的治学思维。

二、凌曙与公羊礼制的考证

凌氏有关何休公羊学的著述基本与礼制有关，在此不打算一一详论。由于对礼制的探讨，必然需要训诂考据，因此凌氏针对何休的有关礼制，通过具体的文献梳理与考证，进行了较为客观的解读，使我们了解了何休如此解释的依据或由来。可以说凌氏对何休公羊学的贡献，正如前文所说，不在义理层面，而在其对史料源流的梳理。为具体说明他的阐释方法，我们可以举例说明。如成公八年经："卫人来媵。"何休注："礼，君不求媵，诸侯自媵夫人。"凌曙《公羊礼疏》对此引《白虎通》解释说："所以不聘妾何？人有子孙，欲尊之，义不可求人，以为贱也。《春秋》传曰：二国来媵，可求人为士，不可求人为妾何？士即尊之渐，贤不止于士，妾虽贤，不得为嫡。"①

---

① 凌曙：《公羊礼疏》卷七，清经解续编本，页5a。

　　此即可见凌氏为解释何休的礼制，并不主观发挥，而是从史料中找出何氏的文献依据。这便是凌氏解释何休礼的方式。当然，我们不能忽视他的这种乾嘉汉学的风格。其不厌其烦的文献考证，有时在阐释何休礼制时，把今古文家的各种经说梳理一遍，如此我们可以观察到何休礼制与古文经学家的一些异同，以及今古文经的对立焦点之所在。如庄公元年经云："王使荣叔来锡桓公命。"何休注："举谥明知追命死者。礼，生有善行，死当加善谥，不当复加锡。"凌氏解释说："《五经异义》：《春秋公羊》、《穀梁》说，王使荣叔锡鲁桓公命，追锡死者，非礼也。死者功可追而锡，如有罪又可追而刑耶？《春秋左氏》讥其锡篡弑之君，无讥锡死者之文也。"①

　　此处通过列出《公羊》说、《穀梁》说、《左氏》说的理解，可知《公》、《左》师说的理解相左。实际上我们如果深究的话，便会发现，两者师说的不同，更深层次乃是汉代官学与私学对立的结果，即今文经学与古文经学的对立，尤其表现在师说的不同上，而其中的焦点便在礼制。凌氏在解释公羊礼时，也意识到了今古文家法所造成的经典解释的不同，对此问题，他并未能够像廖平那样详究。比如他的《公羊问答》中有一条针对何休礼制的解答，便涉及了今古文礼制的焦点。其文云："问《周礼》有五百里以下之国，而庄元年注云：'百里不过九命，七十里不过七命，五十里不过五命。'何也？曰：此取《孟子》、《王制》之说。当时包、周、孟子、何休等不信《周礼》是周公所制，以为六国阴谋之书，故其说不同。"②

---

①　凌曙：《公羊礼疏》卷三，页3a。
②　凌曙：《公羊问答》卷一，清经解续编本，页9b。

此文道出了何休解读公羊礼制时用《王制》而弃《周礼》的经学现象。凌氏在著述中针对字词训诂，或者礼制阐释，都很注重家法，故而他可以把何休的礼制来源梳理清晰，但未能够深入分析今古文经学礼制的根本区别所在。但是，这种阐释为后来廖平今古文礼制观念的总结打下了基础。

其实凌氏除了留下诸多对公羊礼制的考据著作之外，他还很重视公羊条例的发挥，虽然很难见到这方面的理解，但至少在其《公羊礼说》"讥不亲迎"条中探讨了一些《春秋》例法，明确说到"不通《春秋》之例者，不足与言《春秋》之礼"[①]。可见，他在集中对礼制的钻研时，并未忽略《春秋》例的关注。这也是刘逢禄以降，清代研究公羊学重例的一大特点。

总之，我们从凌氏的公羊学著述中，虽然无法领略公羊微言大义的深邃，却可以了解何休公羊学的学术渊源，更重要的是凌氏把经学家法观念运用到了礼制的阐释中，为我们理解何休的礼制观念奠定了基础。而凌氏在经学史上更重要的意义是他通过汉学考据的方式，促进了公羊学的实证研究，也使得公羊学在清季的发展中具有了不同于康氏公羊学的另一种面貌，而这也是清末古文经学家所希望和倡导的[②]。凌氏进一步梳理了何休的礼制，而后来的俞樾、廖平其实皆深受其影响，可见凌氏在阐释公羊礼制的过程中，弘扬了何休的经学成就，当然他对公羊微言大义的理解，鉴于我们所见的资料有限，是无法正确评价的，但至少他从学术的角度，影响了后来学者对何休、董仲舒公羊学的研究。

---

① 凌曙：《公羊礼说》，清经解本，页1a。

② 苏舆《春秋繁露义证》即是主张训诂考据，而章太炎认为研究公羊学亦当就经论经，刘师培更是批评了以康为首的素王改制之论。

三、陈立与公羊义的集解

《清儒学案》评价陈立说："为文渊雅典硕，不尚空言，大抵考订服制典礼及声音训诂为多。"①可见在治学上他与其师凌氏相同。虽然如同杨向奎先生所说，陈氏如同其师凌氏一样，对公羊义理没有什么解释，但我们既然理解了他倾向考据的解经特色，也就不会再以是否解读义理去评价陈立的公羊学功绩。清末的学者朱一新说："公羊家多非常可怪之论，西汉大师自有所受，要非心知其意，鲜不以为悖理伤教。故为此学者稍不谨慎，流弊滋多。惟陈卓人深明家法，亦不过为穿凿。"②

朱氏虽偏袒汉学，但他说陈氏明家法却较为客观，而且我们看陈氏的《公羊义疏》，也是多引前人之说，并无穿凿之论。而章太炎对凌、陈学术渊源的概括，则揭示了他们与常州今文经学的不同学术走向。他说："今文之学，不专在常州。其庄、刘、宋、戴诸家，执守今文，深闭固拒，而附会之词亦众，则常州之家法也。若凌曙之说《公羊》，陈立之疏《白虎》，陈乔枞之辑三家《诗》，三家《尚书》，只以古书难理，为之征明，本非定立一宗旨，其说亦不出自常州。此种与吴派专主汉学者当为一类，而不当与常州派并存也。"③

其实遍览陈立的公羊学著述，他对公羊学义理的解读还是存在的，只不过他坚持实证的路数治经，即希望以前人之语来证

---

① 徐世昌等编：《清儒学案》，第 5174 页。

② 徐世昌等编：《清儒学案》引朱一新《无邪堂答问》语，第 5186 页。

③ 章太炎：《章太炎先生论订书》，支伟成：《清代朴学大师列传》，长沙：岳麓书社，1986 年。又见吴仰湘：《皮锡瑞的经学成就与经学思想》，长沙：湖南大学出版社，2013 年，第 458 页。

经,以求尽量客观而少谬论。我们从《春秋王鲁说》一文中即可见他对公羊学说还是有一定的理解,并非单纯的材料收集而已。他在这篇文章中依旧以丰富的材料来论证《春秋》王鲁之说。譬如他为了证明王鲁义,引赵岐注:"孔子惧王道遂灭,故作《春秋》,因鲁史记设素王之法,谓天子之事也。……其义,《史记》之义,孔子自谓窃取之以为素王也,明乎设之义,窃取之义,可无疑于今文《春秋》王鲁之说矣。"①而其引何休"《春秋》托新王受命于鲁","方陈受命制正月,故假以为王法",都是为了说明自己的观点,即"王鲁者,托王于鲁,非以鲁为王也"。可见他在资料的累积中,表达的正是何休所说的王鲁观念。另外,他在《公羊义疏》中也有同样的阐释。② 不仅如此,他在《春秋王鲁说》中还借用了何休的三统说与三世说,来加深王鲁之义。他说:"殷继夏,周继殷,《春秋》继周,故以隐为受命王。《春秋》之隐公则周之文王也。故仪父慕义则字之,宿男与盟则卒之,滕薛来朝则褒之。于所传闻世见治起于衰乱之中,于所闻见世见治升平,于所见世见著治太平。"③

可见陈立在公羊义的理解中忠实于何休的公羊学观念,而这正好也与其清晰的家法观念有很大的关系。

另外,我们从《公羊义疏》中可以见到他对公羊学的理解,是通过资料的梳理,从而对经典作出阐释。因此,在涉及何休的注释时,他也会有所阐释,而且往往在纷繁考证中透露出何休公羊学与汉代公羊学的一些共性,尤其是他与董仲舒在公羊学谱系上的关系。比如隐公元年传:"何言乎王正月,大一统也。"何休

---

① 陈立:《句溪杂著》卷二,页7b。
② 陈立:《公羊义疏》卷一,页8a。
③ 陈立:《句溪杂著》卷二,页8a。

云：“夫王者始受命改制，布政施教于天下，自公侯至于庶人，自山川至于草木昆虫，莫不一一系于正月，故云政教之始。”①为了解释何休此意，陈氏罗列了很多资料，包括《汉书·董仲舒传》、《史记·历书》、颜师古注、《汉书·王阳传》、《礼记·坊记》等。比如引《史记·历书》说：“王者易姓受命，必慎初始，改正朔，易服色，推本天元，顺承厥意。”《汉书·董仲舒传》：“《春秋》大一统者，天地之常经，古今之通谊也。”而陈立自己在此也说出了自己的理解：“王者受命制正月，凡一切政令，无不奉以为始。”“何氏包自公侯至庶人，自山川至草木昆虫言之，见天地人物无不系之正月矣。”②

由上陈立的相关阐释，可见何休对大一统的解释并非他的原创，汉初的太史公便已有了这种理解，而何休的理解正是汉代士大夫的普遍共识，或者是师说的不断因袭，从陈氏的材料梳理中可见何休这一解读背后的学术流变。陈氏对待公羊学的其他问题，都以考证文献中的资料为首，而他对材料的集中梳理，则对我们客观理解何休乃至汉代公羊学的历史性发展具有很大的学术思想价值。

通过以上简单的讨论，其实可以看出陈氏的公羊学研究，并非康有为的那种趋向政治的、功利主义式的公羊学，而是建立在实证基础上的经学研究，因此我们不可因他没有所谓的哲学义理的发挥而忽视他的公羊学成就。而且他的这种梳理，其实无意中阐释了汉代公羊学的本来面貌，也为后世学者的深入探讨提供了知识基础。

---

① 何休解诂，徐彦疏：《春秋公羊传注疏》，第 12 页。
② 陈立：《公羊义疏》卷一，页 18a。

另外，我们可以就陈氏及后来学者对何休注的解读作一简单的个案分析，以展现凌、陈这种方式的公羊学研究在后来所产生的学术影响。陈立在其《句溪杂著》卷一有一条关于"郑伯男也"的考证。所谓"郑伯男也"出自《左传》昭公十三年，及《国语·周语》。关于此文，自古解释很多。首先举出陈立考释中列举的几个重要学者的理解。

> 郑众、服虔：郑伯，爵在男服也。
>
> 贾逵：男，当作南，谓南面之君也。
>
> 《郑志》：男，子男也，周之旧邦虽为侯伯，皆食子男之地。
>
> 王肃：郑伯爵而连男言之，犹言曰公侯，足句词也。
>
> 杜预：郑国在甸服外，爵列伯子男，不应出公侯之贡。

按以上五说，陈立认为惟有杜预说差可从，可见他实际上对这些说法都不满意。可若要给个正确的解答，陈氏也是做不到的。但这里我们不是讨论谁之对与错，实际上，我们透过陈氏针对此问题的讨论，会发现背后很重要的学术史意义。

陈氏首先看到了《公羊传》所谓的"《春秋》伯子男一也"，《王制》郑玄注："此地殷所因夏爵三等之制也。《春秋》变周之文，从殷之质，合伯子男以为一，则殷爵三等者，公侯伯也。"从而得出上古的爵位是公一等、侯一等、伯子男为一等。据此他认为《左传》"卿不会公侯，会伯子男可也"[1]，也当依据《公羊传》来理解，据此他推测说："郑伯男也，言郑国伯爵犹之男也，举其至卑者自承，与争贡之意似合。二传之说，本无差异。其《周礼》之五等，

---

① 　陈立：《公羊义疏》卷一，页 14b。

《孟子》之伯一位,盖古籍散亡,不无所闻异词耳。"①

按陈氏此处点明了《公羊传》对爵位的解释,是公、侯、伯子男三等,从殷尚质。据此可知周代尚文,当为公、侯、伯、子、男五等。而《孟子》则是公侯、伯、子男,异于前面的排列。另外,《周礼》记载的也为五等。可见,在礼制的区分上,陈立没有明确的划分标准,因为他虽然家法观念强烈,但如何精确地区分不同的礼制,他是无奈的。但是,我们观察何休对礼制的理解,很明显何氏认同《公羊传》的解读,而不同意古文经学家的意见。

后来俞樾在礼制的考证中,认识到《王制》与《公羊》之间的礼制往往符合。他在《王制说》中讲:"愚谓《王制》者,孔子之遗书,七十子后学所记也。王者孰谓?谓素王也。孔子生衰周,不得位,乃托鲁史成《春秋》,立素王之法,垂示后世。《春秋》微言大义,惟《公羊》得其传。《公羊》之传,惟何邵公为能发明其义。今乃以公羊师说求之《王制》,往往符合。"②

按俞氏把《王制》、《公羊》的密切关系建立在礼制的相同上,因而他在解释《春秋》礼时,已经预设判断礼制时代的标准。比如对待"郑伯男也"的说法,俞氏认为"郑、何所说虽异,然《春秋》三等,《王制》亦三等,则其合者一"③。这里,俞氏不去讨论郑玄、何休关于三等制度的具体差异,他认为《公羊传》与《王制》礼制相吻合,也就证明了他关于《王制》的观点。据此,他还分析了很多文献证据,比如关于三时田还是四时田的问题。《公羊传》认为三时田,夏无田;《穀梁传》则认为四时田;何休认为三时田。

---

① 陈立:《句溪杂著》卷一,页 15a。
② 俞樾:《王制说》,《曲园杂纂》卷五,《春在堂全书》,南京:凤凰出版社,2010年,第 41 页。
③ 俞樾:《王制说》,《曲园杂纂》卷五,第 42 页。

而俞樾认为："三时田乃孔子所立素王之法,而《王制》曰:天下诸侯,无事则岁三田。其合者又一。"①俞氏以考证的方法得出了《公羊传》、《王制》皆蕴含孔子素王之法的今文经学式的观点,故他说:"后儒见其与周制不合而疑之,不知此固素王之法也。"②他自认为是以客观证据而得出孔子素王改制之义。

至清末廖平,始梳理出区分今古文经学的重要观点③,即他认为今学主《王制》,尊孔子,而古学主《周礼》,尊周公,进而以此为依据,对《春秋》礼制作了明确的划分。首先廖氏认为《王制》与《穀梁传》礼制吻合,最得孔学之义,而《公羊传》为齐学,则兼杂他礼。其以《王制》解读《穀梁》,从而得出关键性的两点,即《穀梁》寰内诸侯称伯,以及《春秋》改周制五等爵为二等爵。前者,寰内诸侯称伯者,即天子大夫、三监称字之例,凡称伯、仲、叔者,是为天子大夫之字,而方伯中凡氏采加字者,即天子之大夫为监于方伯。如单伯,伯称字,即为天子大夫为监于鲁。据此说,进而得知伯子男皆非爵称,而周制公侯伯子男五等之爵则变为《春秋》公侯二等爵称。故他针对《公羊传》的解读,皆以《王制》为标准来加以衡量。

因此,廖平对所谓的三等制与五等制,提出了新的见解。他认为《春秋》中的三等以《王制》来衡量,实际上皆为百里之国,而非三等。所以廖氏说:"以《王制》例《春秋》,则二伯皆王臣,非外诸侯。鲁为百里大国,当有三军。曹莒诸国皆千乘,不为小国。……然经不能别作二伯、方伯礼制,而假借百里、七十里之礼制而用之者,以诸侯强大易为祸乱,故定制以百里为限,不能加隆,

① 俞樾:《王制说》,《曲园杂纂》卷五,第42页。
② 俞樾:《王制说》,《曲园杂纂》卷五,第41页。
③ 关于廖平的礼制观念以及他对何休公羊学的解读,具体参见本章第四节。

故借三等平常礼制以明尊卑大小之分。"[1]可知,所谓的伯子男,在他眼里并非爵位的存在,实际上是《春秋》的一种变通的假托手法[2],其目的在突出礼制的尊卑秩序。

通过陈立"郑伯男也"所引申出的礼制问题,作了简单的梳理,可以发现,礼制问题的探讨,随着凌、陈、俞、廖等学者的逐步探讨,揭示了文献的训诂考据在公羊学理解中的重要性。另一方面,在这种礼制研究的发展演变中,公羊学被学者赋予了重要的社会政治意义。凌、陈考证典章训诂,俞樾以公羊礼制为素王之法,廖平以公羊礼制揭示孔子改制之论,其实整体上正是清代礼治社会的一个缩影。而凌、陈等在公羊学上的考据学倾向,虽迥异于龚、魏傅会公羊的政论,但他们皆从不同角度,借助公羊学,参与了清代的社会政治活动,只不过在今人的理解中,往往忽略了凌、陈、俞所起的历史作用,而把视野集中在了龚、魏、康、梁等政论性人物的身上。

总之,凌、陈等人为代表,引领了《春秋》学礼制的研究,出现了诸如《公羊礼疏》、《春秋礼徵》、《穀梁礼徵》等一批研究礼制的论著,而这种学术演变,经过俞樾、廖平,产生了重要的学术影响,同时,康有为也把礼制的观念[3]运用到对古文经的疑古运动中,以构建以今文经为基础的孔学知识体系,宣扬孔教思想下的政治变革。

---

① 　李耀仙主编:《廖平选集》,第 139 页。
② 　李耀仙主编:《廖平选集》,第 143 页。
③ 　康有为《新学伪经考》卷十引陈立、俞樾说,认为《孟子》与《王制》说通,皆周制。(《新学伪经考》,北京:中华书局,1956 年,第 220 页)

第四节 廖平今古文经学观与何休公羊学的重估

一、廖平今古文经学观与礼制区分

廖平与康有为可谓是晚清今文经学中的佼佼者。二人虽然都推崇公羊学，但康有为推崇董仲舒之学，以附会孔子改制。廖平则重视礼制，而且也并没有康有为政治上的巨大野心。若从经学的角度来看，廖氏的贡献远大于康氏。廖氏提出的今古文经学观，在前人今古文观的基础上前进了一大步，使得纷繁复杂的经学问题得到梳理，从而奠定了廖氏在经学史中的重要地位。

廖平在其《今古学考》（1886年）中说到了清人治经的成绩："今古二家各不相蒙，今古先师早有泾渭矣。以今古分别礼说，陈左海、陈卓人已立此宗旨矣；解经各还家法，不可混乱，则段玉裁、陈奂、王劼注《毛诗》已删去郑笺矣；以《礼记》分篇治之，则《隋志》已有《中庸》《丧服》《月令》单行之解矣；今与今合，古与古合，不相通，许君《异义》早以类相从矣。"

据此可知廖氏之今古文经学观乃渊源有自。相较于康有为治经中明确的政治意图，廖平早年治经主要还是沿袭乾嘉以来的汉学。清代乾嘉时期，汉学鼎盛，于汉重东汉郑、贾之学，且对汉代家法师说能够有所辨别，观惠栋《周易述》即可知大概。乾嘉以降，治经学者基本上能够分别师说家法，以及今、古文之礼，但并未如廖平这般今古界限严明，清晰而有条理。后来的陈寿祺、乔枞父子则注重对汉代师说的甄别与辑佚，这种方法在一定程度上促进了今古文观念的演变，也使得学者对汉代的今古文界限有进一步的认识。刘逢禄、宋翔凤都有对礼制的讨论，而且宋翔凤《论语说义》中对今古文经说的异同有着明确的理解。刘逢禄的弟子凌曙曾作《公羊礼疏》，专门诠释公羊礼，但他对今、古礼并没有一个系统的梳理。凌曙的弟子陈立亦是如此，依旧为琐碎考证，也没有什么突破性进展。然乾嘉以来有关经学礼制的大量研究，逐渐使经传中礼制与今古文经的关系愈加清晰，在此基础上，廖平的礼制论继而诞生。

廖氏之前，今、古之分主要限定在文字、学派上，故廖氏说："仅据文字主张今古门面，而不知今古根源之所在。"然"于今古两派立说异同，其中心所在，实未之知，徒以立学官与否为断，是则知表而仍不知其里"①。廖氏在总结前人今古观念的基础上，看到了今古区别之根源，即据礼以别今古。② 他在《四益馆经学四变记》中曾言及治经的思路："但以文字论，今与今不同，古与古不同……故虽分今古，仍无归宿。乃据《五经异义》所立之今古二百余条，专载礼制，不载文字。今学博士之礼制出于《王制》，古文专用《周礼》。故定为今学主《王制》、孔子，古学主《周礼》、周公。然后二家所以异同之故，灿若列眉。"③

廖氏由《五经异义》考知区别今古学之根源在礼制，进而以《王制》、《周礼》作为今古礼的区别标准。其中《五经异义》对他偏执的礼制论产生了很大影响。由于此书明列今古学说，廖氏通过一番考察，坚持认为："《五经异义》所列异同，皆今学与古学相异，未有古学与今学相同者。划然中分，各为一派。此古今学

---

① 蒙文通：《经学抉原》，第 94 页。
② 当然，正如本节所论，廖氏之前，礼制的研究实际上为廖氏今古文经学观的形成作了很好的铺垫。
③ 李耀仙主编：《廖平选集》，第 547—548 页。

术之分,治经之大纲也。"①然而廖氏今古文礼制的划分明显具有很大的缺陷,即他有意抬高《王制》的地位,认为《王制》可以统辖诸经,且坚信《穀梁》与《王制》在礼制解读上完全吻合,实际上也并不客观。刘师培曾作《王制篇集证自序》,专门反驳廖氏对《王制》的武断认识,他说:"盖《王制》一书,为汉文帝博士所辑,各处师说,汇为一编。故一篇之中,有古文说,有今文说,不拘于一经之言也。所记之制,有虞夏制,有殷制,有周制,不拘于一代之礼也。"②此言《王制》记载制度的驳杂,由此反驳廖氏以《王制》为今文说的论断。刘师培进而明确指出廖氏的错误之处:"一以《王制》为孔子改制之书,或以为合于《穀梁》,或以为合于《公羊》。不知《王制》所采,不仅今文;所采今文,不仅《公》、《穀》。谓之偶取《公》、《穀》则可,谓之悉符《公》、《穀》则不可。一以群经非古籍,均依《王制》而作,不知此乃《王制》依群经而作也。若谓群经依《王制》作,则执流为源。"③刘师培的说法可谓公允,廖氏完全忽略《王制》古文说的部分,其理论的片面性不言而喻。

那么廖平为何如此肯定《王制》即为判断今礼的标准呢?这与廖氏治经的取向有关。我们知道廖氏在很早便对《春秋》学有了很大的兴趣,尤其是穀梁学与公羊学。始初王闿运来蜀执教尊经书院时,廖氏已经对公羊学有所研究,之后他不时向王氏请

---

① 李耀仙主编:《廖平选集》,第 171 页。

② 刘师培:《左盦集》卷一,《仪征刘申叔遗书》第 9 册,第 3726 页。

③ 刘师培:《左盦集》卷一,《仪征刘申叔遗书》第 9 册,第 3727 页。

业,其今文经学的治学取向也更加明显。① 然其考得《王制》与今学之密切关系,乃是因研究《穀梁传》而起。廖氏通过《王制》与《穀梁传》的比对,进而得知《王制》"为素王改制之书,《春秋》之别传也"②。他接着研究《五经异义》,考知今古异同之论,久之,悟孔子作《春秋》定《王制》为晚年说,从而定下其今古文经学观。③ 此廖氏自叙经学观之由来。

另外,廖平对《王制》的重视可能与俞樾有一定关联。俞樾曾作《王制说》,论证孔子以素王而言改制。俞樾在与友人信中曾说:"《王制》一篇为孔子将作《春秋》,先自定素王之制,门弟子掇其绪论而为此篇。蜀士廖季平见而喜之,采入其书,遂为康氏学之权舆。虽康学非渊源于此,然高谈异论,终自悔失言也。"④

但实际上这只能说是表面的原因,深入来讲,廖平抬升《王制》的地位,乃是为了尊孔⑤。而为尊孔,廖氏乃援引纬说:"孔子撰述以《孝经》、《春秋》为主……《孝经》修己之事,于制度则不

---

① 据《廖季平年谱》,廖氏于1879年王闿运至蜀执教尊经书院时,便已经对公羊学产生了兴趣。是年便尝就王闿运请业。(廖幼平:《廖季平年谱》,成都:巴蜀书社,1985年,第20页)1886年作《公羊解诂商榷》二卷,"专驳何注,大旨与三十论相同,特论详总纲,此本乃条分,随文驳正,较为明晰。……为读《公羊补证》者之先路焉"。(《廖季平年谱》,第33—34页)

② 廖平:《今古学考》,李耀仙主编:《廖平选集》,第92页。

③ 廖平:《今古学考》,李耀仙主编:《廖平选集》,第92页。

④ 俞樾:《致瞿鸿禨六》,《俞樾函札辑证》,南京:凤凰出版社,2014年,第294页。按章太炎《驳皮锡瑞三书》云:"《王制》者,汉文帝使博士刺六经为之,见于《史记》。……先师俞君以为素王制法,盖率尔不考之言,皮锡瑞信是说,为《王制笺》。"(《章太炎全集》第4册,第26页)

⑤ 廖氏尊孔,章太炎在其文《今古文辨义》中已经说到,蒙文通在《井研廖季平师与近代文学》中亦云廖氏"过重视孔子"。(《章太炎学术史论集》,第456页;《经学抉原》,第99页)又廖氏《尊孔》云:"学经四变,书著百种,而尊孔宗旨,前后如一。"可见其尊孔之思想。

详,此内圣之学也;《春秋》专以治人,故以制度为要,此外王之学也。《王制》专为《春秋》而作,故全与《春秋》名物、制度相合也。"①廖氏以"《王制》专为《春秋》而作",一则说明《春秋》二传(《公羊传》、《穀梁传》)与《王制》在礼制上的共同点,一则显示《春秋》二传、《王制》与圣人的密切关系。如此,廖氏礼制的划分就非单纯的今古文之辨,实则是为了辨别圣人学说之实质,从而尊扬圣人之学。

廖氏在明确今学以《王制》为断的标准后,进而对《春秋》二传有了新的认知。其引纬书"《春秋》属商",进而认为子夏传《春秋》,并为《春秋》作作,而其后《穀梁》、《公羊》之学,乃因口音传讹,师说继有所作,但其中子夏所传之传尚有可考。② 廖氏认为二传中保存圣人之学说,故二传之礼可与《王制》相通。然于二传,廖氏仍有轩轾之别。由于《穀梁》礼制尽同《王制》,知其先传今学,笃守师说。但《公羊》则兼杂古礼,与《王制》礼有所区别。为解释此缘由,廖氏又以地域来解决兼杂今古礼的经学现象,把《穀梁传》归入鲁学,《公羊传》归入齐学,而《左传》作为古学则属三晋。从而界定《公羊》乃居于《穀梁》、《左氏》之间,故兼杂今古礼,但今礼居多,故仍为今学,至于同古礼者,廖氏则以"此《公羊》改今从古之证"作为解答。③

廖氏认定《王制》与今礼之关键,乃明确《王制》为《春秋》旧传,"孔子既作《春秋》,复作此篇,以明礼制,故所言莫不合于《春秋》"④。由《春秋》二传与《王制》之密切关系,进而说明《王制》之

---

① 廖平:《王制集说凡例》,李耀仙主编:《廖平选集》,第20页。
② 廖平:《公羊解诂三十论》,李耀仙主编:《廖平选集》,第168—169页。
③ 参考廖平:《公羊解诂三十论》,李耀仙主编:《廖平选集》,第172—173页。
④ 廖平:《公羊解诂三十论》,李耀仙主编:《廖平选集》,第135页。

礼非殷礼,乃为《春秋》制。所谓《春秋》制者,即兼备四代之礼。而《春秋》是孔子改制之作,故礼兼备四代,又中有假托之礼,非事实如此,此乃托礼以明圣人微言大义。[①] 廖氏以《王制》之礼符合《春秋》改制之说,从而《春秋》之神圣地位得以奠定,而今文经学之地位亦进而得以巩固。

据此可知,廖氏之学乃是从礼制着手,以区分今古文经说,对东汉以降的今古文之争给出一个较好的解答。另外,廖氏的这种今古文观,也有助于他区分汉代今古文经学与孔子之学的关系。廖平认为,孔子之学分前后两个时期,前期主要是古学之内容,后期则是今学之内容。[②] 由此可知,今学与古学的对立,乃是孔子之学不同时期的呈现。然而廖平却认为,孔子后期之学才是其学之核心,由此今学的地位要高于古学。在廖平之前,刘逢禄、宋翔凤等人的公羊学,都是建立在汉代今文经学的基础上,并且对公羊学的重视要高于穀梁学,基本上是认定何休、董仲舒、七十子、孔子的学术谱系,并未出现廖平这种以礼制为核心来衡量学术谱系的思路。

廖平在经学二变之后,释经的思路越发开阔而荒诞,但以孔经礼制作为释经的核心却未曾改变。早年他对《公》、《穀》的重视要高于《左传》。他认为《左传》为古学,中有汉人刘歆伪造的部分。但他后来改变了看法,坚持认为三传皆今学,其中差异源于后世口说传播发生了变化,但三传核心精神是一致的。他认为《左传》的出现正是由于经传流于空泛,势必以史事的记载去

---

① 廖平:《公羊解诂三十论》,李耀仙主编:《廖平选集》,第 138 页。

② 廖平《今古学考》言:"予谓从周为孔子少壮之学,因革为孔子晚年之意者。"(《廖平全集》第 1 册,第 56 页)又言:"今主改制,孔子晚年之说。古主守旧,孔子初年之说。"(《孔经哲学发微·四益馆经学四变记》,《廖平全集》第 3 册,第 1077 页)

加以规范。因此,三传相辅相成。①

廖平以礼制作为理解经传的核心,剖析先秦学术,从而与孔子之学建立学术关联,可谓是对孔学以及先秦两汉之学的重新建构。而新的建构也就意味着对之前的破坏,可以说廖平在吸收前辈学人的研究中,也在否定之前的公羊学。廖平无意以公羊学遍释群经,而是在晚清今文经学的影响下,转而走向礼制的讨论,重视以穀梁学为今学传记的《春秋》学。因此他对汉代公羊学的诸多思想、观念等问题重新给予解读,由此廖平在晚清今文经学的展开中是一位非常重要的学者。廖平的礼制论,也从整体上弱化了对经传义理的探究,所以虽然他承认《春秋》微言大义的存在,但对礼制的强调容易导致孔学义理阐释的单一化。

二、廖平对何休公羊学的重估

廖平的今古文经学观,在其解读经典时起到了支配性的作用。因此,廖平在理解公羊学时,不再以专守何休、董仲舒的公羊学为目的,而是以《王制》、《穀梁传》作为理解公羊学的预设条件。廖氏把《王制》与《穀梁传》看作是今学的代表,而且《穀梁传》与《王制》礼制相吻合,《穀梁传》为鲁学,代表了孔学的正宗,因此比较来说,《公羊传》为齐学,则今古兼有。其以《王制》解读《穀梁》,乃是因悟得《王制》与《穀梁》礼制相同,而其中关键两点便是廖氏认为《穀梁》寰内诸侯称伯,以及《春秋》改周制五等爵为二等爵。前者,寰内诸侯称伯者,即天子大夫、三监称字之例,凡称伯、仲、叔者,是为天子大夫之字,而方伯中凡氏采加字者,

---

① 廖平:《春秋古经左氏说汉义补证凡例》,《廖平全集》第 2 册,第 535、543 页;《左氏春秋学外编凡例》,《廖平全集》第 2 册,第 557 页。

即天子之大夫为监于方伯。如单伯,伯称字,即天子大夫为监于鲁。据此说,进而得知伯子男皆非爵称,而周制公侯伯子男五等之爵则变为《春秋》公侯二等爵称。廖氏通过对《春秋》礼制的研究,发现此二点,从礼制层面为孔子素王改制之说找到了合理的证据。① 由于廖氏坚定地认为《穀梁传》与《王制》乃礼制的完美结合,而《公羊传》则兼杂齐学,因而廖氏心目中已经对二传有了高低之分,即《公羊传》无法与《穀梁传》媲美,故在对公羊学的讨论中,廖氏都会时不时地以《王制》、《穀梁传》作为区别或衡量公羊学的标准。比如,他定《穀梁》为二伯,而《公羊》为五伯,但很明显《公羊》亦云二伯,而廖氏却以《穀梁》作为标准。既然《穀梁》为二伯,很明显《公羊》即属五伯。

廖氏在明确此观念后,便在之后所作的《公羊解诂三十论》中对何休的公羊学进行了一番评判与解读。此三十论是其注解《公羊传》的大纲,从 1884 年起,经三年时间,分别写成正、续、再续各十论。廖氏当时盖欲据此纲目以诠释《公羊传》,故三十论"多主大例"。

廖氏确立自己的礼制观,此为重估公羊学的前见,因而对何休有关礼制的解读他自然不会认可。廖氏在《十论》中首列"《王制》为《春秋》旧礼传论",即以其特有的今古文礼制观为《春秋》传的解读定下一个基本认识。这个基本认识就是我们前面说的关键性的两点。廖氏的这个认识,由根本上打破了何休的公羊学体系。因为何休在解读《公羊传》时,并未以《王制》作为解读礼制的标准,他作为一个今文经学者,虽然不满古文经学,但对

---

① 参见郜积意:《穀梁古义疏》点校前言。又参见《何氏公羊春秋十论》,李耀仙主编:《廖平选集》,第 135—136 页。

礼的认识仍旧局限在当时的官学中,因此他解读《公羊传》时,有关的礼制亦与今文经有关,但并没有局限于《王制》,而是继承师说,同时择善而从。更重要的一点是,何休对礼制的解读与其公羊例法有着密切的关联,何休以例法释经,而相反,廖氏注重以礼制释经,二人的切入点不同。因此,廖氏这种今古文经学观可以说彻底否定何休以三科九旨为核心的公羊学例法体系。

由以上分析,我们知晓了廖氏解释公羊学的切入点及治学主旨,那么我们就会发现,廖氏在此基础上,通过三十论对何休的整个公羊学体系进行了不断的瓦解。

廖氏以《王制》为《春秋》旧礼传,进而作"诸侯四等论"、"托礼"、"假号论"、"子伯非爵论",此皆从制度层面证明《春秋》与《王制》无异,以明《春秋》改制之事。在廖氏看来,何休不明此意,故对礼制的解读无法符合《春秋》之义。为说明廖氏对何休礼制的批判,我们需要考察何休对礼制的解读,这样才会有较为清晰的理解。

比如祭仲,以《穀梁》之例,为天子大夫,即为监于方伯者。而据《公羊传》,祭仲为郑国之大夫,故何休说:"不言大夫者,欲见持国重。"(桓公十一年)①可知何休认为祭仲为大夫。然廖平则依据他的礼制观念,称伯子男者皆为天子之大夫。所以廖平在《公羊春秋经传验推补证》(下文简称《公羊补证》)传文"祭仲者何?郑相也。何以不名?"下注云:"据祭氏与王臣同,又不名,乃上系郑。""相即《王制》所谓为监,传所谓为大夫之命乎天子者也。""后来弟子不知祭为王臣,采为监制,乃疑不名。"②此处与

---

① 何休解诂,徐彦疏:《春秋公羊传注疏》,第 170 页。
② 廖平:《公羊春秋经传验推补证》,《廖平全集》第 7 册,第 900 页。

《穀梁古义疏》的解释相同。此可知廖平并不认可何休的解释，而是以自己的独特发现作为解读传文的依据，因此对传文的解读也是尽量屈从于他的这个礼制观念。

至于《公羊传》所颂扬的祭仲权变之义，廖氏在此处的补证中也反其道而行之。他在传文"何以不名？贤也。"下注云："《春秋》无贤者不名例，当用天子大夫不名。""以比孔夫、季子，后师误答。""祭仲废君大恶，无可贤之理。""因前误答，设辞自圆以为贤，故以权许之。"(桓公十一年)①廖氏不仅推翻汉代公羊学的礼制解释，甚者对祭仲权变之说亦一概抹杀，此仍是为了与其礼制观保持一致所进行的主观解读，认为传文乃公羊后师误读，可谓主观独断。

又如有关许男之见解，廖平亦完全不理会何休之说，而是以己之礼制观加以衡量。如隐公十一年经："秋，七月，壬午，公及齐侯、郑伯入许。"廖平云："灭许也。许与郑近，庄以下卒正。鲁朝宿邑近许，故下系许，称许田。朝宿邑，天子闲田，许乃封国，与田有别，故以为托之。许称男，托号也。郑方号伯，许不可称子伯，故以男称。先曹者，许在郑后，以明属郑，且界郑曹二伯大小之分。"②按此解读与《穀梁古义疏》义同。廖氏此论即以郑为方伯，许为郑之卒正，而曹为鲁之卒正，故许附之郑下，而曹附之鲁下。其云先曹者，正因成公五年经云："十有二月，己丑，公会晋侯、齐侯、宋公、卫侯、郑伯、曹伯、邾娄子、杞伯同盟于虫牢。"此处郑曹虽同称伯，但郑在曹先，廖氏认为郑为方伯，曹为卒正，故有此等顺序。廖氏在桓公十年经注释时进一步解释了曹为卒

---

① 廖平:《公羊春秋经传验推补证》,《廖平全集》第 7 册,第 900 页。
② 廖平:《公羊春秋经传验推补证》,《廖平全集》第 7 册,第 863 页。

正的问题。经："春，王正月，庚申，曹伯终生卒。""夏，五月，葬曹桓公。"廖平云："桓无王，其曰王，何也？正终生之卒也。曹卒何以日？卒正之首，从正卒例，故详世系也。日、名则与方伯同，贵贱不相嫌，与以下之降之，见为小国也。"①此处书曹伯卒即以"卒正之首从正卒例"，下不复书日者，则复其卒正之例。② 至于名与方伯同者，正是加礼以明"射姑为父病摄政也"③。下云五月葬，廖平认为方伯以上五月而葬，卒正以下三月而葬，此处"正月卒，五月葬，中只间三月，卜葬先远日，死与往日，则为四月葬，因为卒正首，加礼之"④，此正以明加礼之义，而曹为鲁之卒正之义贯穿其中。按何休此处云："小国始卒，当卒月葬时，而卒日葬月者，曹伯年老，使世子来朝，《春秋》敬老重恩，故为鲁恩录之尤深。"⑤廖氏不从何休小国卒葬例而论，至于鲁恩，廖则以加礼明之。

其次看一下何休对诸侯三等制的理解。据《公羊传》，有公侯伯子男五等，然《春秋》变周之文，从殷之质，合伯、子、男以为一。何休理解的诸侯三等即为大国百里、小国伯七十里、子男五十里，很显然何休此种解释来自《王制》三等制。然而廖氏却认为何休的解释有误，原因在于他认为《春秋》中的三等以《王制》来衡量，实际上皆为百里之国，而非三等。所以廖氏说："以《王制》例《春秋》，则二伯皆王臣，非外诸侯。鲁为百里大国，当有三军。曹莒诸国皆千乘，不为小国。……然经不能别作二伯、方伯

① 廖平：《公羊春秋经传验推补证》，《廖平全集》第 7 册，第 897 页。
② 廖平：《穀梁古义疏》，第 99 页。
③ 廖平：《公羊春秋经传验推补证》，《廖平全集》第 7 册，第 897 页。
④ 廖平：《公羊春秋经传验推补证》，《廖平全集》第 7 册，第 898 页。
⑤ 何休解诂，徐彦疏：《春秋公羊传注疏》，第 167 页。

礼制,而假借百里、七十里之礼制而用之者,以诸侯强大易为祸乱,故定制以百里为限,不能加隆,故借三等平常礼制以明尊卑大小之分。"①按何休认为伯子男为一乃是殷制,然廖平则据《王制》认定《春秋》之三等制非实有,乃假托。此种观点否定了何休对礼制年代的界定,从而何氏相关的解读也就随之被否定。

如桓公十一年传:"《春秋》伯子男一也,辞无所贬。"何休说:"《春秋》改周之文,从殷之质,合伯、子、男为一,一辞无所贬,皆从子,夷狄进爵称子是也。忽称子,则与《诸侯》改伯从子辞同,于成君无所贬损,故名也。名者,缘君薨有降既葬名义也。此非罪贬也。"②何休此论与《白虎通》同,可知乃公羊家旧说,然廖平注此传,则与何休不同,其云:"许男、曹伯、莒子,同为卒正。""伯子男为一等,即传称伯子男之意。《春秋》方伯例称侯,小国称伯子男。郑以方伯称伯者,从寰内诸侯例。《春秋》惟爵号一定之国在丧乃称子,如宋、陈、卫。凡在疑似,通不称子,齐、晋、郑、曹是也。郑以方伯称伯,为变例。在丧称子,则与杞、纪同为小国之文,故在丧通不称子,为避嫌耳。"③此处廖平解释"伯子男一也"为"伯子男为一等",此正是他所认为的《春秋》伯子男非爵称,乃"假赐命之名,以为立说之准"④。此与何休所认为的《春秋》改周之文从殷之质完全不同。

后廖氏在《再续十论·袭用礼说论》中进一步瓦解了汉代今文经有关礼说与《春秋》的密切关系,他说:"汉人虎观、石渠五经诸儒,合订仪制,是乃礼家三书,殊非《春秋》之教。……孔子以

---

① 李耀仙主编:《廖平选集》,第139页。
② 何休解诂,徐彦疏:《春秋公羊传注疏》,第174—175页。
③ 廖平:《公羊春秋经传验推补证》,《廖平全集》第7册,第902页。
④ 李耀仙主编:《廖平选集》,第143页。

素王作经,与《诗》、《书》删定不同。《春秋》自为终始,未可牵合他家。"①此即从根源上断裂《春秋》与他经的关系,因此何休"繁征礼文,广列异制"②也与《春秋》精微之义不符,所以廖氏说:"诸经唯《春秋》、《孝经》为孔子自作,与别经体制文字不同,家法尤为远别。"廖氏此论正是为其礼制观作铺垫,其否定汉代礼说,乃至董仲舒解释也一起否定③,便是意在表达自我认可的《春秋》学,这样尊孔之义亦得以显现。可见廖氏对何休礼制的否定,表面上是对汉代公羊学的补证商榷,实则是把汉代的公羊学传统加以否定,突出他的《春秋》学观。

另外,廖氏对何休公羊学中的一些核心观念加以反驳,也是因为这些核心观念阻碍了其礼制观的成立,因此必须加以否定,如此廖氏的《春秋》改制之说才可得以确立。首先就王鲁来说,本是汉代公羊学的一个核心观念,这在董仲舒的《春秋繁露》中已经出现,两汉师说沿袭之,何休运用到了公羊学的诠释中,于隐公元年春王正月,何休说:"《春秋》托新王受命于鲁,故因以录即位,明王者当继天奉元,养成万物。"④又说:"文王,周始受命之王。天之所命,故上系天端。方陈受命制正月,故假以为王法。"⑤可知王鲁非真王鲁,乃是假王法于鲁,以明《春秋》受命改制之义。然廖平《春秋》学从《王制》而来,以礼制为治《春秋》学之关键,王鲁说实则与此观念相悖。前面说到,廖氏定齐、晋为方伯,鲁、郑、秦、吴等八国为方伯。⑥而王鲁说则有意抬高鲁国

---

① 李耀仙主编:《廖平选集》,第 165 页。
② 李耀仙主编:《廖平选集》,第 164 页。
③ 李耀仙主编:《廖平选集》,第 165 页。
④ 何休解诂,徐彦疏:《春秋公羊传注疏》,第 7 页。
⑤ 何休解诂,徐彦疏:《春秋公羊传注疏》,第 10 页。
⑥ 李耀仙主编:《廖平选集》,第 135 页。

地位,与其二伯、方伯之论不合,故廖氏极力驳之,其说:"盖尝以经例推之,则鲁为方伯,讥僭诸公,非作三军,则是《春秋》仍以侯礼责鲁也。讥不朝,非下聘,则是《春秋》仍君天王而臣鲁侯也。"廖氏以鲁为方伯,此正与王鲁说冲突,可见廖氏反驳王鲁之深意。然廖氏又从史学角度考证无王鲁义,此实则不伦不类。因为其说:"《春秋》改制作,备四代,褒贬当时诸侯,皆孔子自主,鲁犹在褒贬中,其一切改制进退之事,初不主鲁,则何为王鲁乎?"①此主观独断可见一斑,然又据纬书云素王而无王鲁,以证王鲁不可信,更是站不住脚。至于公羊学奠基者董仲舒所说的王鲁,廖氏则视为董子之误,他说:"因王意不见,乃假王鲁以见素王之义。"此主观独断,由此判定汉人王鲁乃"说经者因义难见,附会别义,以见之专门"②。其实廖氏自己不也是"附会别义"吗?可见他以自己的主观认识去破除阻碍自己理论的观念,有失学术之公允。廖氏在破除王鲁观念之后,依然不忘鼓吹其素王观念,其定义素王:"设此法以待其人,不谓孔子自为王,谓设空王以制法而已。"③此亦为尊孔之论。

廖氏对何休的三世说也进行了反驳。我们知道三世说乃是何休三科九旨中的一旨,亦是何休公羊学的核心观念,支撑着何休公羊学体系,一旦三世说不成立,那么何休的公羊学体系也就随之崩塌。廖氏对三世说的否定从以下方面进行:

1. 三世异辞,非仅指三世间之异辞,三世每一世内亦有异辞;

2. 以孔子四世陪鲁君十二世,虽本纬侯,不足据;

---

① 李耀仙主编:《廖平选集》,第141页。
② 参见李耀仙主编:《廖平选集》,第141页。
③ 李耀仙主编:《廖平选集》,第142页。

3. 何休以高曾为一世,祖父为一世之说荒谬,乃是误解传文"祖之所逮闻"之义。

廖氏否定三世说,第一条是从辞例角度否定,第二条是否定纬侯的分期说,第三条是否定何休对传文的理解。廖氏否定的是何休的三世说,并非三世说本身的存在,他认为三世说应当依据董仲舒以及《穀梁传》的说法。董仲舒说:"《春秋》以隐桓为高曾,以定哀为考妣。"①《穀梁传》桓公十四年引孔子曰:"立乎定哀,以指隐桓,则隐桓之日远矣。"廖氏据此,分隐桓为一世,庄至昭为一世,定哀为一世。又廖氏把每一世再分为三个部分,即每一世内再细分三个时期,这样三世分九等就组成了新的三科九旨②,如此廖氏把何休的三科九旨变成礼制论下的新三科九旨。所以廖氏特意强调所闻世为有伯之世,而隐桓定哀则无之,此亦为了迎合其二伯、方伯之论。③ 而何休把所传闻、所闻解释成孔子的高、曾、祖、父,廖氏对此反驳说:"隐桓之世,远在二百年以前,何所与于孔子之高曾?"④故其认为传文"祖"指的是隐桓,而非孔子的高曾。而且把"祖"解释为孔子的高曾,也降低了孔子作《春秋》的地位,这与廖氏的尊孔目的相乖离,因此廖氏说:"须知说《春秋》,当就孔子一人说之,不必牵引其先代高、曾作干证也。"⑤

廖氏三十论涉及方面众多,但大概情况即如前文所言。其根本便是廖氏以自我特有的礼制观,去理解《春秋》,然后在此基

① 廖平:《公羊春秋经传验推补证》,第1498页。
② 廖平:《公羊春秋经传验推补证》,第1498页。
③ 廖平:《公羊春秋经传验推补证》,第787页。
④ 李耀仙主编:《廖平选集》,第147页。
⑤ 李耀仙主编:《廖平选集》,第147页。

础上评判何休的公羊学。他对何休三科九旨的否定,从根本上颠覆了何休的公羊学体系。廖氏认为何休:"《解诂》据文句而不据礼制,循末忘本,知其然而不知其所以然,流弊无穷。今欲学者先据礼制,而后以经例为证。其于正变之故,必使明若观火,灼然如指诸掌。"①

然而廖氏以礼制入手去解释《公羊传》,不可能解决所有的龃龉之处,那么廖氏又是如何解决这些问题呢?其在《何氏公羊春秋续十论》、《再续十论》中通过二十论,给出了答案。可以说这二十论,多是为了诠释《公羊传》而作的条例,也就是说廖氏在摒弃了何休的公羊学体系后,另外创制了以礼制为基础的新公羊学体系。为了弥补体系的不足,廖氏希望借助这二十论以完善其对公羊学的理解,也是为了更好地支撑以礼制区分今古文经学的理论体系。比如重事论,即是注重对经传史实的考论。我们知道汉代公羊学乃是重义不重事,故董仲舒说《春秋》贵义而不贵事。汉人以公羊决狱,亦是以《公羊》义来评判汉代的事件,他们看重的是经义中的道德伦理,而非历史事件。然而,廖氏却扭曲董子此说,"《春秋》贵义而不贵事,谓不以二伯之行事混素王之制义,学者不明斯旨,又以传略行事,欲取左氏,又乖师法,故尽祛故实,专言经例。或以美恶甚著,褒贬无方,遂以为假迹立说,不据美恶。不知本事未明,经义何附?"廖氏此论,乃云《春秋》重义在素王之义,因此只要不违背素王之义,其事皆可作为善恶褒贬之论据。故廖氏认为"制义多在嫌疑之间,唯其本事详明,而后经义显著"②。廖氏强调史实在理解《春秋》微言大义

① 李耀仙主编:《廖平选集》,第158页。
② 参见李耀仙主编:《廖平选集》,第157页。

中的重要性，乃是否定何休据《公羊传》阐释《春秋》微言大义的
可行性。因为何休当时作《春秋公羊传解诂》，其本就是专守《公
羊传》，认为《公羊传》传达的正是"圣人之极致，治世之要务"，而
廖平转而强调史实的重要性，实质上是对何休拘守《公羊传》以
解经的否定，所以他说"今不能以传言则信之，不言则不信，凡此
之类，皆宜详考"①。可知他不满足何休守传而理解《春秋》，因为
《公羊传》兼杂今古礼制，已经远离鲁学，也就无法诠释圣人《春
秋》之真传。而廖氏获取史实的途径，则借助司马迁《史记》、《国
语》。② 廖氏认为理解《春秋》当重史实，并非否定经义的重要性，
他在《十论》中探讨《春秋》改制与史实制度时，就认为《春秋》中
不仅有假托之制度，亦兼杂历史上真实的制度，他对此采取兼顾
的办法，"《春秋》时事皆周制，经意参用四代，今古相连，枘凿不
入。得此并行，乃能圆通耳"③。他希望以圆通的方式来看待经
义与史实，二者在理解《春秋》经义时都不可偏废。我们既然提
到了廖氏的重史之论，那么在具体的诠释中他又如何避免何休
的拘守而两者兼顾呢？我们可从其《补证》中举例加以分析。

　　如文公十八年经："秦伯罃卒。"何休云："秦穆公也。至此卒
者，因其贤。"④廖氏《补证》云："罃者何？康公也。至此始卒者，
进小夷也。秦何以称伯？天子之大夫也。"⑤何休云秦伯为秦穆
公，而《左传》则记载为秦康公。廖氏《穀梁古义疏》则据《史记·
秦本纪》，其云："康公立十二年卒，子共公立。"

　　① 参见李耀仙主编：《廖平选集》，第161页。
　　② 参见李耀仙主编：《廖平选集》，第157页。
　　③ 参见李耀仙主编：《廖平选集》，第146页。
　　④ 何休解诂，徐彦疏：《春秋公羊传注疏》，第591页。
　　⑤ 廖平：《公羊春秋经传验推补证》，第1129页。

闵公元年经:"齐仲孙来。"《公羊传》以齐仲孙为公子庆父,何休无异说。而廖平则依据《左传》认为齐仲孙是指齐仲孙湫。廖氏为解释《公羊传》指为公子庆父,乃云:"仲孙为庆父之后,此在庆父时言,仲孙是指庆父。仲孙本为齐仲孙湫,以《春秋》经意言之则非齐大夫,乃吾贼耳。"[①]其《穀梁古义疏》云:"仲孙,《左氏》以为湫,《公羊》以为庆父。以《春秋》之法说《春秋》,则以仲孙托之庆父。"[②]

廖氏以史实作为补证《春秋》的依据,正是打破了何休专守公羊经义的目的,也失去了公羊学的本来面目,廖氏以史解经,当是源自古文经学的影响,刘师培曾言:"《春秋》一书,所道者名分,而所重者事也。今也舍事而言义、言制,则是孔子托空言而犯名分矣。"[③]

三、公羊学核心概念的改造

前面已经说到廖平对王鲁说的否定,对三世说的改造。他的这种做法,无非是为了实践他的今古文经学观,凡与其理论相违背者,他必然要作出一定的改造或重估,诠释《春秋》微言大义坚持以自己的礼制论为基础。首先我们不能否认,廖平在改造公羊学体系时,并未能够脱离汉代的公羊学传统,也就是说,他对《春秋》学的理解仍然受到了汉代公羊学的影响。这点最明显的便是廖氏所坚持的《春秋》改制说。改制之论,正是汉代公羊学的说法,何休在注释《公羊传》时也沿续此种说法。因为改制之论,预示了《春秋》与孔子的密切关系,孔子作《春秋》是为后世

---

① 廖平:《公羊春秋经传验推补证》,第983页。
② 廖平:《穀梁古义疏》,第210页。
③ 刘师培:《左盦集》,第3740页。

垂法,同时改制也说明了制度的变革。廖氏坚守改制之论,如此尊孔的目的也就得以实现。但是,廖氏在吸收了公羊学的改制说之后,却并未强调《公羊传》与孔子的关系,反而提高了《穀梁传》的地位,他认为《穀梁传》乃鲁学,深得孔学真传。而且《王制》与《穀梁传》礼制貌似完美的结合,也为他的论断提供了证据。廖氏凭借他的经学体系,把汉人改制论与《穀梁传》扯在了一起。而《公羊传》却成了今古兼杂的混合品。廖氏抬高《穀梁传》,降低《公羊传》,导致他对《公羊传》的理解无法沿续汉代的公羊学体系,因此相关公羊学的观念必须加以改造,才能与其理论相符合。所以我们就看到了他否定何休公羊学的核心体系——三科九旨。何休三科九旨包括三世、三统、异内外三个部分,可是廖平却把三世说给破坏掉了,他不认可何休的三世,认为与《春秋》不相符合,但他并未舍弃三世概念,而是依据《穀梁传》重新划分了一个新的三世(见前文所论)。

又如"故宋"说,本何休三统说:绌夏、新周、故宋,宋为二王之后。按照三统论,新王将兴之际,以前的王朝则以二王之义对待,即使二王不易服色,不改正朔,可行其礼乐。因此故宋,也就意味着《春秋》对待宋的态度必然不同于他国。《公羊传·隐公三年》经:"宋公和卒。"何休云:"不言'薨'者,《春秋》王鲁,死当有王文。圣人之为文辞孙顺,不可言'崩',故贬外言'卒',所以褒内也。宋称公者,殷后也。王者封二王后,地方百里,爵称公,客待之而不臣也。"[1]此处何休认为宋为二王后,称公不称侯正是存二王之义,所以他说"客待之而不臣"。廖氏解释为"外诸侯始

---

[1]　何休解诂,徐彦疏:《春秋公羊传注疏》,第64页。

卒。宋，王后，且大国也"①，此处他说宋为王后，乃是存二王后之义。但廖平故宋义与何休故宋义并不相同。廖平说："礼，家事不废王事，私讳得讳者。孔子修《春秋》，托王，有继周之意，故得顾其私亲，故宋也。""《春秋》素王，据颜注《梅福传》引《穀梁传》，补其故宋之例。"②据此可知，孔子为素王，但其为宋之后，故而宋为其先祖。所以廖平说："《穀梁》故宋有二义，在国则主王后，在大夫则主先祖，不如公羊但主王后也。"③可知廖氏于故宋并不赞同何休故宋之说。而且何休说此处宋公卒以故宋论之，目的在王鲁，即褒内也，在何休看来三统说与王鲁说是一致的，故宋、新周、以《春秋》当新王，是三统说逻辑下的必然结论，而以《春秋》当新王也就是王鲁。但廖氏否定王鲁说的存在，也就使得他与何休的解释相异，在理解三统上也就注定会反对何休的解读。

同样，公羊"绌夏"说亦与三统存二王义有关，这点何休说得非常明确。如庄公二十七年经："杞伯来朝。"何休云："杞，夏后，不称公者，《春秋》黜杞、新周而故宋，以《春秋》当新王。黜而不称侯者，方以子贬，起伯为黜。"④杞为夏后，故绌夏即绌杞。杞本当称侯，然此处称伯正是绌杞之义。然而称伯不称子，乃是《春秋》伯子男一也，辞无所贬。僖公二十三年已经说贬称杞子，此处称伯以明绌杞义。廖平则从其礼制观出发，认为称杞为伯，乃是指杞为卒正之义，伯表示《春秋》之称乃假托之称号，而非真实的爵号。然而在何休看来，称伯子男皆是爵称，乃是殷之三等

---

① 廖平：《公羊春秋经传验推补证》，第 805 页。

② 参见《穀梁古义疏》桓公二年传"孔子故宋也"注。（廖平：《穀梁古义疏》，第 77 页）

③ 廖平：《穀梁古义疏》附录四，第 758 页。

④ 何休解诂，徐彦疏：《春秋公羊传注疏》，第 320 页。

制,并非廖氏所谓的假托称号。这点来说,廖氏也与何休的绌杞说不同。

廖氏否定了何休三统说,进而否定王鲁说的存在,可以说从本质上否定何休公羊学体系的根基。廖氏认可故宋、绌杞,是因为这与其素王说及礼制观念并不冲突。但他不认可王鲁、新周,而且把这两个概念改为亲鲁、尊周。所谓亲鲁,正是因为孔子修《春秋》因鲁史,且鲁为方伯,故其亲周也。而其尊周,正是依据《穀梁传》尊周外楚之说,并据《穀梁传》"交质子不及二伯",推论出《春秋》托齐桓、晋文为内臣而授以二伯,即以此二伯之说导出《春秋》改制之义。[①] 可知,廖氏破坏何休三统说,是为了附和《春秋》,改周制为《春秋》制,以明孔子为素王,作《春秋》改制之义。所以廖氏对何休三统三世的否定,实则是为了实现他的新《春秋》学理论,即以礼制而推导出的孔子改制之论。

廖平除了对何休公羊学核心观念进行改造之外,还就何休的例法分析进行了重新解读。我们知道,何休以例解经是其公羊学的一大特色。可以说理解《公羊传》,离不开例法的运用,这是汉代公羊学者的传统,早在胡毋子都时期便已经有这样的解释传统。然而廖平在解读《公羊传》时,对何休的例法进行了改造,但这种改造并非全盘否定。廖氏借鉴了何休的部分说法,同时也吸收了《穀梁传》的例法,即他为了形成自己的新《春秋》理论体系,也建构了一套自己所认可的公羊学例法。为更加清晰地说明廖氏对例法的改造,需要举出几个比较典型的例子,来考察廖氏对例法的独特理解。

如庄公三十二年经:"秋,七月癸巳,公子牙卒。"何休云:"庄

---

① 具体见郜积意《穀梁古义疏》点校前言。

不卒大夫而卒牙者，本以书国将弑君。书日者，录季子遏恶也。"①按据何休三世说，每一世的书日与不书日是不同的。至于所传闻之世，大夫之卒，不问有罪无罪，皆不书日以略之，以示其恩浅。庄公属于所传闻世，故此处按例当不书日，然而违例书日，何休解释为是为了详录季子之止恶，其意在明季子之志。然而廖氏却并不认可何休的解释，即他不同意何休以三世说而归纳的例法，廖氏云："卒在公，不在夫人。此卒，不卒者也。曰牙卒，所以见杀。"②即廖氏据传所载，庄公不卒大夫，认为此公子牙卒，非卒也。曰牙卒，是为了说明公子牙被杀之事。而据《穀梁传》，大夫日卒正也，不日卒，恶也。(《穀梁传》隐公元年)那么此日卒，正是正也，故廖氏说："牙饮药而卒，非其杀之，如正卒，故日，为季子讳也。"③按为季子讳是《公羊传》说法，而日卒是《穀梁传》例，廖氏不从何休所传闻世之例法，而是据《穀梁传》以明《公羊传》为季子讳之说，也说明了廖平对何休三世说的否定，而其推崇《穀梁传》，也在注释《公羊传》时，常以《穀梁传》来解释《公羊传》，可谓混淆《春秋》三传家法。

另外，廖平否定时月日例中月例的存在，他专门作《无月例论》，即是从例法的角度改造何休的例法体系。据刘逢禄的《春秋公羊经何氏释例》，何休对时月日例的总结是比较广泛的，比如君大夫盟例日，小信月，大信时。④ 战例时、偏战日、诈战月，即何休认为公羊中时月日例都是存在的，但何休并没有时月日例的等级观念。后人分析何休例法则认为有正例有变例，所谓正

① 何休解诂，徐彦疏：《春秋公羊传注疏》，第 342 页。
② 廖平：《公羊春秋经传验推补证》，第 979 页。
③ 廖平：《穀梁古义疏》，第 205 页。
④ 刘逢禄：《春秋公羊经何氏释例》，第 30 页。

例,即常例,一定之例,而变例则是与多数常例违背者,即对正例而言。皮锡瑞认为时月日例中,大事日,小事时,凡书日、书时皆为一定之例,而月在其中,书月即为变例。其云:"大事例日,如盟例日,而桓盟皆不日而月,变也。柯之盟时者,变之至也。此日为正,月为变,时为尤变之例也。"①按据《公羊传》桓之盟不日,信之也。同样何休认为柯之盟不日亦是此意。而据公羊例,君大夫盟例日,小信月,大信时,故知桓盟书月,与庄公十二年柯之盟书时,其大信小信有别。何休论例并无正变例之观念,其例之变化皆被赋予了道德伦理的内涵,所以例法的变化,并非廖氏所谓简单等级的变化。但廖氏注释柯之盟传文时,忽略了何休的这种理解。传云:"何以不日?易也。其易奈何?桓之盟不日,其会不致,信之也。"廖平云:"据公与盟例日。""日重记之详,时则略之。故云易,易与难对。""此独时者,著其始也。"②廖氏认为此处书时乃是因为柯盟容易,故略之而书时。然何休认为书"易"乃是因为彼此信任,故书时不书日,正是大信之义,廖氏不明何休例法之深意,却以详略论之。廖氏在《穀梁古义疏》中却依据传文认为不书日乃是明桓公之信,此处《公羊》、《穀梁》二传理解相同,但廖氏在《公羊补证》中却忽略何休例法之深意,以详略义论之,可见廖氏对何休公羊例法并未能够给予客观公正的理解与分析。

廖氏对《春秋》学的理解缘起于他的今古文经学观,这是他解读《春秋》三传的关键,据此廖氏才形成了他以《穀梁》为重,以《公羊》为辅,进而解读《春秋》微言大义的新《春秋》学体系。这

---

① 皮锡瑞:《经学通论·春秋》,第54页。
② 廖平:《公羊春秋经传验推补证》,第950页。

一体系最大的特点即在礼制。廖氏之前，凌曙、陈立、俞樾、王闿运等研究汉代公羊学时都把焦点放在了对礼制的关注上，廖氏在众学者的研究基础上才得出以礼制区分今古文经学的观念，并以之贯穿于对《春秋》经传的解读中。可以说廖氏的礼制论忽略了对汉代礼学的多方面考察，他独断性地认为《王制》、《穀梁传》是圣人改制之作，并在这种并不客观的基础上来分析和评判汉代的公羊学，其所作出的阐释也就无法使人信服。

结　语

　　何休作为汉末的一位士大夫，其在中国历史中的成就，皆体现在他流传至今的《解诂》一书中。此书成为后世研究汉代公羊学的必读书目，也为理解汉代的今文经学，以及今古文经学的对立，提供了文献基础。随着汉代经学的衰落，魏晋之后的《春秋》学，虽然依旧涉及公羊学，但很显然士大夫们对《左传》的热情要高于公羊学。而宋元时期，由于理学的兴盛，士大夫更多关注《春秋》学与现实的联系，因而公羊学的非常可怪之义基本不在研究范围之内。而所谓的经学家法的专守，随着宋人主体性的增强，疑经成为了常态，何来经典章句的专守？因此，我们讨论何休的公羊学，基本只能把范围锁定在汉代，以及公羊学再次复兴的清代。

　　其实对汉代公羊学的研究，迄今为止成果是很丰富的，尤其是对汉代董仲舒的研究。相对来说，何休的公羊学研究，由于其著作为注释体裁，缺乏董仲舒《春秋繁露》的综合性，因而其哲学性、思想性高度皆难以与董仲舒比肩。但是，何休作为一个有历史责任感的经学家，他对《公羊》的注释不仅是汉代今文经公羊师说的梳理与总结，更是整个汉代学术主体的深度揭示。他对

《公羊传》不厌其烦地注释，即是他向往圣人之志的学术追求，亦是作为一个关切国家命运士大夫的情感折射。因此，何休公羊学的学术意义与政治意义，都是我们无法忽视的。

拙作选取几个角度，对何休的公羊学加以研究，无法全面整体地反映何休的公羊学成就。但是至少可以说明几点，一是对何休的研究，我们不能只是集中在汉人所记载的公羊学系谱中加以探讨，需要从多个角度，即不要局限在公羊学中，要结合其他经典，发现他们之间的共性，以及何休的独特性。一是关于何休公羊学与董仲舒的关系，可以通过诸多问题的探讨来发现他们之间的学术脉络。由董仲舒到何休之间的学术发展演变，依旧有很多值得深究的问题。

另外，何休对《公羊传》的解读，其实并不局限在传，其焦点在《春秋》经。不过，他对经传的解读，一部分来自对《公羊传》的坚守，拙作从例法、礼制等方面考察何休对经传的解释，但是并不全面。其实，经—传—解诂，这种模式下所形成的文本，其本身便显示了知识的发展变化，因此，我们在未来的何休公羊学研究中，可以从文本出发，深入经传本身，解读何休是如何解释经传的，又是如何引申或发展公羊学说的，总之经学内部许多深入的问题值得我们再度挖掘。

公羊学作为清代学术中的一个重要内容，不仅关联学术发展，更与清代社会政治有着千丝万缕的联系。虽然，清人对公羊学的研究多从董仲舒入手，但解读汉代的公羊学，相关的重要理论，都必须依靠何休的一套理论或体系。也就是说，无论如何，清代公羊学都是与何休公羊学捆绑在一起的。所以，我们在讨论众多学者的公羊研究中，何休是无法抹除的。我们在看待清代的公羊学时，何休的公羊学固然重要，但还是不能忽视学术主流——汉学的巨大影响。即汉学的方法，其实在潜移默化地影响清代公羊学的走向。即使一些趋向经世层面的士大夫，依旧无法从这种影响下完全抽离出去。然而，更为有趣的现象是，公羊学不仅是学者政论表达的媒介，也是经学考证的文本依据，但其核心在他们眼中都未曾改变，即梁启超所说的复古以求解放。庄、刘时代，公羊学复兴壮大，尤其刘逢禄时期，治公羊学的队伍庞大，诸如凌曙、陈立的考证学，龚、魏的借公羊以改制，一学一术，其流变清晰可见。

而伴之而起的宋学，随着太平天国运动的爆发，在曾国藩等人的主导下，成为一大学术思潮。同时，深受宋学影响的湖湘学者，也在宋学浪潮中施展抱负。其中，王闿运可算一个。虽然王氏不满意宋学，也不喜汉学，但他在公羊学的探究中，贯彻了他"经学以自治"的主张，这种主张背后，正显明了他对龚、魏经世之学的不屑。他不是一个积极主张变法改制的开明人物，在面对人心风俗早已不古的晚清，他依旧希望借经学来施展道德教化，以之作为医治天下之病的根本之术。在他这里，公羊学成为圣人之学，治人之道。

另外一方面，王氏的做法，其实是面对社会变革的大潮，依旧选择留恋传统的道德教化，这也预示了晚清康、梁为首的政治运动，为何遭到了叶德辉、苏舆等保守派的抵抗。然而，我们在康有为的著作中可以发现，他借助公羊学，依旧在表达与其反对派相同的一个问题，即尊孔。因此，在公羊学的引领下，清代的今文经学，与汉学、宋学乃至清末的西学，皆有着相互关联，其中皆可见何休公羊学的因素。拙作无法在此详细讨论清代公羊学与清代社会政治的众相，许多问题皆需以后作清代的相关研究，以进一步解决这些纷繁的历史现象。

参考文献

一、古籍

安居香山、中村璋八辑:《纬书集成》,石家庄:河北人民出版社,
　　1994 年。

班固:《汉书》,北京:中华书局,1962 年。

陈寿:《三国志》,北京:中华书局,1959 年。

陈振孙:《直斋书录解题》,上海:上海古籍出版社,1989 年。

陈寿祺:《五经异义疏证》,上海:上海古籍出版社,2012 年。

陈澧:《东塾读书记》,上海:上海古籍出版社,2012 年。

陈立:《白虎通疏证》,北京:中华书局,1994 年。

陈立:《句溪杂著》,光绪十四年广雅书局刻本。

陈立:《公羊义疏》,清经解续编本。

董仲舒:《春秋繁露义证》,北京:中华书局,1992 年。

杜预注,孔颖达疏:《春秋左传正义》,台北:艺文印书馆,影印嘉
　　庆二十年南昌府本,2007 年。

范晔:《后汉书》,北京:中华书局,1972 年。

房玄龄等:《晋书》,北京:中华书局,1974 年。

樊波成:《老子指归校笺》,上海:上海古籍出版社,2013 年。

龚自珍:《龚自珍全集》,上海:上海人民出版社,1975 年。

何宁:《淮南子集释》,北京:中华书局,1998 年。

何休注,徐彦疏:《春秋公羊传注疏》,上海:上海古籍出版社,
　　2014 年。

惠栋:《周易述》,北京:中华书局,2007 年。

黄晖:《论衡校释》,北京:中华书局,1990 年。

焦循:《孟子正义》,北京:中华书局,1987 年。

孔广森:《春秋公羊经传通义》,上海:上海古籍出版社,2014 年。

刘琳:《华阳国志校注》,成都:巴蜀书社,1984 年。

刘逢禄:《刘礼部集》,续修四库全书第 1501 册。

刘逢禄:《春秋公羊经何氏释例》,上海:上海古籍出版社,
　　2013 年。

李兆洛:《养一斋文集》,续修四库全书第 1495 册。

凌曙:《公羊礼说》,清经解本。

凌曙:《公羊问答》,清经解续编本。

凌曙:《公羊礼疏》,清经解续编本。

刘文淇:《春秋左氏传旧注疏证》,北京:科学出版社,1959 年。

廖平:《穀梁古义疏》,北京:中华书局,2012 年。

廖平:《廖平全集》,上海:上海古籍出版社,2015 年。

刘师培:《仪征刘申叔遗书》,扬州:广陵书社,2014 年。

林庆彰等:《点校补正经义考》,台北:"中央"研究院中国文哲研
　　究所筹备处,1997 年。

皮锡瑞:《皮锡瑞全集》,北京:中华书局,2015 年。

皮锡瑞:《经学通论》,北京:中华书局,1954 年。

皮锡瑞:《经学历史》,北京:中华书局,2004 年。

皮名振:《皮鹿门年谱》,北京:商务印书馆,1939 年。

彭铎:《潜夫论笺校正》,北京:中华书局,1985 年。

马其昶:《韩昌黎文集校注》,上海:上海古籍出版社,1986 年。

钱大昕:《钱大昕全集》,南京:江苏古籍出版社,1997 年。

钱大昕:《潜研堂文集》,上海:上海古籍出版社,2009 年。

司马迁:《史记》,北京:中华书局,1982 年。

沈约:《宋书》,北京:中华书局,1974 年。

宋翔凤:《论语说义》,清经解续编本。

苏舆:《春秋繁露义证》,北京:中华书局,1992 年。

孙启治:《昌言校注》,北京:中华书局,2012 年。

魏源:《魏源集》,北京:中华书局,1983 年。

王溥:《唐会要》,北京:中华书局,1955 年。

王先谦:《荀子集解》,北京:中华书局,1988 年。

王先慎:《韩非子集解》,北京:中华书局,1998 年。

汪中:《新编汪中集》,扬州:广陵书社,2005 年。

王利器:《盐铁论校注》,北京:中华书局,2015 年。

王利器:《新语校注》,北京:中华书局,1986 年。

王明:《太平经合校》,北京:中华书局,1960 年。

吴毓江:《墨子校注》,北京:中华书局,1993 年。

许维遹:《吕氏春秋集释》,北京:中华书局,2009 年。

荀悦、袁宏:《两汉纪》,北京:中华书局,2006 年。

荀悦:《申鉴》,丛书集成初编,北京:中华书局,1985 年。

向宗鲁:《说苑校证》,北京:中华书局,1987 年。

姚际恒:《姚际恒著作集》,台北:"中央"研究院中国文哲研究所,
　　2004 年。

俞正燮:《癸巳存稿》,沈阳:辽宁教育出版社,2003 年。

俞樾:《春在堂全书》,南京:凤凰出版社,2010年。

姚振宗:《后汉艺文志》,北京:清华大学出版社,2011年。

荀悦、袁宏:《两汉纪》:北京:中华书局,2002年。

张溥编:《汉魏六朝百三家集》,文渊阁四库全书本。

张廷玉等:《明史》,北京:中华书局,1974年。

庄存与:《味经斋遗书》,光绪八年重刊阳湖庄氏藏版。

庄存与:《春秋正辞》,上海:上海古籍出版社,2014年。

张惠言:《柯茗文编》,北京:中华书局,1984年。

锺文烝:《春秋穀梁传补注》,北京:中华书局,1996年。

章太炎:《章太炎全集》,上海:上海人民出版社,1984年。

曾贻芬:《隋书经籍志校注》,北京:商务印书馆,2021年。

郑玄注,孔颖达疏:《礼记正义》,上海:上海古籍出版社,2008年。

朱彬:《礼记训纂》,北京:中华书局,1996年。

二、研究著述

艾尔曼:《经学、政治和宗族:中华帝国晚期常州今文学派研究》,
　　南京:江苏人民出版社,1998年。

陈其泰:《清代公羊学》(增订本),上海:上海人民出版社,
　　2011年。

陈苏镇:《春秋与"汉道":两汉政治与政治文化研究》,北京:中华
　　书局,2020年。

陈来:《古代宗教与伦理:儒家思想的根源》,北京:生活·读书·
　　新知三联书店,2009年。

蔡长林:《从文士到经生:考据学风潮下的常州学派》,台北:"中
　　央"研究院中国文哲研究所,2011年。

陈侃理:《儒学、数术与政治:灾异的政治文化史》,北京:北京大

学出版社,2015 年。

戴君仁:《春秋三传研究论集》,台北:黎明文化出版社,1982 年。

段熙仲:《春秋公羊学讲疏》,南京:南京师范大学出版社,2002 年。

丁亚杰:《清末民初公羊学研究:皮锡瑞、廖平、康有为》,台北:万卷楼图书有限公司,2002 年。

傅杰编:《章太炎学术史论集》,昆明:云南人民出版社,2008 年。

葛志毅:《谭史斋论稿三编》,哈尔滨:黑龙江人民出版社,2006 年。

沟口雄三、小岛毅主编:《中国的思维世界》,南京:江苏人民出版社,2006 年。

黄侃:《黄侃论学杂著》,北京:中华书局,1964 年。

黄朴民:《何休评传》,南京:南京大学出版社,1998 年。

韩碧琴:《刘向学述》,潘美月、杜洁祥主编:《古典文献研究辑刊》11 编第 5 册,新北:花木兰文化出版社,2010 年。

洪廷彦:《洪廷彦史学文存》,北京:中华书局,2012 年。

黄俊杰主编:《中国人的理想国》,合肥:黄山书社,2012 年。

黄肇基:《汉代公羊学灾异理论研究》,台北:文津出版社,1998 年。

黄复山:《东汉谶纬学新探》,台北:学生书局,2000 年。

侯乃峰:《上博楚简儒学文献校理》,上海:上海古籍出版社,2018 年。

吉川忠夫:《六朝精神史研究》,南京:江苏人民出版社,2012 年。

姜广辉主编:《中国经学思想史》(第 2 卷),北京:中国社会科学出版社,2003 年。

康有为:《春秋董氏学》,北京:中华书局,1990 年。

康有为:《新学伪经考》,北京:中华书局,1956 年。

刘师培:《中国现代学术经典·刘师培卷》,石家庄:河北教育出版社,2006 年。

李耀仙主编:《廖平选集》,成都:巴蜀书社,1998 年。

柳诒徵:《国史要义》,北京:中国人民大学出版社,2009 年。

廖幼平:《廖季平年谱》,成都:巴蜀书社,1985 年。

李亦园、杨国枢主编:《中国人的性格》,南京:江苏教育出版社,2006 年。

李泽厚:《中国古代思想史论》,北京:生活·读书·新知三联书店,2008 年。

李零:《中国方术续考》,北京:中华书局,2006 年。

李零:《郭店楚简校读记》,北京:生活·读书·新知三联书店,2007 年。

蒙文通:《经学抉原》,上海:上海人民出版社,2006 年。

蒙默编:《蒙文通学记》(增补本),北京:生活·读书·新知三联书店,2006 年。

蒙文通:《蒙文通文集》,成都:巴蜀书社,1995 年。

彭林、郑吉雄主编:《清代学术讲论》,桂林:广西师范大学出版社,2005 年。

浦卫忠:《春秋三传综合研究》,台北:文津出版社,1995 年。

钱穆:《中国学术思想史论丛》,台北:联经出版事业股份有限公司,1998 年。

钱穆:《两汉经学今古文平议》,北京:商务印书馆,2005 年。

钱穆:《中国近三百年学术史》,北京:九州出版社,2011 年。

阮芝生:《从公羊学论〈春秋〉的性质》,北京:华夏出版社,2013 年。

孙春在：《清末的公羊思想》，台北：台湾商务印书馆，1985年。

汤用彤：《魏晋玄学论稿及其他》，北京：北京大学出版社，2010年。

王川选编：《李源澄儒学论集》，成都：四川大学出版社，2010年。

邬国义、吴修艺编校：《刘师培史学论著选集》，上海：上海古籍出版社，2006年。

徐复观：《中国思想史论集续编》，北京：九州出版社，2014年。

徐复观：《两汉思想史》，上海：华东师范大学出版社，2001年。

徐复：《訄书详注》，上海：上海古籍出版社，2000年。

徐兴无：《刘向评传》（附刘歆），南京：南京大学出版社，2005年。

余嘉锡：《四库提要辨证》，北京：中华书局，1980年。

杨树达：《积微居小学述林全编》（全二册），上海：上海古籍出版社，2013年。

杨向奎：《绎史斋学术文集》，上海：上海人民出版社，1983年。

章太炎：《章太炎儒学论集》，成都：四川大学出版社，2011年。

章太炎：《章太炎学术史论集》，昆明：云南人民出版社，2008年。

支伟成：《清代朴学大师列传》，长沙：岳麓书社，1986年。

张岱年：《中国伦理思想研究》，北京：中国人民大学出版社，2011年。

赵伯雄：《春秋学史》，济南：山东教育出版社，2004年。

周桂钿：《董学探微》，北京：北京师范大学出版社，2008年。

张光直：《中国青铜时代》，北京：生活·读书·新知三联书店，2013年。

朱维铮：《求索真文明：晚清学术史论》，上海：上海古籍出版社，1996年。

张端穗：《西汉公羊学研究》，台北：文津出版社，2005年。

曾亦、郭晓东：《春秋公羊学史》，上海：华东师范大学出版社，
2017年。

三、论文

蔡长林：《从以春秋当新王到春秋托王于鲁：公羊学三统说及其
历史际遇》，中国文哲研究通讯，2007年第十七卷第3期。

陈冬冬：《清代公羊学者论三科九旨》，《北京理工大学学报》2014
年第5期。

陈其泰：《春秋公羊学说体系的形成及特征》，《山东大学学报》
2002年第6期。

陈其泰：《晚清今文学盛行所传递的文化信息》，《社会科学战线》
2014年第4期。

丁四新：《刘向刘歆父子的五行灾异说和新德运观》，《湖南师范
大学学报》2013年第6期。

段熙仲：《公羊春秋"三世"说探源》，《中华文史论丛》（第四辑），
北京：中华书局，1963年。

郜积意：《论"〈春秋〉无达辞"的解释学意义》，《人文杂志》2004年
第3期。

郜积意：《赵岐孟子注：章句学的运用与突破》，《孔子研究》2001
年第1期。

郜积意：《刘歆与两汉今古文学之争》，复旦大学历史系博士论
文，2005年。

郜积意：《论董、何的三世异辞说》，《安徽大学学报》2014年第
1期。

葛志毅：《春秋例论》，《管子学刊》2006年第3期。

胡楚生：《刘逢禄论语述何析评》，《清代学术论丛》（第三辑），台

北：文津出版社，2002 年。

黄彰健：《张三世古义》，《学原》第 1 卷第 8 期。

黄启书：《试论刘向刘歆洪范五行传论之异同》，《台大中文学报》
　　　2007 年第 12 期。

黄圣修：《图表中的学术史：以两汉公羊学传承争论为中心的探
　　　讨》，《史学集刊》，台湾中国历史学会，2009 年第 41 期。

黄圣修：《何休学：东汉公羊学学术史的一个微观观察》，高雄师
　　　范大学经学研究所第三届青年经学学术研讨会会议论文
　　　集，2008 年 11 月。

卢明东：《何休卦气说窥管：春秋元年春王正月例释》，《东华汉
　　　学》2004 年第 2 期。

刘家和：《论何休公羊解诂的历史哲学》，《江海学刊》2005 年
　　　3 月。

平飞：《公羊家政治敬畏观念的灾异表达》，《现代哲学》2011 年第
　　　5 期。

邱峰：《何休公羊三世说与谶纬之关系辨析》，《天津社会科学》
　　　2012 年第 4 期。

申屠炉明：《论何休对董仲舒“春秋公羊”学说的继承和发展》，
　　　《齐鲁文化研究》2011 年第十辑。

魏怡昱：《经典理想的建构：王闿运春秋公羊学的经世内涵》，《史
　　　学集刊》，台湾中国历史学会，2004 年第 35 期。

许雪涛：《何休左氏膏肓与公羊左氏之争》，《中国哲学史》2010 年
　　　第 8 期。

杨济襄：《春秋书法的常与变：论董仲舒、何休二种解经途径所代
　　　表的学术史意义》，《经学研究集刊》2005 年 10 月创刊号。

杨济襄：《董仲舒春秋学义法思想研究》，台湾师范大学博士论

文,2011年。

杨济襄:《孔广森〈公羊通义〉的解经路线与关键主张》,《文与哲》2013年第13期。

杨济襄:《孔广森〈公羊通义〉与何休〈公羊解诂〉释经观点之异同》,《经学研究集刊》2012年第13期。

赵生群、方向东主编:《古文献研究集刊》(第四辑),南京:凤凰出版社,2012年。

曾志伟:《春秋公羊传三科九旨发微》,台湾东华大学中国语言文学系硕士论文,2005年。

张广庆:《清代今文学群经大义之公羊化:以刘、宋、戴、王、康之论语著作为例》,《经学研究论丛》(第一辑),台北圣环图书公司,1994年。

张广庆:《何休春秋公羊解诂研究》,台湾师范大学国文研究所硕士论文,1989年。

张振:《历史与阐释:公羊学三科九旨的历史哲学解读》,首都师范大学博士论文,2006年。

张汝纶:《以阐释为创造:中国传统释义学的一个特点—以何休为例》,《复旦学报》2013年第4期。

张永儁:《清代公羊学思想之形成、扩大与影响》,《哲学与文化》2005年第11期。

赵伯雄:《春秋学中的时月日例》,《中国经学》(第一辑),桂林:广西师范大学出版社,2005年。

赵友林:《何休对公羊传书法义例的改造与发展》,《聊城大学学报》2010年第1期。

斋木哲郎:《董仲舒与春秋穀梁传:西汉穀梁学的一个断面》,《新哲学》(第七辑),大象出版社,2007年。

张寿安:《龚自珍与常州公羊学》,《书目季刊》1979 年第 13 卷第
　　2 期。

郑任钊:《何休公羊解诂的君主论思想》,《湖南大学学报》2014 年
　　第 6 期。

郑万耕:《刘向刘歆父子的学术史观》,《史学史研究》2003 年第
　　1 期。

锺彩钧:《刘逢禄公羊学概述》,《清代学术论丛》(第三辑),台北:
　　文津出版社,2002 年。